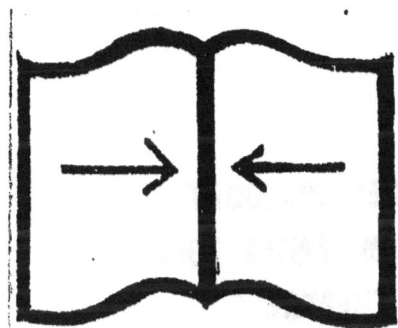

RELIURE SERREE
Absence de marges
intérieures

Couvertures supérieure et inférieure
en couleur

VALABLE POUR TOUT OU PARTIE
DU DOCUMENT REPRODUIT

LOUIS DESPREZ

L'ÉVOLUTION
NATURALISTE

GUSTAVE FLAUBERT — LES GONCOURT
M. ALPHONSE DAUDET — M. ÉMILE ZOLA
LES POÈTES — LE THÉATRE

PARIS
TRESSE, ÉDITEUR
GALERIE DU THÉATRE-FRANÇAIS, PALAIS-ROYAL
—
1884
Tous droits réservés.

EN VENTE CHEZ LE MÊME ÉDITEUR

FORMAT IN-18 JÉSUS

*** *Maria Derval* (1798-1849). 1 vol. . . . 3 50
*** *Terpsichore*, guide à l'usage des amateurs de ballets, précédé d'une préface de Mlle RITA SANGALLI. 1 vol. in-32 . . . 1 50
J. DE BIEZ. *Tamburini et la musique italienne*. 1 plaquette avec un portrait à l'eau-forte par MASSON . . . 2 »
ELZÉAR BLAZE. *Le Chasseur au chien courant*. 1 vol. in-18 . . . 7 »
— *Le Chasseur conteur*. 1 vol. . . . 3 50
— *Le Chasseur au chien d'arrêt*. 1 vol. . . . 3 50
CH. BUET. *Contes ironiques*, illustrés par A. LEMAISTRE . . . 3 50
E. CARJAT. *Artiste et citoyen*, poésies . . . 3 50
COMTE DE C***. *Fantaisies juvéniles*, poésies. 1 vol. . . . 3 50
COQUELIN CADET. *Le Livre des convalescents*. 1 vol. avec dessins de H. PILLE . . . 3 50
CHARLES CROS. *Le Coffret de santal*, poésies et fantaisies en prose . . . 3 »
E. DESBAR. *Le Secret de Sabine*. Dessin de J. WORMS . . . 3 50
J. DUFLOT. *Dictionnaire d'amour*. Études physiologiques. 1 vol. . . . 2 »
G. DUPREZ. *Joyeusetés d'un chanteur dramatique*. 1 vol. in-8 . . . 3 »
— *Sur la voix et l'art du chant* . . . 0 50
ÉMILE DURANDEAU. *Civils et militaires*, avec une préface de Th. de Banville. 1 vol. orné de dessins sur bois . . . 3 50
GEORGES DUVAL. *Frédérick-Lemaître et son temps*, 1800-1876. 1 vol. avec une eau-forte de G. PRIVAT . . . 3 50
— *L'Année théâtrale* 1873-1874 . . . 3 50
— — 1874-1875 . . . 3 50
— — 1875-1876 . . . 3 50
— *Virginie Déjazet*, 1797-1875. 1 vol. Eau-forte de G. PRIVAT . . . 3 50
F. FABER. *Histoire du théâtre français en Belgique*, depuis son origine jusqu'à nos jours. 5 volumes in-8 . . . 20 »
— *Documents authentiques et inédits, et bibliographie concernant le théâtre français en Belgique*. 2 vol. in-8 . . . 15 »
E. DU PAYL. *L'Opéra*, 1669-1878. 1 vol. in-32 avec plans . . . 5 »
L. FREVILLE. *Nouveau Traité de récitation et de prononciation*. 1 vol. . . . 2 »
MADAME DE GRVRIE. *Comédies de salon*. 1 vol. . . . 2 »
G. D'HEYLLI. *Madame Arnould-Plessy*, 1834-1876. 1 plaquette . . . 1 »
— *Brezzani, sociétaire retiré de la Comédie-Française*. Eau-forte par MASSON . . . 1 »
— *Verteuil, secrétaire général de la Comédie-Française*, 1809-1882. Eau-forte par AD. LALAUZE . . . 1 »

G. D'HEYLLI. *Brindeau, sociétaire retiré de la Comédie-Française, 1814-1882*. Eau-forte par AD. LALAUZE . . . 1 »
— *Delaunay, sociétaire de la Comédie-Française*. Une plaquette avec une eau-forte de AD. LALAUZE . . . 1 »
J. B. LAGLAIZE. *Fantoches d'opéra*. 1 vol. précédé d'une préface de CH. MONSELET. Dessins de LUDOVIC . . . 3 50
— *Figurines dramatiques, roses et épines de la vie théâtrale*. 1 vol. . . . 3 50
CH. LE SENNE. *Code du théâtre*. 1 vol. . . . 3 »
P. J. LESGUILLON. *Théâtre*, 3 vol. . . . 10 »
P. MAHALIN. *Les Jolies Actrices de Paris*. 3 vol. . . . 10 50
— *Caprice de princesse*. 1 vol. . . . 3 50
— *Au bout de la lorgnette*. 1 vol. . . . 3 50
— *Le Fils de Porthos*. 2 vol. . . . 7 »
J. DE MARTHOLD. *Contes sur la branche*, illustrés par E. MAS. 1 vol. . . . 3 50
MILLANVOYE et STIEVANT. *Les Coquines*. 1 vol. . . . 3 50
E. DE MOLÈNES. *Palotte*. 1 vol. . . . 3 50
— *Le Grand Louge*. 1 vol. . . . 3 50
— *Deselle, biographie et souvenirs*. 1 vol. . . . 3 50
— *La Jambe d'Irma*. 1 vol. . . . 3 50
— *La Dernière Héloïse*. 1 vol. . . . 3 50
— *Le Domino bleu*. 1 vol. . . . 3 50
— *Histoires amoureuses et Récits fantastiques*. 1 vol. . . . 3 50
CH. MONSELET. *Une Troupe de comédiens*. 1 vol. . . . 3 50
G. NADAUD. *Théâtre de fantaisie* . . . 3 50
L. DE NEUVILLE. *Comédies de château* . . . 3 50
NICOLARDOT. *L'Impeccable Théophile Gautier et les Sacrilèges romantiques*. Une brochure . . . 2 »
ORDONNEAU, NADAUD et VERCONSIN. *Théâtre des familles*. 1 vol. . . . 3 50
A. POUGIN. *Figures d'opéra-comique* (Mmes Dugazon, Elleviou, les Gavaudan). Eaux-fortes par MASSON . . . 5 »
— *Meyerbeer, notes biographiques* . . . 1 »
G. RICHARD. *Les Sociétaires du second Théâtre français* . . . 1 »
SALVINI. (*Notes et souvenirs sur*) . . . 1 »
SAYNÈTES ET MONOLOGUES. *Recueil de comédies de salon par différents auteurs*. 8 volumes à . . . 3 50
J. TRUFFIER. *Sous les frises*, poésies . . . 3 50
J. TRUFFIER et L. CRESSONNOIS. *Trilles galants pour nos gracieuses camarades*. Un vol. précédé d'une préface de TH. DE BANVILLE . . . 3 50
A. VITU. *Molière et les Italiens*. A propos du Tableau des Farceurs . . . 1 50

Paris. — Imprimerie de l'*Étoile*, BOUDET, directeur, rue Cassette, 1.

L'ÉVOLUTION NATURALISTE

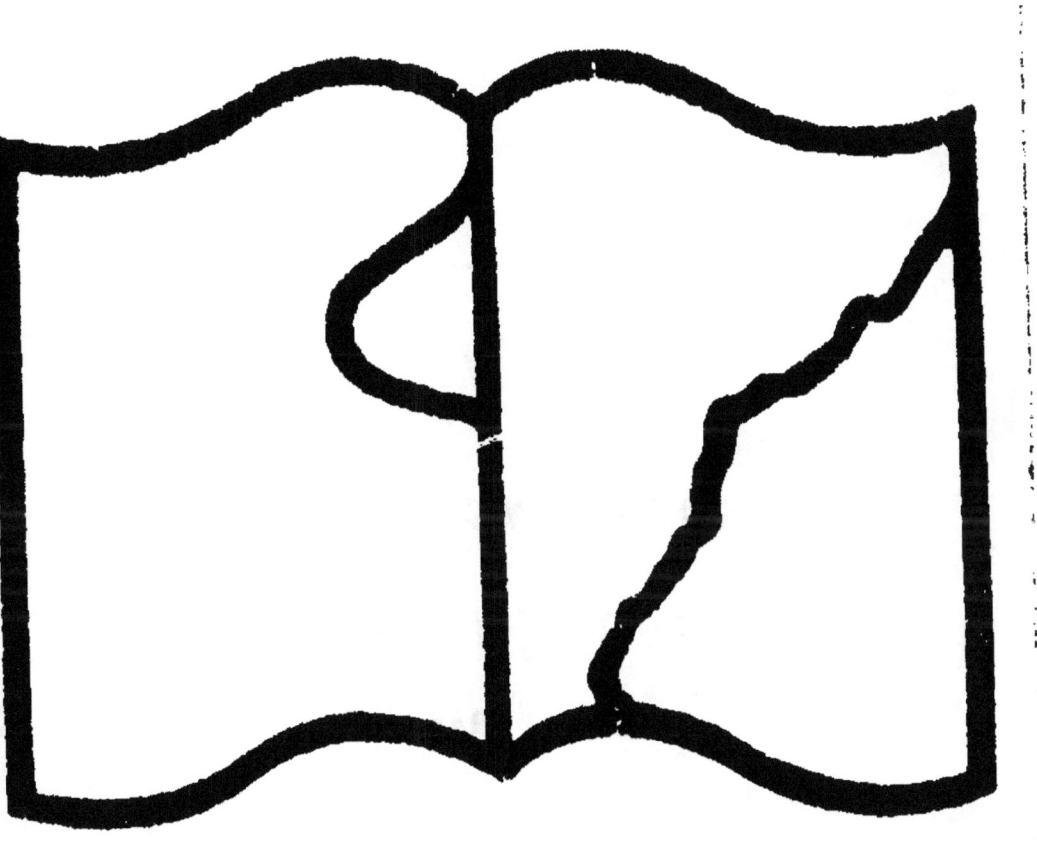

Texte détérioré — reliure défectueuse
NF Z 43-120-11

PROCHAINEMENT:

AUTOUR D'UN CLOCHER

MŒURS RURALES

PAR

FÈVRE-DESPREZ

LOUIS DESPREZ

L'ÉVOLUTION
NATURALISTE

GUSTAVE FLAUBERT — LES GONCOURT

M. ALPHONSE DAUDET — M. ÉMILE ZOLA

LES POÈTES — LE THÉATRE

PARIS

TRESSE, ÉDITEUR

8, 9, 10, 11, GALERIE DU THÉATRE-FRANÇAIS

PALAIS-ROYAL

1884

Tous droits réservés

Il a été tiré à part dix exemplaires numérotés sur papier de Hollande.

CHATILLON-S-SEINE. — IMPRIMERIE DE A. PICHAT.

PRÉFACE

A défaut d'autre originalité, j'ai le mérite de lire les livres dont je veux parler.

On ne se donne plus la peine de lire. Pour bien connaître un romancier, un auteur dramatique ou un poète, il faut passer trop d'heures en tête-à-tête avec lui. Un tas effrayant de cinquante volumes remplace, à notre époque de production fiévreuse, le livre unique du XVIIe siècle.

Aussi, c'est à peine si la critique courante daigne feuilleter un roman de temps à autre. Il existe des clichés pour tous les ouvrages d'un même auteur. Le bon bourgeois a l'opinion de son journal. Il pousserait des cris si l'on troublait sa digestion par une étude un peu neuve.

Mais le temps, avec son insensible apaisement, abat autour d'un écrivain les haines et les dédains ignorants. Victor Hugo et Balzac ont été presque aussi injuriés que M. Emile Zola.

Ni les clameurs du public scandalisé,

Ni ce tas d'insulteurs aboyant à leurs chausses,

ne les empêchent de porter sur leurs épaules la littérature française du XIXe siècle.

Mon ambition serait de devancer le travail des années sur les écrivains naturalistes, les ouvriers de la dernière heure qui continuent la besogne des romantiques et chassent du roman, de la poésie et du théâtre « le classicisme et sa queue [1]. »

Je ne cache pas ma sympathie et mon admiration. Voilà l'écueil. Peut-être, sans l'avoir prémédité, ai-je écrit une œuvre de lutte, une de ces œuvres qu'on se jette à la tête, lorsqu'on ne peut se casser des petits bancs sur le dos, comme à *Hernani*.

Affirmer très haut ses convictions, — même en faisant quelques réserves —, n'est-ce pas courroucer autant l'ennemi que si on le prenait directement à partie? Un éloge de M. Becque est une insulte pour ses détracteurs. Qui sympathise avec M. Cherbuliez, déteste d'instinct Flaubert. Quand on est passionné d'art nouveau, on jette inconsciemment quelques pierres à l'art ancien.

Je l'avoue, au risque d'offenser une foule de bonnes âmes, *l'abbé Constantin* me semble niais : les romans de M. Georges Ohnet me font dresser les cheveux sur la tête, et mon immoralité savoure

---

[1]. Edmond de Goncourt. Préface des *Frères Zemganno*.

Pot-Bouille. Autrefois, je respectais la grave Revue Buloz; le patriotisme a chassé le respect.

Certain prince russe avait chez lui un précepteur de Paris pour apprendre le français à son unique héritier. On se trouvait à vingt lieues de toute ville, mais la maison était bonne et le professeur s'y plaisait. Après le français, pour séjourner plus longtemps, il propose de donner des leçons d'italien. L'occasion se présente d'éprouver le savoir de l'élève. Confusion des langues. Le malin parisien enseignait au jeune boyard... l'auvergnat.

C'est un tour de ce genre que joue M. Brunetière aux Américains ou aux Australiens qui se brûlent à la célébrité de la *Revue des Deux-Mondes*, comme des papillons à la chandelle.

Voyez-vous un citoyen de Chicago ou un Mormon du Lac Salé savourant des phrases comme celles-ci?

« Quiconque manque par telle ou telle partie du métier, c'est assurément, au point où en est maintenant arrivé M. Zola, qu'il manque de ce qu'il faudrait pour acquérir le reste... »

« On ne tarde pas à lui découvrir trois ou quatre défauts, des plus graves, et de ceux à qui, quand bien même son obstination consentirait un jour à chercher un remède, il est probable qu'il ne le trouvera pas... »

O grand siècle!

PRÉFACE

On frémit pour la gloire nationale, en songeant au nombre des naïfs qui jugent de nos classiques d'après cet échantillon et prennent cet iroquois pour du français.

Je ne comprends pas plus que la prose de M. Brunetière l'effarement de la critique devant les principes de l'école naturaliste. Le romantisme nous a-t-il tellement égarés que, pris de vertige, nous ne puissions plus reconnaître la grande route? Est-ce d'hier que l'art se définit: « un coin de nature vu à travers un tempérament? » Les antiques ne sont-ils pas immortels, surtout parce qu'ils ont exprimé des sentiments humains? Et la part de la fantaisie, dans une société positive, plus occupée à mesurer la puissance de l'électricité qu'à lire l'avenir dans les astres, ne se réduit-elle point de plus en plus? Quant au goût dont on fait tant de tapage, ne varie-t-il pas avec les individus, lorsque la vérité reste immuable? Homère, s'arrêtant aux vômissements d'Ulysse, ne croyait pas qu'un tel spectacle pût scandaliser les dames.

Puérilités négligeables. Dans cette courte préface, je ne veux que montrer la route suivie par la littérature française, de l'aristocratie, point de départ, à la démocratie, point d'arrivée.

Comme la variété des plantes témoigne de la diversité des terrains, la variété des littératures témoigne de la diversité des milieux sociaux. Il n'y a pas et il ne peut y avoir de langue immuable, parce que les sociétés sont toujours en évolution. Dans la France de Louis XIV a germé une poésie pondérée, qui ne pouvait germer que là, les époques d'exact équilibre étant lentement atteintes et vite dépassées. Au XVII° siècle, les foules ne savaient pas lire; on ne s'inquiétait pas d'elles. Nos grands classiques ont écrit pour l'amusement de la Cour qui les pensionnait. Partant, ils ont créé une poésie aristocratique presque aussi énigmatique pour les masses actuelles que les lettres latines ou grecques. Trois classiques seuls, Molière, La Fontaine et Saint-Simon, plus largement humains que la plupart des écrivains de leur temps, font à cette règle quelque exception. Et encore serait-il téméraire d'en conclure qu'ils ne furent point dominés par le caractère général de l'époque, car les plus grands génies ne sauraient détruire la fatalité des circonstances.

Nourris de Descartes, considérant surtout dans l'homme le mécanisme cérébral, Corneille, Racine, Bossuet et La Bruyère sont proprement des idéalistes.

Au XVIII° siècle, toute l'ancienne France craque sur ses bases. L'aristocratie s'effondre avec la royauté, et, sous la poussée des philosophes, l'esprit humain fait un demi-tour. Pourtant, l'antique formule, si puissante, imposée par l'admiration et par le respect, résiste. Voltaire, ce moqueur, n'ose porter la main sur les trois unités et les solennités tragiques. La

Bastille littéraire du XVIIe siècle continue à emprisonner la pensée; ce qui fut une force devient une gêne.

Quelques isolés s'insurgent. Diderot lance des pierres dans la place, et avec son cynisme langrois, siffle les invalides qui la gardent; son esprit clair lui donne la formule de l'art nouveau : « de l'eau du ruisseau jetée sur la toile. » Mais ce critique est insuffisant dans l'exécution. S'il a la hardiesse de jeter à la voirie les princes et les confidents de la tragédie, s'il substitue au vers pompeux la prose de Molière, le philosophe ne sait se défendre des thèses larmoyantes qui font de lui l'ancêtre direct de M. Alexandre Dumas fils ; l'intention utilitaire gâte sa besogne, et l'élément démocratique ne pénètre dans son drame qu'aux dépens de la vérité.

Solitaire et bougon, Rousseau ébauchait dans son coin une œuvre bien plus grosse de conséquences. Il introduisait dans l'art la nature matérielle jusque-là bannie. On entendait dans sa prose musicale des gazouillis d'oiseaux; au travers de ses périodes, on apercevait de vertes branches ou le soleil flambant dans le ciel du matin. Début de l'envahissement des choses. Les plantes parasites, devenues géantes, vont étreindre le vieil édifice idéaliste, le disjoindre pierre à pierre, devenir forêt sur son écroulement.

Ce n'était plus la passion de l'autre siècle, raisonnant jusque dans ses plus violents écarts, conservant l'arrière-pensée de satisfaire un jour par les pénitences de la retraite le monde scandalisé. Avec Rousseau, toute hypocrisie coule à fond. L'homme se montre nu ; il se plaît dans l'état de nature, et ses instincts l'emportent fougueusement. La *Nouvelle Héloïse* a été le livre du siècle, parce que le siècle s'y est trouvé tout entier, avec des aspirations et avec des ivresses autrefois inconnues et inavouées.

Puis, dans l'histoire de la pensée française, un furieux choc, la Révolution. Un temps d'arrêt. Les lettres sont étourdies par la commotion sociale.

Peu à peu, comme le malade au sortir d'une crise qui a suspendu la vie, on se remet à respirer, à penser, à écrire. Mais l'ancien monde a disparu ; le nouveau est encore dans le chaos des formations.

Rien n'est dans le grand jour et rien n'est dans la nuit [1].

Les esprits inquiets, partagés entre l'espoir et le doute, violemment ébranlés par le spectacle des grandes guerres, expriment leur incertitude et leur éblouissement comme on exprime toutes les choses vagues, par des chants.

Et c'est alors qu'éclôt la superbe génération lyrique. Enfantés entre deux batailles, élevés dans une féerie, les hommes nouveaux seront caractérisés par la fièvre, par une imagination grandiose qui leur fera voir le monde comme au travers d'une loupe grossissante.

1. Victor Hugo. *Chants du Crépuscule.*

Mais, pour ces effusions lyriques, la sécheresse et la simplicité classique ne sauraient suffire. Chateaubriand, continuant Rousseau, vient de donner à la prose une allure très large. Cette langue assouplie, puis simplifiée, sera la langue du XIX° siècle; elle peindra, elle aura des attitudes sculpturales, elle donnera même l'impression des odeurs. Le moule est bon, prêt aux perfectionnements. Seul, le vieux vers classique reste intact, et c'est du vers qu'ont surtout besoin les novateurs lyriques.

1830 donne à l'antique littérature la secousse que 89 et 93 ont donnée à l'antique société. Victor Hugo est à la fois un Mirabeau et un Robespierre. Il jette à bas les vieilles périphrases et délivre les mots qu'elles emprisonnaient.

> ... Pas de mot où l'idée au vol pur
> Ne puisse se poser tout humide d'azur [1].

J'y insiste. L'insurrection romantique attaquait surtout la forme surannée, le style et les moules d'autrefois; pour notre littérature, 1830 est synonyme d'affranchissement. Sans un quart de siècle de bouleversements, cette révolution se serait produite plus tôt. Mais un arbre toujours transplanté pousse lentement.

On a beaucoup parlé de l'influence des littératures étrangères. Sans nier les horizons nouveaux que nous ouvrirent les guerres de la République et

[1] Victor Hugo. *Contemplations.*

de Napoléon, on peut affirmer que la démocratie commençant à s'établir, la littérature devait facilement se transformer. Livrés à nous-mêmes, peut-être eussions-nous pataugé moins longtemps dans ce chaos qui suit les révolutions et dans les importations exotiques.

A peine née, sous l'impulsion d'un bras puissant, la jeune littérature s'enfonce en des sentiers bizarres. Victor Hugo avait tant crié dans la bataille : Plus d'entraves! plus de genres! plus de règles! qu'inconsciemment il oublia cette éternelle vérité proclamée bien haut dans la préface de *Cromwell* : « Les lois générales de la nature planent sur l'art tout entier. » Il s'abandonna dans le drame et dans le roman, à la fantaisie de son imagination, étouffa les fantoches, fils de son cerveau, sous les opulents pourpoints, la riche orfèvrerie, la splendeur des monuments. Quelqu'un a comparé, fort justement, l'art romantique aux peintures byzantines : c'est le même écrasement d'une figure, pâle parce qu'elle n'est pas réelle, sous l'amoncellement des étoffes chatoyantes. Et le grand poète, obéissant à la logique de son talent, s'est de plus en plus écarté de la grande route. Aujourd'hui, déjà dans l'immortalité, il semble au milieu de nous la ruine superbe d'un monde disparu et nous le saluons avec un respect dont on entoure seulement les morts.

Balzac, tué par son œuvre, en 1850, est plus vivant que Victor Hugo. Il s'est mis, lui, résolument, à l'œuvre démocratique du temps. Un instinct de génie l'a guidé. Docteur ès-sciences sociales, comme il s'appelait, il a tout vu, tout pénétré, tout reproduit. Son livre, la *Comédie humaine*, est un monde où la pensée s'égare, un immense édifice inachevé où se heurtent des personnages qui se sont assis à notre table et que nous avons rencontrés dans la rue. Mais ces personnages, comme l'a très bien fait remarquer Hugo, ont « je ne sais quoi d'effaré et de terrible, mêlé au réel. » Balzac manque de ce calme, de ce goût scrupuleux de vérité que nous exigeons des romanciers contemporains. Il mêle le rêve à l'observation, s'abandonne aux grossissements, ne dédaigne pas, « à travers toutes les réalités brusquement et largement déchirées, de laisser tout à coup entrevoir le plus sombre et le plus tragique idéal [1]. » Son style, difficilement forgé, offre un mélange sans second de l'exquis et du pire, du grotesque et du délicat.

Stendhal que M. Taine a mis en pleine lumière, réparant tardivement l'oubli des contemporains, semble aussi l'un des pères du naturalisme. Mais si nos romanciers lui ont emprunté son analyse ténue, admirable de sagacité, je crains qu'ils ne lui aient pris quelquefois son excès de logique, et la logique ne supplée pas à l'observation.

1. Victor Hugo.

Le style sec et précis de Beyle, sans harmonie et sans couleur, contraste avec l'enflure de Balzac. Jusqu'ici Beyle n'a pas fait école; il est resté isolé, beaucoup plus voisin de Mérimée que de nos romanciers actuels, et cet isolement s'explique sans peine; les esprits du genre de Stendhal sont exceptionnels et la sécheresse séduit peu. Du reste, qui n'est pas artiste ne saurait fonder une école.

Il fallait que Flaubert vînt, avec ses outils de styliste merveilleux, son exactitude et son impersonnalité savante pour condenser en un livre les règles du roman naturaliste.

On sait quelle énorme influence a eu *Madame Bovary* sur le roman de notre époque. Non seulement des milliers d'œuvres sont sorties de la formule si puissante de Flaubert, mais le premier chef-d'œuvre a eu la bonne fortune d'enfanter d'autres chefs-d'œuvre, — chose peut-être unique.

Étudier dans toutes ses transformations l'école naturaliste, de la manière précieuse des frères de Goncourt à la manière franche et brutale de M. Émile Zola, suivre le progrès des tendances nouvelles au théâtre et dans la poésie, voilà le but de ce livre.

Un roman n'est plus une fantaisie de l'imagination pour amuser les femmes, mais bien une œuvre sérieuse, dont tous les détails sont vérifiés, et où les fureteurs du siècle prochain retrouveront, écrite au jour le jour, l'histoire de notre temps. M. Taine, dans son discours de réception à l'Académie, prétendait que l'historien, désireux de connaître à fond les mœurs du passé, devait jeter la sonde à plusieurs reprises, et, à l'aide de ces empreintes partielles, reconstruire une époque. Que pensent et que veulent le paysan, l'ouvrier des villes, le bourgeois, le financier, l'homme de robe, le prêtre, l'homme d'épée, le prince du sang, à la veille de la convocation des États-Généraux? Quels sont leurs besoins, leurs ressources, leurs vertus, leurs vices, leurs idées sur le roi et sur Dieu? Une critique des sources, attentive et patiente, suivie d'une réponse à toutes ces questions, peut seule donner la cause intime des faits. Un tel travail sera facile sur le XIXᵉ siècle. L'histoire « de ceux qui n'ont pas d'histoire » est écrite. La société du règne de Louis-Philippe s'agite dans la *Comédie humaine*, la bourgeoisie de province, sous le second empire, vit dans *Madame Bovary*, le monde interlope des salons politiques dans le *Nabab* et le peuple des faubourgs dans l'*Assommoir*. Les procédés de l'écrivain tendent de plus en plus à s'identifier aux procédés du savant. Les romanciers se livrent à de vastes enquêtes, et leurs œuvres sont des rapports écrits par des artistes.

Le romantisme avait délivré notre littérature des vieux jougs. Le naturalisme, tout en bénéficiant de cette conquête, réagit dans une certaine mesure contre les tendances fantaisistes, et donne à la liberté une base solide : le vrai.

Aujourd'hui la bataille est gagnée sur le terrain du roman. Les lyriques, battus, n'opposant à la poussée naturaliste que des chefs vieillis ou des recrues sans talent, se réfugient au théâtre, la place forte des poncifs, et s'y défendent avec succès. La poésie, elle aussi, est à peine entamée par l'école nouvelle ; le cliquetis des mots vides n'y veut pas faire place aux scènes empruntées à la vie réelle. Quant à la critique et à l'histoire, il y a beau jour que les méthodes scientifiques y ont triomphé.

Ce n'est désormais qu'une affaire de temps. Le XIXe siècle vieillissant dédaigne de plus en plus les phrases à panache des rhétoriciens. Les derniers romantiques ont beau se tortionner, appeler les étrangetés du baudelairisme au secours des impassibilités parnassiennes, l'évolution naturaliste écrase ce qui ne veut pas se ranger. On ne s'insurge pas contre la logique de son temps.

Impossible de nier sans aveuglement l'élargissement de notre société, l'avénement de la démocratie. Dans vingt ou trente ans, les masses sauront lire. Le niveau de l'instruction montera, et, avec ce progrès, naîtront des besoins nouveaux. La France s'américanise : les lettres françaises s'américaniseront.

Nous assistons, en 1883, au mouvement initial. Le naturalisme, tant bafoué, finit par s'imposer, parce qu'il correspond à un nouvel état de choses que les années accentueront. Après un siècle d'incertitudes et de bouleversements, la littérature qui a suivi en tout les évolutions philosophiques, sociales et politiques de ce temps, prendra une nouvelle forme, moins muable que les précédentes, et qui durera autant que la société aujourd'hui en formation.

Que sera donc cet art populaire que j'oppose à l'art aristocratique du XVIIe siècle? Un lettré, qui vivait comme un rat dans le monde ancien, et détournait les yeux avec horreur pour ne pas voir venir le monstre, Sylvestre de Sacy, a bien nettement dessiné les grandes lignes de la nouvelle littérature : « expression de la démocratie, mobile comme elle, violente dans ses tableaux, hardie ou négligée dans les mots, plus soucieuse du succès actuel que de la renommée à venir... féconde et inépuisable dans ses œuvres, capable de fournir à la consommation de tout un peuple. »

Mais, quoi qu'il en soit, cette littérature ne fait que poindre. D'abord le public n'est pas formé, puis les romanciers naturalistes n'ont pas encore su se débarrasser de la phraséologie romantique dont les complications pittoresques sont trop savantes pour s'imposer à l'imagination populaire.

Il faut bien le dire, quelque progrès qu'on réalise, l'intelligence des foules n'atteindra jamais qu'à un niveau moyen. Pour un esprit distingué, il y a quatre-vingt-dix-neuf esprits médiocres. Or, jusqu'ici les poètes n'ont pas assez calculé l'épaisseur d'une feuille de papier. Les plus grands génies, les plus démocratiques par l'idée semblent n'avoir écrit que pour une élite. Leurs œuvres, vénérées et dorées sur tranches, restent, pour la plupart des ouvriers qui essaient de les aborder, de véritables logogriphes, à l'usage des malins. Dépité, le peuple se rabat sur l'ignoble prose commerciale des faiseurs.

Je sais qu'il est de mode, chez certains artistes, de dédaigner le suffrage des foules. Ils partent de cette idée, parfaitement juste, que le gros public rend parfois des arrêts étranges, et qu'il faut être du métier pour juger en pleine connaissance de cause une œuvre d'art, mais ils aboutissent à cette maxime parfaitement étroite : moi seul, et c'est assez !

Les frères de Goncourt, citant, dans *Idées et Sensations*, une phrase de d'Alembert : « Malheur aux productions de l'art dont la beauté n'est que pour les artistes ! » ajoutent : « Voilà une des plus grandes sottises qu'on ait pu dire. »

« Je ne le pense pas, fait remarquer Sainte-Beuve, et d'Alembert, en exprimant la pensée que relèvent avec un tel dédain nos jeunes amis, n'a fait qu'exprimer quelque chose de sensé et d'humain, qui n'est sans doute pas l'essentiel et le propre de l'art, mais qui ne saurait non plus être incompatible avec lui. On a beau être artiste jusqu'au bout des ongles, on est d'un temps, d'une époque : on exprime les choses avec art et talent, pour être, apparemment, en sympathie avec quelqu'un, avec le plus d'amateurs ou d'admirateurs possible. Pourquoi limiter d'avance ce nombre ? Pourquoi repousser, de propos délibéré, des natures, même incomplètes, qui ne demandent qu'à être attirées et à venir à vous par de certaines qualités qui sont en vous et qui ne sont pas absentes en elles ? Pourquoi se retrancher, s'interdire à soi et aux autres, quand il y a lieu, l'agrément, l'émotion bienfaisante et salutaire ? Quelle lâcheté ou quelle sottise y a-t-il à désirer que l'artiste, supérieur aux autres par ses moyens d'expression, reste d'ailleurs un homme autant qu'il se peut ? »

La littérature populaire n'a qu'un sérieux écueil, c'est de tomber dans l'utilitarisme, de devenir prêcheuse comme la littérature anglaise contemporaine. Écrire un livre pour édifier ses semblables, « c'est avoir à peu près les idées de cet homme qui avait fait du naufrage de la Méduse un tableau à horloge et mis l'heure dans la voile [1]. »

D'ailleurs, les œuvres de mensonge, seules, peuvent être nuisibles. La réalité porte en elle son enseignement.

Deux écrivains de notre époque, qui n'ont pas toujours évité le sermon, MM. Erckmann-Chatrian,

---

1. Edmond et Jules de Goncourt. *Idées et Sensations*, p. 232.

donnent assez l'impression de ce que sera la forme future. Je crains que l'école de Flaubert, toute pénétrée de lyrisme, se dégage imparfaitement des virtuosités à la mode. La langue des deux conteurs alsaciens, débarrassée de ses naïvetés voulues et de ses négligences, libre et large, simple surtout, claire comme ces torrents des Vosges où l'on voit filer la truite entre deux eaux, sobrement colorée, me semble très capable de donner l'hospitalité à toutes les sensations et à toutes les idées.

Quelles œuvres nous auraient laissées MM. Erckmann-Chatrian, s'ils ne s'étaient contentés de peindre l'homme externe, s'ils avaient eu assez de génie pour descendre jusqu'au fond des entrailles, jusqu'aux replis les plus secrets des consciences!

Un physiologiste et un psychologue, exempt d'idées préconçues maîtresses d'erreur, et doué d'une forme brève et solide, deviendrait à son tour tête de ligne.

Il y a bien des choses à renouveler.

Le roman qui attend une forme plus simple.

Le drame, souple et ondoyant comme la vie, délivré de ces polichinelles sympathiques qui salissent nos scènes et de ces prétentieuses tirades qui visent au delà de la rampe.

Et la poésie! On a prétendu que les naturalistes la traquaient. Elle trouvera, au contraire, un rajeunissement dans l'étude du monde moderne.

On ne peut mesurer la durée des formes transitoires, mais le but apparaît là-bas, clairement.

Après la liberté, la vérité ; après la vérité, la simplicité.

La littérature française ressemble à un de ces grands fleuves de l'Amérique, d'abord rio, serpentant au flanc d'une montagne, puis torrent grossi par les pluies, puis rivière où les autres rivières, entraînées par les pentes du terrain, se précipitent, enfin fleuve, reniant le ruisselet originel, roulant des ondes bourbeuses où le ciel ne sait pas se refléter, faisant mouvoir la roue des moulins et des usines, recevant dans ses ondes fertilisantes des flots de scories. Toujours il s'élargit, le fleuve ; l'eau arrache chaque jour un peu de terre ; du milieu on n'aperçoit plus les deux rives, et la masse énorme devient mer.

L'ÉVOLUTION NATURALISTE

LIVRE I.

GUSTAVE FLAUBERT

Sur la fin de 1856, la première incarnation du naturalisme, madame Bovary, s'insinuait à la *Revue de Paris*, où Gustave Flaubert la présenta un peu comme sa fille. Dans cette compagnie, elle se permit tant d'incongruités que, sans son amitié pour Flaubert, le maître de la maison l'aurait mise à la porte brutalement. Ces exploits firent du bruit : l'imprudente échoua en police correctionnelle avec son trop complaisant patron. L'orage éclata sur Flaubert, et la justice, oubliant pour lui les règles les plus élémentaires de la jurisprudence, l'exécution précéda le jugement, en dépit de tous les usages. Pendant deux heures, l'accusé, qui avait de l'orthographe, reçut en plein crâne les rocailles et les métaphores de M. l'avocat général.

« Avant de soulever les quatre coins du tableau, disait M. Pinard, permettez-moi de me demander quelle est la couleur, le coup de pinceau de M. Flaubert, car enfin son roman est un tableau, et il faut savoir à quelle école il appartient, quelle est la couleur qu'il emploie et quel est le portrait de son héroïne. La couleur générale de l'auteur, permettez-moi de vous le dire, c'est la couleur lascive, avant, pendant et après les chutes. Elle est enfant et se confesse. A cet âge-là, la montrer inventant de petits péchés dans l'ombre, n'est-ce pas faire une peinture lascive? M. Flaubert a quelquefois des traits qui veulent beaucoup dire et ne lui coûtent rien... L'auteur n'a pas voulu suivre tel ou tel système philosophique, il a voulu faire des tableaux de genre, et vous allez voir quels tableaux!!!... M. Bovary, devenu veuf, songe à se remarier. Il lui vient tout de suite à l'esprit la fille d'un fermier... Ici le rôle de M. Bovary s'efface; celui de madame Bovary devient l'œuvre sérieuse du livre... Messieurs, madame Bovary a-t-elle aimé son mari ou cherché à l'aimer? Non... Rodolphe avait eu beaucoup de succès auprès des conquêtes faciles... La fièvre tua l'amour, mais resta la malade... La chute avec Rodolphe avait été suivie d'une transition religieuse, mais elle avait été courte; madame Bovary va tomber, de nouveau... Le mari avait jugé le spectacle utile à la convalescence de sa femme et il l'avait conduite à Rouen... Il ne lui reste plus qu'une issue. De s'excuser auprès de son mari? Non. De s'expliquer avec lui?... La transition religieuse entre les deux adultères... Initié dans le secret... Après sa première faute, après ce premier adultère, après cette première chute, est-ce le remords qu'elle éprouva, au regard de ce mari trompé qui l'adorait? Non. Voilà, Messieurs, qui est bien plus immoral que la chute elle-même!... Vous connaissez maintenant la couleur générale du tableau. »

Ce spécimen d'éloquence judiciaire enfanta des considérants presque aussi joliment léchés :

« Attendu que les passages incriminés, envisagés abstractivement et isolément, présentent effectivement soit des expressions, soit des tableaux que le bon goût réprouve... Attendu que les mêmes observations peuvent s'appliquer justement à d'autres passages non définis par l'ordonnance de renvoi, et qui ne sont pas moins contraires aux bonnes mœurs, aux institutions qui sont la base de la société, qu'au respect dû aux cérémonies les plus augustes du culte... Attendu qu'à ces divers titres l'ouvrage mérite un blâme sévère, car la mission de la littérature doit être d'orner et de récréer l'esprit en élevant l'intelligence et en épurant les mœurs plus encore que d'imprimer le dégoût du vice en offrant le tableau des désordres qui peuvent exister dans la société... Attendu qu'il n'est pas permis de reproduire dans leurs écarts les faits, dires et gestes des personnages ; qu'un pareil système conduirait à un réalisme qui serait la négation du beau et bon... Attendu pourtant que G. Flaubert ne semble pas avoir écrit dans le but de ridiculiser des choses qui doivent être entourées du respect de tous; le tribunal l'acquitte de la prévention portée contre lui et le renvoie sans dépens. »

Et voilà ce que nous jette au nez Joseph Prudhomme, depuis plus de vingt-cinq ans.

I

LA FORMULE DU ROMAN NATURALISTE

« Anatomistes, physiologistes, je vous retrouve partout! » écrivait Sainte-Beuve dans le *Moniteur*, à la fin de l'étude sur madame Bovary.

Le livre avait l'impassibilité dure d'un traité de médecine; la physiologie y côtoyait constamment la psychologie; la chair des personnages, mise à nu, fouillée jusqu'en ses intimités, gardait le frisson du scalpel.

Empreinte puissante d'une grande race chirurgicale. Comme son père, le médecin de l'Hôtel-Dieu, Gustave Flaubert, avec son « regard, plus tranchant que des bistouris, descendait droit dans l'âme et désarticulait tout mensonge à travers les allégations et les pudeurs. »

Madame Bovary inaugure le roman scientifique par le souci de la vérité, par la profondeur de l'observation, et surtout par l'emploi d'une méthode sûre, substituée aux tâtonnements de Balzac. Il y a un quart de siècle que le livre initial court le monde; Flaubert a des disciples, maîtres eux-mêmes. L'école vivace de Flaubert se dresse maintenant en face de la descendance épuisée de Victor Hugo.

De vigoureux esprits répudient à tort tout embrigadement. La caractéristique d'une école, c'est l'usage de tels ou tels procédés, avec plus ou moins de rigueur et d'à-propos.

Bien des gens trouveront ce mot de procédés terre-à-terre et mesquin. Rappelant leurs souvenirs de collège, ils balbutieront l'éternel *servum pecus* d'Horace.

Oui, certains écrivains, nés à ces époques que Sainte-Beuve nomme ingénieusement *les tournants de la littérature*, traduisant comme il peut quelque chose d'intraduisible, apportent avec eux une langue et une formule: les deux choses, distinctes, sont corrélatives; l'une concerne la forme et l'autre le fond; par exemple le style abstrait des classiques, voilà la langue; la tragédie, voilà la formule. Ils font sortir une littérature du chaos; ils la fixent à peu près pour un siècle. Mais à la suite des Corneille, viennent les Racine qui se servent de la même langue, du même moule, affinent, perfectionnent. Flaubert est de ces hommes qui, prenant la tâche au point où l'ont laissée leurs prédécesseurs, l'achèvent avec tant de décision et de rapidité qu'ils semblent créer, alors qu'ils accélèrent seulement une transformation fatale. Les fils du grand romancier ont employé ses méthodes et sa langue, en raffinant encore. C'est sottement qu'on les accuse de manquer d'originalité et de vivre aux dépens de leur ancêtre. L'originalité ne réside-t-elle que dans la partie purement technique d'un art? Ne serait-il pas ridicule de prétendre tel peintre inférieur à tel autre parce qu'il se sert de la brosse plus que du pinceau? L'emploi d'une méthode, fût-elle empruntée à deux ou trois artistes précédents, ne peut infirmer en rien la bonne opinion que l'on a d'un romancier ou d'un dramaturge. M. Zola est un écrivain original, bien qu'il se serve de la langue créée par Hugo et de la méthode invariable de Flaubert. Se montrer original, c'est étudier la nature avec conscience et la rendre telle qu'on la voit.

C'est pourquoi l'on prétend qu'un critique doit examiner l'effet produit par une œuvre d'art, et non les moyens employés pour arriver à cet effet. Il me plaît cependant, au risque d'ennuyer les profanes, de démonter les rouages étroitement liés du roman naturaliste. Je veux voir l'ouvrier à l'œuvre, reconnaître ses procédés presque mécaniques, me rendre compte de la façon dont il communique le mouvement à l'ensemble. Le vulgaire contemple le décor; entrons dans la coulisse.

M. Maxime Du Camp a raconté comment Flaubert fut amené à écrire *Madame Bovary*. Il venait de lire à ses amis *la Tentation de saint Antoine*, et l'auditoire se voyait contraint d'avouer que ce long poème en prose manquait absolument d'intérêt.

« Nous étions tristes en pensant à la déception de Flaubert et aux vérités que nous ne lui avions pas ménagées. Tout à coup Bouilhet dit : « Pourquoi n'écrirais-tu pas l'histoire de Delaunay? » Flaubert redressa la tête et avec joie s'écria : « Quelle idée! » Delaunay était un pauvre diable d'officier de santé qui avait été l'élève du père Flaubert et que nous avions connu. Il s'était établi médecin tout près de Rouen, à Bon-Secours. Marié en premières noces à une femme plus âgée que lui et qu'il avait crue riche, il devint veuf et épousa une jeune fille sans fortune qui avait reçu quelque instruction dans un pensionnat de Rouen. C'était une petite femme sans beauté, dont les cheveux d'un jaune terne encadraient un visage rondelet, *piolé* de taches de rousseur. Prétentieuse, dédaignant son mari, qu'elle considérait comme un imbécile, ronde et blanche, avec des os minces qui n'apparaissaient pas, elle avait dans la démarche, dans l'habitude générale du corps, des flexibilités et des ondulations de couleuvre; sa voix, déshonorée par un accent bas-normand insupportable, était plus que caressante, et dans ses yeux, de couleur indécise et qui, selon les angles de lumière, semblaient verts, gris ou bleus, il y avait une sorte de supplication perpétuelle. Delaunay adorait cette femme qui ne se souciait guère de lui, qui courait les aventures, et que rien n'assouvissait. Elle était la proie d'une des formes de la grande névrose qui ravage les anémiques. Atteinte de nymphomanie et de prodigalité maniaque, elle était bien peu responsable, et, comme on ne la soignait que par les bons conseils, elle ne guérissait pas. Accablée de dettes, poursuivie par ses créanciers, battue par ses amants, pour lesquels elle volait son mari, elle fut prise d'un accès de désespoir et s'empoisonna. Elle laissait derrière elle une petite fille, que Delaunay résolut d'élever de son mieux; mais le pauvre homme, ruiné, épuisant ses ressources sans parvenir à payer les dettes de sa femme, montré au doigt, dégoûté de la vie à son tour, fabriqua lui-même du cyanure de potassium et alla rejoindre celle dont la perte l'avait laissé inconsolable[1]. »

[1]. Maxime Du Camp. *Souvenirs littéraires*, t. I.

Chaque mot mérite d'être retenu. L'histoire de madame Delaunay, tel est le *document humain* qui a servi de base à Flaubert. George Sand, lorsqu'elle voulait faire un roman, étalait sur sa table deux ou trois cahiers de papier blanc, et, sans aucune préparation, sans même avoir de plan, se mettait à l'ouvrage. Ses bâtisses sont en carton-pâte et s'effondrent une à une. Flaubert construit à chaux et à sable.

D'abord, il prend la réalité telle quelle ; sauf deux ou trois détails, le récit de M. Maxime Du Camp semble une analyse de *Madame Bovary* : Flaubert ne fait pas de son héroïne un laideron, voulant sans doute rendre plus compréhensibles les passions qu'elle inspire, et enfin, le mari, au lieu de s'empoisonner comme sa femme, meurt de chagrin. Nul ne saurait reprocher à l'artiste, au docteur ès-sciences sociales, ces rares et minces libertés.

Les deux figures principales sont posées. Aucuns frais d'imagination dans la suite des événements ou dans la conception des caractères, aucune *déformation*, par conséquent. A Lamartine qui lui reprochait son dénouement et lui disait : « Vous avez été bien dur pour votre héroïne ; elle est certainement coupable, mais il y a une telle disproportion entre la faute et le châtiment ! » Flaubert pouvait répondre : « J'ai tout simplement écrit sous la dictée des événements ; mon roman n'est qu'un procès-verbal rédigé par un artiste. »

J'ai souligné le mot déformation, c'est qu'en effet, si l'on s'avise de modifier sensiblement la nature, même lorsqu'on se donne la peine de l'observer, on risque de créer des monstres, et, pour les besoins d'une situation, de faire voyager le lecteur à travers l'impossible. Or, par définition, une œuvre d'art qui n'est pas une ode, doit se borner à donner l'image d'un coin de nature. Il faut que nous soyons bien profondément gangrenés par le lyrisme romantique pour ne pas admettre sans discussion de si éternelles vérités.

Toutes les contraintes apparentes sont en réalité des aides; le souci de l'exactitude donne à un roman une intensité de vie extraordinaire. On sait la conscience de Flaubert. Il dépouillait quelquefois une bibliothèque pour trouver un détail. A force d'interroger les faits, de creuser les caractères, tous les développements physiques ou moraux lui apparaissaient : un pli de lèvre, un froncement de robe, l'odeur d'une chambre, la façon très particulière dont le soleil fait saillir un meuble dans telle circonstance ne lui échappent pas plus que le plus insaisissable mouvement de la pensée. Par une sorte d'hallucination, il voit devant lui les personnages avec lesquels il vit, et dit jusqu'à la couleur de leur prunelle, jusqu'aux moindres signes de leur visage. Bien plus, il jouit avec eux, il souffre avec eux. Il frissonne de volupté lorsque madame Bovary se jette, fiévreuse et délacée, dans les bras de Léon, il agonise avec elle : « Mes personnages m'affectent, me poursuivent ou plutôt c'est moi qui suis en eux, raconte Flaubert à M. Taine. Quand j'écrivais l'empoisonnement d'Emma Bovary, j'avais si bien *le goût d'arsenic dans la bouche*, j'étais si bien empoisonné moi-même que je me suis donné deux indigestions coup sur coup, deux indigestions très réelles, car j'ai vômi tout mon dîner [1]. »

D'ailleurs Flaubert travaille d'après ses souvenirs et ses lectures, sans rien livrer à la fantaisie, au désir de produire des effets bon gré, mal gré. La veillée funèbre de Homais et du curé Bournisien près du corps de ma-

[1]. *De l'intelligence*, par H. Taine. Livre II, chap. 1er.

dame Bovary n'est qu'un souvenir de la triste nuit que passa Flaubert aux pieds du cadavre de son ami Le Poitevin, mort jeune. A propos de l'extrême onction administrée à la mourante, le poète ne fait que commenter les paroles de la liturgie. Il consulta des livres spéciaux.

La charpente de l'œuvre établie, les avantages de la méthode constatés, suivons Flaubert dans les déductions qui lui détaillent les caractères de ses héros.

Le romancier naturaliste, loin de prendre dans une vie, ainsi que l'idéaliste, une période de tant d'années, sillonnées par quelques aventures, a soin de remonter à l'enfance et aux impressions premières d'où tout doit découler. La méthode ancienne était absurde, car on ne peut voir dans une existence humaine que le développement d'un tempérament et d'un caractère dans des circonstances déterminées. Si l'on ne remonte pas aux causes, comment énumérer les conséquences? Flaubert obéit à la logique. Dans sa méthode admirable, rien n'est livré au hasard. Le romancier naturaliste part d'un fait; ce fait est lié à d'autres faits qui l'ont produit. Il n'y a qu'à remonter la chaîne. Ainsi l'auteur de *Madame Bovary* a dû se dire, en apprenant la mort de Delaunay : Pourquoi s'est-il empoisonné? — Parce que la mort de sa femme lui avait brisé le corps et l'intelligence. — Et pourquoi le premier suicide? — Parce que la femme du médecin était acculée par une meute de créanciers. — Pourquoi toutes ces dettes? — Parce qu'elle voulait éblouir, séduire, se livrer pleinement à ses instincts sensuels. — D'où venait cette monomanie adultère? — Des rancœurs et des dégoûts du mariage. — Pourquoi ces dégoûts? — Parce que les époux, de tempérament contraire, étaient encore divisés par l'éducation et n'avaient rien qui les rapprochât. Ces déductions conduisent aux origines. Connaître le sol dans lequel naît une créature humaine, sa race, ses premières impressions, le milieu qui influe sur elle à l'âge adulte, c'est avoir la clef de son caractère.

Les éducations mystiques exercent des ravages sur les intelligences féminines. Lisez, si vous voulez être convaincus, les premiers volumes de l'*Histoire de ma vie* par George Sand. L'encens, les fleurs, l'ombre, les chuchotements de l'église, ce reste de moyen âge dans notre monde moderne, que de détraquements nerveux cela n'a-t-il pas produits ? *Madame Bovary* n'est que l'étude d'un cas pathologique extrêmement fréquent dans nos sociétés avancées.

Voilà madame Bovary avec sa mauvaise éducation idéaliste; en pension, déjà nerveuse et détraquée, elle n'aime de l'église que ses parfums et son mysticisme sensuel. Au fond du cloître où aucun bruit du monde ne lui parvient, elle est déjà la névrosée dont parle M. Du Camp. — Pleurant pour un rien, inventant de petits péchés pour rester plus longtemps dans l'ombre du confessionnal, sous le geste bénisseur du prêtre, elle songe à des félicités vagues, elle s'élance dans je ne sais quelles contrés féeriques. Son imagination commence à manger son cœur. Elle aura beau retourner tout à l'heure à la ferme du père Rouault; elle y marchera toujours dans « son rêve étoilé, » elle y verra aussi peu les réalités qui l'entourent. Double question de tempérament et d'éducation.

Voici, au contraire, Charles Bovary. Médiocre, incurablement médiocre, de sang épais et d'intelligence lourde, patient, sans imagination, ne sortant jamais du terre-à-terre ; aimant, du reste ; bonne pâte d'homme vulgaire.

Attachez l'un à l'autre ces deux êtres qui ont été séduits au premier abord, peut-être par leurs contrastes. Que va-t-il arriver? Les événements résultent parfois du hasard, plus souvent de la force des choses, de la logique des caractères. Emma, tombant de haut dans la prose de la vie quotidienne, finira bien vite par s'apercevoir de la pauvreté intellectuelle de Charles ; ce sera du mépris, des regrets — mépris activant les regrets. — Ah! si l'on avait su!

Charles reste trop bête pour s'apercevoir du mépris qu'on lui témoigne. Plus Emma se montrera amère et dédaigneuse, plus il sera prévenant, mais d'une prévenance gauche et maladroite, plus aussi son terre-à-terre heurtera les imaginations romanesques de sa femme.

« Le dos, le dos tranquille » de Bovary sera « irritant à voir. » Charles « rentrait à dix heures, minuit quelquefois. Alors il demandait à manger, et, comme la bonne était couchée, c'était Emma qui le servait. Il retirait sa redingote pour dîner plus à son aise. Il disait les uns après les autres tous les gens qu'il avait rencontrés, les villages où il avait été, les ordonnances qu'il avait écrites, et, satisfait de lui-même, il mangeait le reste du miroton, épluchait son fromage, croquait une pomme, vidait sa carafe, puis s'allait mettre au lit, se couchait sur le dos et ronflait.

« Comme il avait eu longtemps l'habitude du bonnet de coton, son foulard ne lui tenait pas aux oreilles ; aussi ses cheveux, le matin, étaient rabattus pêle-mêle sur sa figure et blanchis par le duvet de son oreiller dont les cordons se dénouaient pendant la nuit. Il portait toujours de fortes bottes qui avaient au cou-de-pied deux plis épais obliquant vers les chevilles, tandis que le reste de l'empeigne se continuait en ligne droite, tendu comme un pied de bois. Il disait que c'était bien assez bon pour la campagne [1]. »

Ces faits menus, qui montrent bien le prosaïsme du pauvre homme, ne sont pas précisés sans intention par Flaubert. Avez-vous remarqué combien, lorsque nous avons de l'aversion pour une personne, sa manière d'être, ses moindres gestes agacent les nerfs, tandis qu'au contraire chez une personne que nous aimons, les gestes les plus banaux, les paroles même choquantes, seront non seulement excusés, mais admirés, mais aimés?

Comme on sent qu'Emma, servant le dîner de Bovary et écoutant ses racontars avec une moue de dédain aux lèvres, devait « percevoir un autre homme. Il habitait la contrée bleuâtre où les échelles de soie se balancent à des balcons, sous le souffle des fleurs, dans la clarté de la lune. Elle le sentait près d'elle, il allait venir et l'enlèverait tout entière dans un baiser. Ensuite elle retombait à plat, brisée ; car ces élans d'amour vague la fatiguaient plus que de grandes débauches [2]. »

Que l'apparence de cet amant idéal se présente ; que ce soit Léon, le petit clerc d'avoué élégiaque, ou Rodolphe, le gentilhomme bellâtre, et madame Bovary se jettera dans ses bras. Non qu'il n'y ait lutte en elle. Elle cherche d'abord à verser dans l'oreille d'un prêtre le trop-plein de ses espérances et de ses douleurs vagues, à s'enivrer d'élans voluptueux dans la griserie de l'encens et des fleurs, comme aux jours de son enfance, mais elle se heurte à

1. *Madame Bovary*, p. 45.
2. *Madame Bovary*, p. 322.

un curé aussi trivial que Bovary, et la pauvre incomprise cherche à satisfaire moins platoniquement les ardeurs de son sang. Ce n'est pas l'amour de son enfant qui la retiendra. L'éducation du couvent ne lui a pas appris à s'attacher résolument aux réalités de la vie; ses yeux restent trompés par un mirage; toute l'organisation est troublée; le sentiment maternel s'amoindrit. Elle aimera son enfant par caprices, par boutades, impétueusement; deux heures après, cette tendresse s'éteindra comme un feu de paille. Par moments, elle en viendra presque à détester la petite à cause du souvenir obsédant de Charles. « Que cette enfant est laide! » s'écriera-t-elle avec dégoût en la poussant loin d'elle, au risque de la faire tomber et de la blesser. Puis, lorsque l'enfant saignera, pleurante et navrée, ce seront de grands cris, des épanchements de tendresse. Beaucoup d'imagination; point de cœur.

Après le premier adultère, Emma, emportée enfin dans les contrées bleues, et chatouillée par les délices de la faute, s'épanouira comme une fleur aux premiers soleils. Sa beauté sera triomphante, insultante. Mais peu à peu, la désillusion l'empoignera, et avec la désillusion, le remords. Elle voudra revenir à son mari, l'aimer. Pourquoi n'est-il pas célèbre dans son art? Que ne voit-elle ce nom de Bovary étalé aux vitrines des libraires? Elle pousse Charles à ambitionner la gloire, à tenter des expériences. Ces essais du docile bonhomme tournent à sa confusion, le font bafouer par ses confrères, et lorsque Bovary revient chercher une consolation chez lui, plus effrayé des conséquences terribles de son erreur que honteux des moqueries, il est malmené par Emma qui se sauve, colère, enragée, fermant brutalement les portes, va pleurer d'amertume à l'écart en criant : Quel pauvre homme! quel pauvre homme! et se reproche d'avoir cru un instant qu'il fût propre à quelque chose. Elle est d'un comique lugubre et d'une ironie shakspearienne, cette histoire du pied-bot, opéré par des ignorants, et à qui on est forcé de couper la jambe! A chaque page éclate un rire forcé, navrant, gros de larmes et d'indignation.

La femme du médecin n'a plus le moindre regret ni le moindre respect humain. Toute pitié et toute pudeur ont également disparu. C'est la passion lâchée. Elle introduit l'amant dans la maison et se livre à lui, pendant que le mari dort en haut. Un soir on entend du bruit : « As-tu des pistolets? demande-t-elle à Rodolphe. — Pourquoi? — Mais... pour te défendre. — Est-ce de ton mari? Ah! le pauvre garçon! » Le nigaud ne se doute de rien; Emma a beau, dans son ardeur, faire mille imprudences; elle a beau relancer Rodolphe jusqu'en sa gentilhommière, au milieu de ses pipes et de ses chiens; le bourg a beau jaser — on devine comment! — Charles reste confiant, aimant, banal. Il n'est même plus troublé par le souvenir de l'opération avortée, souvenir si vivace chez Emma. Il voit sa victime, Hippolyte, le garçon du Lion d'or, sans honte et sans remords. Oh! le pauvre homme! Il est bien tel qu'on nous l'a présenté, au début du livre, tournant d'un air niais sa casquette entre ses doigts, sous les quolibets de ses camarades; comme Emma est l'enfant sentimentale et nerveuse qui passe des nuits à feuilleter les albums où l'on voit des amants enlacés, sous les clartés blondes de la lune.

Il est évident qu'Emma, délaissée par Rodolphe, qui veut bien en jouir, mais non s'en embarrasser, cher-

1. *Madame Bovary*, p. 187.

chera un autre idéal et trouvera Léon ; que dans sa passion, jamais rassasiée, jamais satisfaite, n'atteignant jamais le bonheur *idéal* rêvé, elle ira de folies en folies, d'extravagances en extravagances. A ses sens délirants, il faudra toujours des voluptés plus fortes, comme à l'ivrogne dont le palais est cuirassé il faut des liqueurs plus âpres. Ce seront tous les jours des fantaisies nouvelles, des costumes plus bizarres ; les dettes s'amoncelleront ; les billets seront renouvelés, à l'insu du pauvre Bovary la plupart du temps ; ce sera une ivresse de plaisir qui touchera au délire. A bout d'argent, la sirène criera à Léon : « Si j'étais à ta place, moi, j'en trouverais bien ! — Où donc ? — A ton étude ! Et elle le regarda. Une hardiesse infernale s'échappait de ses prunelles enflammées, et les paupières se rapprochaient d'une façon lascive et encourageante ; si bien que le jeune homme se sentit faiblir sous la muette volonté de cette femme qui lui conseillait un crime. Alors, il eut peur. »[1]

La situation est tendue. Madame Bovary, partout repoussée, s'épuisant en démarches, en supplications, se traînant aux genoux de ses créanciers, implorant en vain la pitié de ses anciens amants, hagarde, sur le point de voir tout son mobilier vendu, redoutant plus que tout le pardon de Charles, va rouler dans le ruisseau, si elle ne prend de l'arsenic. Les faits indiquaient le suicide.

C'est là la fin de ce drame bourgeois et poignant ; les derniers mois du mari idiot et pardonnant n'intéressent plus guère.

Non qu'il n'inspire aucun intérêt, cet homme. Il touche par sa bonté ; il a pour sa femme, non un amour

---

[1]. *Madame Bovary*, p. 329.

égoïste d'élégiaque, mais un amour naïf d'homme simple ; il adore sa fille et le lui montre par mille câlineries, mais vraiment il est trop bête lorsque, dans son hébétude suprême, il dit à Rodolphe, après boire : « Je ne vous en veux pas. »

Ses héros en pleine lumière, Flaubert n'a pas négligé les personnages accessoires. Les lointains sont aussi étudiés que les premiers plans.

Une difficulté, que le portrait de ces acteurs secondaires. Le médecin et sa femme ne devaient pas trancher par leur vérité au milieu d'êtres artificiels. Imagine-t-on deux créatures vivantes parmi des marionnettes?

Ici le romancier n'a écouté que la logique. Charles est officier de santé dans un bourg. Quelles sont les notabilités d'un bourg? Le maire, l'instituteur, le curé, le percepteur, le pharmacien, etc. Mais le médecin a plus de rapports, par la nature même de ses fonctions, avec le pharmacien et le curé qu'avec tous les autres. Condamnant la multiplicité des personnages qui auraient détourné l'attention du lecteur de la psychologie des Bovary, Flaubert a négligé presque entièrement le maire, l'instituteur et le notaire pour s'attacher uniquement aux collaborateurs du médecin. Il utilise ses souvenirs. Si même il a fait intervenir assez fréquemment le percepteur Binet, c'est sans doute pour mettre à profit un type plus que pour combler un vide.

Les amusants bonshommes ! Comme ils sont vrais !

S'il vous est donné de visiter l'intéressante bourgade d'Yonville, ne manquez pas d'admirer les bocaux du pharmacien, et tâchez d'apercevoir sa calotte à travers les vitrines. Il pile sans doute quelque drogue, en compagnie de son fils Napoléon, car Homais ne peut mourir ; il est éternel comme la bêtise humaine. Radical depuis quelque temps, il appuie sur le mot fameux : Le cléricalisme, c'est l'ennemi ! et vous répétera avec conviction que le gouvernement devrait « phlébotomiser » les prêtres tous les mois. — Mon fils, allez me chercher le dernier numéro du *Fanal de Rouen*, que je fasse lire à monsieur un article à l'élaboration duquel (ôtant sa calotte) je ne suis peut-être pas étranger. Oh ! une distraction agréable et utile. Un article instructif, fait pour nos paysans qui sont encore illettrés et sauvages. Une question bien intéressante : « De la destruction des animaux nuisibles dans le département de la Seine-Inférieure. » — Mais voici quelqu'un. Tiens ! c'est M. le percepteur Binet ! — Bonjour, monsieur le percepteur ! — Binet, toujours aussi maigre, aussi réglementaire, aussi taciturne, vient chercher du tord-boyaux pour empoisonner les rats qui ravagent son grenier. Si vous essayez de lier conversation avec lui, il vous expliquera que vous êtes bien malheureux, vous qui ne savez pas tourner des ronds de serviette. Un tour ! ô bonheur ! Sa voix est couverte par celle des chantres qui psalmodient. Un enterrement ; le notaire, vous savez, le notaire doucereux qui portait des lunettes d'or et qui tripotait avec Lheureux est mort d'une goutte remontée. Quel dommage ! Voilà derrière le convoi le curé Bournisien apoplectique. Gare à la goutte, monsieur le curé ! Sa face, couturée de boutons, est hideuse, toute convulsée par le chant de psaumes ; sa bouche s'ouvre, trop large. — S'en donnent-ils ces gaillards-là ! s'en donnent-ils ! dit Homais à demi-voix. C'est insolent, d'aller porter les gens en terre avec cette tête là ! — Madame François, l'aubergiste, sort sur le pas de sa porte, en face ; elle jacasse avec les commères du voisinage et montre d'un air furieux, le marchand de drap toujours aussi humble, caressant et vil, avec une flamme jaune dans les yeux. Il a ruiné le *Lion d'or* comme l'auberge rivale. Il mange Yonville morceau par morceau, le gueux. Il ne portera pas tous ses crimes en paradis ! Une carriole file derrière le cortège. Clic ! clac ! c'est M. Léon, le notaire de Rouen, qui passe avec sa dame. En voilà un qui fait bien ses affaires ! C'est un malin ; il ne roucoule plus ; il ne déclame plus de vers élégiaques. Sa grande passion pour madame Bovary l'a guéri ; il chiffre, chiffre, chiffre. L'enterrement s'en va. La cloche, toujours en branle, sous l'effort puissant de Lestiboudois, — les pommes de terre du champ des morts ont donné à ce diable d'homme une vigueur infernale — continue à faire entendre ses clameurs lamentables. C'est une désolation dans le ciel. Une meute, attachée à un arbre sur la place, joint à cette note lugubre de furieux aboiements. C'est la meute de M. Rodolphe, le gentilhomme terrien, qui est à l'auberge, en train de perdre une partie de piquet. Empoisonné par le tabac, abêti par l'inaction et la routine, abruti par le vin, car il boit, le malheureux ! il n'est plus que l'ombre du beau Rodolphe d'autrefois. Ses moustaches si bien cirées jadis sont pendantes ; ses bottes molles couvertes de boue. C'est une ruine. — Voilà, mon fils, les détestables effets de l'inconduite, dit le brave Homais dont la famille prospère. Que ceci te serve de leçon ! — Quant au père Renault, il est mort, sans doute, car voilà un siècle qu'on n'a pas entendu parler de lui dans le pays. Tant pis ! C'était un rustre, mais un brave homme. Celui-là aussi aimait trop la bonne chère et s'enfermait pour s'enivrer. Tant pis !

Telle est la vérité de ces figures, qu'un mot suffit pour les évoquer.

Comme psychologue, Flaubert a la profondeur de Stendhal, et, grâce à sa langue merveilleuse, il traduit des sensations si vagues qu'elles sont presque intraduisibles. Lisez ceci avec attention : « Elle était amoureuse de Léon, et elle recherchait la solitude, afin de pouvoir plus à l'aise se délecter en son image. La vue de sa personne troublait la volupté de cette méditation. Emma palpitait au bruit de ses pas; puis, en sa présence, l'émotion tombait, et il ne lui restait ensuite qu'un immense étonnement qui se finissait en tristesse. » Que de nuances finement observées et finement traduites! C'est une « réalisation au delà de laquelle il n'y a pas à rêver. »

A quoi bon entasser volumes sur volumes? Quand on a écrit *Madame Bovary*, on peut se reposer.

Les paysages se détachent aussi nettement que les hommes. Flaubert n'a pas commis la lourde faute de déplacer arbitrairement le lieu de l'action : la Normandie encadre son drame comme elle avait encadré les aventures de Delaunay. Les milieux complètent les personnages, et, si la nature reste impassible, elle nous inspire pourtant une bonne partie de nos pensées. C'est ne pas être complet que de faire abstraction, comme les écrivains d'autrefois, de l'endroit où les scènes se déroulent. Nos sensations trouvent leur écho dans les choses d'alentour. L'automne et ses bois jaunis ne nous portent-ils pas à la tristesse? Le printemps et sa verdure ne font-ils pas courir de la gaîté dans nos veines? Dante dit, dans l'épisode de Françoise : Le livre fut complice de la faute. Ne peut-on pas dire aussi bien : Les choses qui nous entourent sont complices de nos actions. M. Zola a essayé de le montrer dans la seconde partie de *la Faute de l'abbé Mouret* en donnant la vie aux plantes. Il a été trop loin. Il a souvent cédé, et M. Daudet comme lui, et les frères de Goncourt encore plus, à la tentation de décrire pour décrire. Flaubert, toujours sobre, peint la nature à larges traits, il la peint telle qu'il la voit, en observateur strict. Ses descriptions ne sont jamais des hors-d'œuvre. Elles viennent toujours compléter et expliquer l'état d'âme de ses héros.

Ainsi, Charles Bovary, monté sur sa jument, part de grand matin remettre la jambe cassée du père Rouault, à la ferme des Bertaux : « Encore endormi par la chaleur du sommeil, il se laissait bercer au trot pacifique de sa bête. Quand elle s'arrêtait d'elle-même devant ces trous entourés d'épines que l'on creuse au bord des sillons, Charles se réveillant en sursaut, se rappelait vite la jambe cassée, et il tâchait de se remettre en mémoire toutes les fractures qu'il savait. La pluie ne tombait plus ; le jour commençait à venir, et, sur les branches des pommiers sans feuilles, des oiseaux se tenaient immobiles, hérissant leurs petites plumes au vent froid du matin. La plate campagne s'étalait à perte de vue, et les bouquets d'arbres autour des fermes faisaient, à intervalles éloignés, des taches d'un violet noir sur cette grande surface grise, qui se perdait à l'horizon dans le ton morne du ciel. Charles, de temps à autre, ouvrait les yeux ; puis, son esprit se fatiguant et le sommeil revenant de soi-même, bientôt il entrait dans une sorte d'assoupissement où ses sensations récentes se confondaient avec ses souvenirs [1]. »

Non seulement ce paysage de Normandie, d'une extraordinaire intensité, surgit à mes yeux avec ses fermes entourées de bouquets d'arbres, à l'heure triste et grise

1. *Madame Bovary*, p. 13.

du jour levant, mais ce paysage est vu à travers les yeux lourds de Charles et augmente encore la sensation de malaise qu'il éprouve, par sa froideur, ses teintes sales, sa morbidesse générale. Sortez d'un lit bien chaud, à quatre heures du matin, et mettez-vous en route tout ensommeillé, vous verrez la nature comme Charles la voyait : la tristesse des cieux ajoutera à votre tristesse matinale.

Par quels procédés parvenir à cette vision obsédante? Les classiques l'ignoraient ; ils ont pu faire de jolies descriptions, toujours un peu vagues; c'est de l'école romantique, d'Hugo et de Gautier que nous vient l'exactitude qui évoque. Nous avons vu comment le romancier naturaliste conçoit son œuvre, comment il pose ses fondations et vérifie tout scrupuleusement. Dans l'exécution, il ne change pas de méthode. Il n'omet sous aucun prétexte le moindre trait saillant; le classique se contente des grandes lignes; le naturaliste descend aux minuties, pourvu qu'elles soient caractéristiques; il ne fait pas de choix esthétique, ne rejette pas tel détail parce qu'il semble peu noble, il n'ajoute pas tel autre parce qu'il fait bien dans l'ensemble. L'art nouveau consiste à voir les détails caractéristiques et à les placer dans leur ordre naturel. On comprendra mieux les différences de la manière ancienne et de la manière nouvelle en comparant deux descriptions de même genre, l'une de *Manon Lescaut*, l'autre de *Madame Bovary*.

Description classique.	*Description naturaliste.*
Je fus surpris en entrant dans le bourg, d'y trouver tous les habitants en alarme. Ils	On distingua le bruit d'une voiture mêlé à un claquement de fers lâches qui battaient la terre, et l'*Hirondelle* enfin, s'arrêta devant la porte.

se précipitaient de leurs maisons pour courir en foule à la porte d'une mauvaise hôtellerie, devant laquelle étaient deux chariots couverts. Les chevaux qui étaient encore attelés, et qui paraissaient fumants de fatigue et de chaleur, marquaient que ces deux voitures ne faisaient que d'arriver.

(*Manon Lescaut.* — Ed. Charpentier. p. 2.)

C'était un coffre jaune porté par deux grandes roues qui, montant jusqu'à la hauteur de la bâche, empêchaient les voyageurs de voir la route et leur salissaient les épaules. Les petits carreaux de ses vasistas étroits tremblaient dans leurs châssis quand la voiture était fermée, et gardaient des taches de boue, çà et là, parmi leur vieille couche de poussière, que les pluies d'orage même ne lavaient pas tout à fait. Elle était attelée de trois chevaux, dont le premier en arbalète, et, lorsqu'on descendait les côtes, elle touchait du fond en cahotant.

Quelques bourgeois d'Yonville arrivèrent sur la place; ils parlaient tous à la fois, demandant des nouvelles, des explications et des bourriches. (*Madame Bovary*, p. 85.)

D'un côté, l'auteur n'a pas la prétention de peindre; il se contente de raconter brièvement, laissant le champ libre à l'imagination du lecteur. A peine si la fatigue des chevaux est indiquée d'une façon pittoresque par le mot « fumants », ce qui rend cette description maigre et vague.

De l'autre côté, la précision des détails dresse l'*Hirondelle* devant nos yeux et ne nous permet pas de la confondre avec telle ou telle autre voiture. Flaubert ne compte pas, comme l'abbé Prévost, sur l'imagination du lecteur; il ne lui abandonne rien; il dit tout ce qu'il y a à dire. C'est un signalement qui équivaut à une photographie. L'auteur ancien aurait reculé devant les taches de boue des carreaux; il n'aurait jamais eu l'idée de nous donner la couleur du coffre et la hauteur des roues ou de nous faire claquer aux oreilles les fers lâches battant la terre. Ce sont pourtant, je le répète, ces détails essentiels qui évoquent.

Ce souci descriptif se trouve déjà dans Balzac. La vraie innovation de Gustave Flaubert, c'est l'impersonnalité. Ne jamais se montrer entre deux pages pour se perdre en des digressions ou pour jouer le rôle du chœur antique qui s'apitoie sur les bons et gourmande les méchants ; rester toujours maître de son récit, ne se laisser emporter sous aucun prétexte ; conserver jusque dans les parties douloureuses la froideur et la sûreté de main d'un chirurgien : voilà des lois pour la généralité des écrivains naturalistes. Un conteur, M. About, par exemple, ne sait se défendre contre la tentation de lâcher de ci, de là, un mot spirituel, de donner une pichenette sur le nez d'un grotesque, de lancer une réflexion drôle à la tête d'un acteur dans l'embarras. Cette intempérance égaie certainement le récit, mais le retarde, mais brise le fil, mais détruit toute belle unité. A force de voir le nez et la main de l'auteur entre les lignes, et dans ses doigts les ficelles qui secouent les marionnetttes, on se défie. Par sa constante maladresse, le romancier rappelle à chaque instant que l'on n'a pas en face de soi des êtres de chair, puissamment entraînés par la force des choses, mais bien des fantoches auxquels il commande. Comment se laisser émouvoir par les souffrances de bonshommes en baudruche? Si vous cherchez dans un roman la distraction d'une heure, l'éclat de rire facile et vite oublié, ouvrez *Madelon*; l'humanité saignante de *Madame Bovary* vous prendrait aux entrailles, vous obséderait comme une vision d'hôpital. Mais, pour peu que l'on ait vécu avec Emma, on se sent mal à l'aise dans l'étroitesse des cabanons de la fantaisie, on se heurte aux murs, on se cogne de la tête au plafond, on étouffe dans cet air raréfié, on a la nostalgie des plaines où souffle le vent âpre de la vie libre.

II

FLAUBERT LYRIQUE

Flaubert, en écrivant *Madame Bovary*, ne semble pas avoir eu conscience du terrible coup qu'il portait au romantisme. Dans la pensée de son auteur, le livre inaugurait une sorte de modernisme lyrique ; il réagissait contre les trivialités et les caricatures de l'école Champfleury.

Aussi le journal d'Edmond Duranty, *le Réalisme*, traita Flaubert comme un simple hugolâtre, ne voulant pas voir l'humanité de son roman et s'attachant seulement aux phrases à panache qui y abondent.

Que de comparaisons romantiques, parfois heureuses, souvent bizarres. Tout ce lyrisme a vieilli horriblement, Que dire de ceci ? « La douceur de cette sensation pénétrait ainsi ses désirs d'autrefois, et comme des grains de sable sous un coup de vent, ils tourbillonnaient dans la bouffée subtile du parfum qui se répandait sur son âme. » Ailleurs : « Le chagrin s'engouffrait dans son âme avec des hurlements doux comme fait le vent d'hiver dans les châteaux abandonnés. »

Parfois aussi certaines idées mélodramatiques, des effets trop voulus font sentir le mal dont Flaubert est atteint, le mal que lui ont transmis les écrivains de 1830. Deux exemples : l'arrivée visiblement préparée de l'aveugle lorsque madame Bovary râle, et l'agenouillement de Justin sur la tombe, sous la pression d'un regret immense « plus doux que la lune et plus insondable que la nuit. »

Il y avait antipathie entre la précision sèche du romancier d'*Henriette Gérard* et les redondances de Flaubert. Théophile Gautier a pittoresquement qualifié son ami de « romantique en chemin de fer. »

Né à Rouen,

. . . . la ville aux vieilles rues,
Aux vieilles tours, débris des races disparues,
La ville aux cent clochers carillonnant dans l'air [1],

Gustave Flaubert a grandi dans les banalités de la vie bourgeoise. Son père, l'illustre chirurgien, exclusif comme beaucoup d'hommes de science, n'apercevait pas l'utilité des lettres et les dédaignait. Son esprit tout pratique, sollicité sans cesse par les douloureuses réalités de la vie, n'avait ni le temps ni le goût de se perdre dans les chimères ou de s'extasier sur les sonorités d'une phrase. Un roman était pour lui une panacée dans le genre de l'opium, même lorsque son fils en était l'auteur.

Aiguisés par l'ennui ambiant, les instincts de Gustave Flaubert le plongèrent dans ce romantisme qui a nourri bien des générations successives.

[1]. V. Hugo. *Feuilles d'automne.*

Le charme de la poésie hugolesque est si grand pour les jeunes esprits, au sortir des aridités de la leçon apprise comme un pensum! Les fougues castillanes et les profondes rêveries allemandes emportent si haut, si loin des platitudes quotidiennes! Il y a tant de jeunesse et d'exubérance dans cette fantaisie géante! Tant de faiblesse et de blancheurs idéales dans la reine d'Espagne et Dona Sol, tant de fierté farouche chez Ruy Blas!

« Je suis de 1830, moi! J'ai appris à lire dans *Hernani*, et j'aurais voulu être Lara! J'exècre toutes les lâchetés contemporaines, l'ordinaire de l'existence et l'ignominie des bonheurs faciles [1]. »

Pour toute cette jeunesse Victor Hugo semblait un demi-dieu.

Les tours de Notre-Dame étaient l'H de son nom [2].

Flaubert prétendait qu'il avait un battement de cœur quand, sur la couverture d'un volume, il apercevait ces quatre syllabes: Victor Hugo.

On rêvait des amours délirantes, « de fulgurantes orgies avec des courtisanes illustres. » Dès le collège, on se pendait, pour échapper aux vulgarités de la vie.

Ces imaginations et les désillusions qui les suivent, le manque de rapport entre le monde subjectif et le monde objectif, en deux mots, le déséquilibrement des âmes, Flaubert l'a pris pour thème général de tous ses livres. Les rêves et les dégoûts de madame Bovary sont tout simplement les dégoûts et les rêves de Flaubert. Le Frédéric de l'*Education sentimentale* se trouve aussi victime de deux êtres qui se font la guerre en lui,

1. *Le Candidat.*
2. A. Vacquerie.

le lyrique et l'observateur, le lyrique qui songe à des splendeurs extra-naturelles et s'envole vers les sommets, l'observateur armé de sa loupe à qui nulle laideur et nulle vilenie n'échappe. Sans cesse l'un de ces frères ennemis veut prendre l'essor, et, sans cesse, l'autre lui coupe les ailes et le brise sur le sol ! Cette clairvoyance cruelle ne permet pas à Flaubert de s'endormir dans les sérénités olympiennes des grands poètes : elle lui fait subir un supplice de Tantale, une souffrance d'impuissance l'amenant à conclure au néant universel.

M. Maxime Du Camp, qui a connu Flaubert dès ses années de jeunesse, nous l'a montré dans son enthousiasme et sa beauté battant le pavé de Paris où il venait faire son droit, semant autour de lui ses gaietés et ses colères, jurant de provoquer Gustave Planche qui avait mal parlé de Victor Hugo, s'engouant de médiocrités, déclamant les vers de *Lucrèce* avec la même chaleur que les vers des *Burgraves*, s'essayant dans un roman psychologique intitulé *Novembre*, et s'attirant trois boules noires à son examen. Maintenant on sait aussi le secret de la vie de Flaubert, cette maladie nerveuse qui le jetait dans de si terribles prostrations. La névrose explique la lenteur avec laquelle il écrivait, sa claustration et sa mort prématurée [1]. La maladie a contribué autant que les souffrances du lyrique désabusé au découragement qui emplit l'œuvre de Flaubert.

Le géant luttait avec son mal, en triomphait parfois.

---

1. Plusieurs amis de Flaubert, entre autres M. Emile Zola, pensent que M. Du Camp a exagéré l'influence de la maladie sur les œuvres et la vie du romancier. Flaubert, lors de ses hivernages à Paris, allait beaucoup dans le monde, ce qui semble indiquer que sa névrose lui laissait du répit.

Entraîné par l'humeur voyageuse de M. Maxime Du Camp, il voulut visiter l'Orient, se laisser bercer par les flots du Nil, galopa au travers de la Palestine et de l'Asie Mineure, fut ému par les débris sacrés de l'Acropole. Mais dans cette terre où les souvenirs se lèvent à chaque pas, Flaubert ne trouva aucune des féeries que son romantisme allait y chercher. Il avait vu dans les *Orientales* des contrées un peu barbares, mais toutes scintillantes, où l'on pouvait fuir « l'ordinaire de l'existence, l'ignominie des bonheurs faciles, toutes les lâchetés contemporaines », il retrouvait au Caire et à Constantinople les misères occidentales aggravées de quelques autres. Tandis que son compagnon, tout entier au ciel nouveau, rêvait de pousser jusqu'à l'Inde, Flaubert n'osant pas lui-même contrarier des plans qu'il avait acceptés d'avance, employait toutes les influences pour amener M. Du Camp à revenir en France. Les lettres de madame Flaubert, très inquiète de la santé de son fils, brusquèrent le voyage. Et devant le retour prochain, la nostalgie de Flaubert se fondit peu à peu. Il a décrit, dans *Salammbô*, ce malaise vague qui, sur le Nil, lui cachait le paysage environnant, tournait son esprit vers les pâturages de Normandie.

« Un nuage de poussière brune, perpendiculairement étalé, accourait en tourbillonnant ; les palmiers se courbaient, le ciel disparaissait, on entendait rebondir des pierres sur la croupe des animaux ; et le Gaulois, les lèvres collées contre les trous de sa tente, râlait d'épuisement et de mélancolie. Il songeait à la senteur des pâturages par les matins d'automne, à des flocons de neige, aux beuglements des aurochs perdus dans le brouillard, et, fermant ses paupières, il croyait apercevoir les feux des longues cabanes, couvertes de paille, trembler sur les marais, au fond des bois. »

De ces pérégrinations en Orient, et d'un dernier voyage aux ruines de Carthage, Flaubert a rapporté *Salammbô*, le livre où, selon M. Maxime Du Camp, il a mis le plus de lui-même.

Le public attendait une seconde analyse psychologique dans le genre de *Madame Bovary*. Une longue étude antique pleine de pages superbes, mais pleine d'ennui, le dérouta. Quitter la France contemporaine pour l'époque d'Hamilcar, les pommiers en fleur pour les plaines désolées de l'Afrique septentrionale, paraissait un peu violent, un peu brusque. Cette métamorphose montrait la souplesse du talent de Flaubert. Des trésors d'érudition étaient accumulés dans *Salammbô*. Selon son habitude constante, l'auteur avait fouillé quantité de livres, pris des monceaux de notes pour reconstruire la puissante Carthage d'avant les guerres puniques. En lisant la lettre de Flaubert à Sainte-Beuve et surtout ses réponses aux critiques de l'allemand Fræhner, on a une idée de ce travail inouï, d'autant plus effrayant que le sujet était moins exploré.

L'insuccès de Flaubert dans cet essai de roman historique sérieux condamne le genre tout entier.

Sainte-Beuve établit des distinctions subtiles entre le roman historique sur l'antiquité et le roman historique sur le moyen âge. Il appuie son argumentation sur l'exemple de Walter Scott. Pourtant les lourdeurs du poète écossais cachent autant de fantaisie que les complications du père Dumas. Entre ces deux déformateurs d'histoire, je préfère encore le Français, dont le scepticisme met en garde. On voit clairement dès la première ligne que Dumas n'est qu'un amuseur plein de verve, de sans-façon et de jovialité. Les contes graves de Walter Scott ne sont bons qu'à enlever aux jeunes têtes la notion juste des choses. Le même anathème retombe sur le drame dit historique.

— Peut-être, me disait un écrivain, réussirait-on à faire un bon drame historique, mais c'est une besogne qui me terrifiera toujours. Ce drame, entendu d'une certaine façon, décorations, costumes, tirades, ne saurait tenter un artiste. Quant à une restitution historique, plantant debout des hommes dans un milieu exact, elle demanderait des recherches incalculables, et encore ne serait-on pas sûr de ne commettre aucun anachronisme grossier.

Flaubert tentait donc l'impossible. Il est vrai que s'il ne put se départir, dans l'exécution, de sa méthode exacte, son projet primitif était tout simplement d'écrire une sorte de poème en prose qui le laverait du qualificatif de réaliste, un livre où il pourrait « hurler tout à son aise. » Il aimait à déclamer d'une voix tonitruante des passages de Chateaubriand, son maître direct. Il communiquait à chaque mot des intonations spéciales, et lorsqu'il composait, ne manquait jamais de crier les phrases une à une sur un ton de mélopée, ne se trouvant fixé sur leur valeur que lorsqu'elles avaient passé par « son gueuloir. » On peut prendre n'importe quelle page de n'importe quel livre de Flaubert et la lire tout haut, sans être arrêté par des cacophonies. L'auteur de *Madame Bovary* prétendait que la prose doit avoir son rhythme, comme les vers ; une phrase bien faite était tout pour lui. Aussi, dans les ouvrages où il s'abandonne le plus à lui-même, sacrifie-t-il à la phrase des choses essen-

les. Les détails n'ont pas seulement un but d'évoca-
[tio]n, mais souvent un but d'harmonie.

[I]ci, une constatation :

Dans les livres de pure observation, l'abondance des
[pet]ites choses donne le relief; les myopes, ceux qui tien-
[nen]t compte de tout parce qu'ils sont obligés de regar-
[de]r de très près, ont l'avantage sur les presbytes qui
[se] contentent des grandes lignes. Les romans de M. Zola
[son]t plus vivants que les romans de Stendhal, les détails
[de] la vie matérielle, dédaignés par le second, étant mis
[en] pleine lumière par le premier. Mais dans un livre où
[l'in]vention a un grand rôle, où les choses ne sont pas
[sou]s vos yeux dans leur coloration et dans leur mysté-
[rie]use harmonie, où l'auteur doit reconstruire de toutes
[piè]ces des êtres et des monuments disparus, d'après des
[don]nées peu complètes, il est périlleux de se lancer
[dan]s des descriptions détaillées. Les tons juxtaposés
[ris]quent d'être criards, car le modèle reste plus ou
[mo]ins arbitraire ; il y a dans cet agencement de cou-
[leu]rs artificielles une véritable « chinoiserie » littéraire,
[com]me disait Sainte-Beuve avec ce tact qui lui donnait
[tou]t de suite un mot juste. Et ce procédé fatigue vite.
[On] peut comparer, pour vérifier cette observation, deux
[des]criptions, prises au hasard, l'une dans *Madame Bo-
[va]ry* et l'autre dans *Salammbô*. Dans l'une, tout flatte
[l'œ]il, parce que tout, comme dans la nature, concorde
[et] s'harmonise; dans l'autre, l'emploi de la même mé-
[tho]de choque, et rien ne se dresse nettement devant
[nou]s, parce que tout est subjectif et de simple concep-
[tio]n humaine. Si l'auteur de *Salammbô* s'était con-
[ten]té des grandes lignes, le livre aurait gagné; si, au
[con]traire, dans *Madame Bovary*, Flaubert n'avait pas
[dé]taillé, rien ne serait aussi saillant. Chaque sujet veut

être traité à sa manière. Les personnages appellent u[ne]
observation analogue. Salammbô, bâtie de toutes p[iè]ces, ne vit point. Les chimistes ont beau composer d[u]
vin, ils ne peuvent lutter avec les coteaux pleins de s[o]leil. Quelque chose manque à leurs synthèses.

Les pays d'Orient tout brûlés, engourdis « *dans un p[e]sant repos* », sur qui le vent du désert secoue parf[ois]
ses ardeurs, ressortent seuls dans *Salammbô*. Lorsqu[e]
consulte ses souvenirs, Flaubert peint magistral[e]ment. Et que de fois ne s'est-il pas promené dans c[es]
paysages morts sous les gaietés de l'éclatante l[u]mière!

Ces découpures franches contrastent avec les clart[és]
bleuâtres et mystiques où baigne le temple de la déc[sse]
Tanit. L'héroïne est enveloppée d'un halo qui donne[à]
ses formes un tremblotement lunaire. Flaubert cède[à]
son goût romantique pour la bizarrerie et l'exo[tis]tisme.

Dans ce même ordre de conceptions, Flaubert a écr[it]
deux des *Trois contes*, *la Légende de saint Julien l'Hosp[i]talier* et *Hérodias*. *Hérodias* a bien des rapports av[ec]
Salammbô : même bariolage, mêmes acteurs factice[s],
même soleil d'Orient. L'autre semble le songe d'un do[r]meur éveillé.

Mais le triomphe du Flaubert lyrique, c'est cette st[u]péfiante *Tentation de saint Antoine*, écrite avant *Madam[e]
Bovary*; elle a été remaniée bien des fois et publié[e]
seulement en 1874. Les visions de l'ermite se succède[nt]
avec la rapidité confuse des images d'un kaléidoscope[.]
Et le poète s'amuse!

« Comme c'est bon, le parfum des palmiers, le fré[-]
missement des feuilles vertes, la transparence des sour[-]
ces! Je voudrais me coucher tout à plat sur la terr[e]

pour la sentir contre mon cœur ; et ma vie se retremperait dans sa jeunesse éternelle [1]. »

« Egypte ! Egypte ! tes grands dieux immobiles ont les épaules blanchies par la fiente des oiseaux, et le vent qui passe sur le désert roule la cendre de tes morts [2] ! »

Ou ce sont des élans philosophiques, d'une largeur éloquente.

« Contemple le soleil ! De ses bords s'échappent de hautes flammes lançant des étincelles, qui se dispersent pour devenir des mondes ; — et plus loin que la dernière, au delà de ces profondeurs où tu n'aperçois que la nuit, d'autres soleils tourbillonnent, derrière ceux-là d'autres, et encore d'autres, indéfiniment [3]... »

Aussi, lorsque Flaubert chantait ces phrases musicales, ne concevait-il pas pourquoi ses amis manquaient d'enthousiasme. Il avait emprunté à Théophile Gautier ses paradoxes, et ne donnait pas à la littérature un autre but qu'elle-même. Le culte des sonorités lui faisait juger les maîtres passés d'étrange sorte. Il ne pardonnait à Molière quelques métaphores incohérentes qu'en faveur d'une phrase « *sublime* » du *Bourgeois gentilhomme* : « Ce sont des Egyptiens vêtus en Maures qui font des danses mêlées de chansons. » Ou, d'une voix claironnante, il lançait ce vers de Racine :

La fille de Minos et de Pasiphaë,

ajoutant, moitié railleur, moitié sérieux : Ça, c'est le plus beau vers de la langue française !

Excentrique dans la coupe de ses vêtements, il portait de vastes pantalons quadrillés, et plantait crânement son feutre de côté.

---

1. *La tentation de saint Antoine*, p. 199.
2. *La tentation de saint Antoine*, p. 213.
3. *La tentation de saint Antoine*, p. 255.

Sous ce feutre, un large front bombé prenait la moitié d'une face puissante, coupée par des moustaches blondes et retombantes. Sa taille d'athlète, son air casseur et son exubérance lui donnaient une vague ressemblance avec le Vercingétorix de Millet.

Les colères de ce criard qui ne daignait jamais discuter posément et s'époumonnait en affirmations souvent heurtées et incohérentes, contrastaient avec la douceur de sa vie, sa patience au travail, le fanatisme de ses amitiés, et surtout avec les menus soins qu'il avait pour sa mère.

Dire d'un homme qu'il eut de amis nombreux et dévoués, c'est dire qu'il les méritait; cette pierre de touche ne trompe pas. Du reste, de tous les amis de Flaubert, Louis Bouilhet eut seul sur les œuvres du maître une influence sensible. Très dogmatique et plein de partis pris, ennemi des phrases toutes faites et théoricien de l'art pour l'art, il avait un sens critique pénétrant, discutait pendant des heures sur une phrase, émondait la prose de Flaubert de ses enflures lyriques. Flaubert se défendait comme un beau diable, se fâchait tout rouge et traitait son ami de cuistre et de pédagogue. Bouilhet restait imperturbable : — Tu vas effacer celà, — disait-il, et l'auteur de *Madame Bovary*, vaincu, raturait en maugréant. C'est ainsi que *Salammbô* a été délivrée des *et* qui commençaient toutes les phrases et leur donnaient un insupportable ton épique. Flaubert était trop grisé de lyrisme pour s'apercevoir de cette monotonie. Une phrase bien faite, il n'y avait que ça. Il se fichait du reste. Pour triompher de ces axiomes, il ne fallait rien moins que sa confiance en Bouilhet. Pour Flaubert, Bouilhet n'était pas un poète lyrique de quelque originalité, mais un génie, méconnu du public.

M. Maxime Du Camp, toujours cher au cœur du bon [Flaubert], était tombé très bas dans son estime littéraire, depuis qu'il avait renoncé à la poésie et au roman pour écrire ses études sur Paris. « Prends garde, lui disait-il, tu es sur une pente! Tu as déjà abandonné l'usage des plumes d'oie pour adopter celui des plumes de fer, ce qui est le fait d'une âme faible. Dans la préface des *Chants modernes*, tu as débité un tas de sornettes passablement déshonorantes, tu as célébré l'industrie et chanté la vapeur, ce qui est idiot et par trop saint-simonien. Tant de turpitudes ne t'ont point encore apaisé, et voilà que maintenant tu vas faire de la littérature administrative; si tu continues, avant six mois, tu entreras dans l'enregistrement. »

Il fallait voir l'enthousiasme que Flaubert déployait pour les siens. Lorsqu'on étudiait à l'Odéon *Madame de Montarcy*, de Louis Bouilhet, il voulut absolument diriger les répétitions; il arpentait la scène à grands pas, déclamait, gourmandait les artistes, tournait sur ses talons brusquement aux intonations risquées et répétait dix fois la phrase en roulant des yeux farouches. Jusque dans les dernières années de sa vie, il assistait aux « premières » de ses élèves. Il manifestait ses sympathies comme un combattant de *Hernani*, tapageait, criait : bravo! battait le plancher avec sa canne. Et sa haute taille, aussi bien que ses gestes, rassemblait sur lui les regards de toute la salle.

Quelques mois après la chute de son *Candidat*, au Vaudeville, Flaubert venait applaudir dans la même salle *Fromont jeune et Risler aîné*, oubliant son échec pour se réjouir du succès de M. Alphonse Daudet. Ce cœur sans envie, plein d'enthousiasme et de respect, ne pou-

1. *Souvenirs littéraires* de Maxime Du Camp, chap. XXVII.

vait souffrir la sécheresse d'un Mérimée ou d'un Stendhal. En citant devant lui « Monsieur Beyle », on était sûr de l'exaspérer. Un jour Tourguéneff, grand admirateur de Mérimée, pria Flaubert de lui expliquer pourquoi il trouvait mauvaises les phrases de *Colomba*. Flaubert ouvrit le livre au hasard, fit pleuvoir des qui, des que, des expressions banales. Tourguéneff s'étonnait raconte M. Zola, nous avions tort de tant raffiner, les Russes se servaient de leur langue plus simplement. C'est qu'il n'y avait pas seulement antipathie de rhétorique entre Flaubert et Stendhal ou Mérimée ; le lyrique qui avait besoin d'un large vêtement pour draper sa large pensée, devinait sous la sécheresse du style la sécheresse de l'âme. Beyle, contempteur de poésie, est fils de Voltaire, et Flaubert descend de Victor Hugo. Les loups et les renards ne sauraient s'apprécier.

On s'explique moins le dédain de Flaubert pour « Monsieur de Musset. » Il le considérait comme un poète amateur et lui reprochait ses mauvaises rimes, sans entendre, sous ces rimes lâchées, les cris d'un grand cœur malade.

La raison, peut-être, c'est que Flaubert n'a jamais éprouvé de passion réelle. Les hommes de 1830 plaçaient l'amour trop haut : Flaubert, avec ses idées très romantiques, aurait voulu se consumer éternellement dans une adoration, rêvait une femme qu'on verrait à de rares intervalles et qui serait pour l'amant une sorte de madone. Tout en désespérant de saisir l'insaisissable, il regrettait, dans les dernières années de sa vie, de ne s'être pas marié ; on le vit un jour pleurer devant un enfant. Dans une lettre à M. Maxime Du Camp, il dit : Peu d'hommes ont eu moins de femmes que moi. — Pournt ce grand et beau garçon, ce poète fier de son corps de son opulente chevelure blonde, inspira plus d'une assion féminine. Il les dédaignait. Les poursuites de ouise Colet, un bas bleu oublié maintenant, durent à les seules le dégoûter de liaisons qui n'étaient pour i qu'un délassement. La dame le pourchassa jusque ans son salon de Croisset, et, devant madame Flaubert, ui lança une bûche à la tête ; elle allait l'attendre dans s gares et lui faisait des scènes en public. Une terreur prit, et, pour éviter ces obsessions, il n'osait venir à aris que furtivement et s'y promenait en voiture, sto- s baissés. Il aimait avant tout la tranquillité de son abinet de travail. Pour lui, la femme était un animal oli, mais qui dérange prodigieusement, et jamais il ne aissa une femme pénétrer en son sanctuaire ; il regret- ait ses faiblesses comme du temps perdu. De ce besoin e tranquillité son indulgence pour les filles ; du mo- ment qu'il s'agissait tout simplement d'un besoin phy- ique à satisfaire, il préférait, dans sa jeunesse, une amourette de quelques jours à une liaison qui l'aurait roublé dans sa tâche.

Les femmes ont donné à Flaubert beaucoup moins de plaisir que ses amis. Les heures passées à discuter t à culotter des pipes en compagnie de Bouilhet et de M. Maxime Du Camp, plus tard, à Paris, les réunions du dimanche où se donnait rendez-vous toute la jeune école, le dîner des auteurs sifflés, Goncourt, Tour- guéneff, M. Zola et M. Daudet autour de lui, voilà ses meilleurs souvenirs.

Personne n'a ressenti plus que Flaubert la désespé- rance de ne pouvoir atteindre à la perfection rêvée. Il faisait et refaisait une page six ou huit fois, et quand il l'avait copiée sur son grand papier de Hollande, il la reprenait encore, passait la nuit dessus, la démontait et recommençait. Cette souffrance de l'accouchement plongeait parfois dans des atonies prolongées : à force de chasser les répétitions, les rimes, les assonances, il se donnait des migraines et se stérilisait. Il avait mis cinq ou six ans à faire *Madame Bovary*, il en mettait sept ou huit pour composer et écrire ses derniers romans. Aussi, lorsque, par haine de son premier né, il se mettait à l'éplucher tout haut, y trouvait-il des négligences sans nombre, ne comprenant pas comment « ce bouquin-là » éclipsait ses cadets. Il est vrai que sur sept années, il en employait au moins deux ou trois à des recherches d'une minutie extrême, dépouillait un livre pour y trouver une note, et, dans la rédaction, réduisait une page de notes en une ligne. Il a travaillé sur la langue d'Hugo, au dire de M. Zola, comme Boileau sur la langue de Corneille, il a porté la hache dans l'inextricable forêt. Là est le secret de sa stérilisation. « Lentement, des jambes à la taille, puis à la tête, Flaubert devenait un marbre[1]. »

Ce qui rend difficile, pour ne pas dire ennuyeuse, la lecture des derniers ouvrages du romancier, c'est le manque d'un lien assez solide pour nouer toutes les parties. L'idée générale se noie dans le détail, quand l'idée générale n'est pas tout à fait absente, comme dans l'*Education sentimentale*. Cet émiettement ne donne pas seulement l'indépendance aux épisodes, mais aux mots de chaque phrase. Ces livres sont comme des tableaux très finis, mais qui n'auraient point de centre. L'œil se fatigue vite à des minuties curieuses pour des hommes de l'art, mais superflues pour la foule qui ne voit pas clairement à quel but ces détails concourent.

1. E. Zola. *Les romanciers naturalistes*, page 215.

L'*Education sentimentale*, où ce défaut est le plus apparent, abonde en épisodes achevés, la soirée chez la Maréchale entre autres. Dommage qu'on y regrette l'unité sévère de *Madame Bovary*. L'école moderne a tort de mépriser trop l'intrigue d'un roman. Que cette intrigue, empruntée à la réalité, reste simple, je le veux ; mais on ne fait pas un livre avec des détails accumulés ; toute œuvre a besoin d'un commencement, d'un milieu et d'une fin ; elle doit laisser une idée nette dans l'esprit du lecteur. J'attribue à la façon dont écrivait Flaubert la confusion très sensible de ses derniers ouvrages. Travaillant lentement, il perdait le fil conducteur, oubliait des mois son sujet pour perler l'expression ; le détail l'étouffait.

Plus l'auteur se contentait difficilement, plus le public s'éloignait de lui. Cet abandon navrait le grand écrivain. Son ignorance complète des conditions de la vente lui montrait un succès, dès qu'il lançait un livre ; et les déceptions, sans l'empêcher de se remettre à l'œuvre, le faisaient crier contre « la haine de la littérature. » Ces brusques revirements tenaient autant à la naïveté de sa nature primesautière qu'à son provincialisme. Le moindre éloge, sorti de plumes très obscures, le ravissait ; il avait conservé les joies du débutant, et gardait dans une des poches de sa veste l'article récent où l'on parlait de lui.

Par contre, il refusait de donner le moindre détail sur sa vie, déclarant que l'œuvre seule d'un écrivain appartient au public. Il poussait cette discrétion si loin qu'il ne voulut pas laisser publier son portrait. Une femme le lui avait arraché, après bien des refus, dans un jour de faiblesse tendre. Cloîtré la plus grande partie de l'année dans sa maison de campagne de Croisset, il avait les préjugés des bourgeois contre lesquels il déclamait. Il convenait, lorsqu'on le poussait, qu'il était un bourgeois de province, le plus paisible, le plus rangé des bourgeois.

Jamais il ne vit les misères d'un œil serein. Il poussait jusqu'aux extrêmes sacrifices la religion de l'honneur familial. Dans ses derniers mois, il engagea pour les siens, engloutis dans un désastre commercial, sa petite fortune si nécessaire ; vieillissant, il se condamna aux privations. Il fallut la violence de ses amis pour lui faire accepter un emploi à la bibliothèque Mazarine, une pension déguisée.

Ce farouche pessimiste qui conclut au néant et déchiquète l'espérance à belles dents, était, dans la vie journalière, d'un optimisme absolu. M. Maxime Du Camp a publié une lettre de lui, écrite au début de la guerre de 1870, qui prouva jusqu'où allait son aveuglement. Le patriotisme longtemps endormi, longtemps relégué par lui dans les banalités indignes d'un esprit littéraire, se réveilla, lors de nos désastres, en même temps que sa maladie nerveuse.

Un jour « il avisa sur ma table, raconte M. Maxime Du Camp, le second volume des *Conversations de Gœthe*, il le saisit avec empressement, l'ouvrit, le feuilleta comme s'il y eût cherché une phrase restée dans sa mémoire et me dit : Ah ! que je voudrais être dans l'état de cet olympien ! c'était un homme celui-là et ses nerfs obéissaient à son cerveau. Ecoute ceci : « La haine nationale est une haine particulière. C'est toujours dans les régions inférieures qu'elle est la plus énergique, la plus ardente, mais il y a une hauteur à laquelle elle s'évanouit ; on est là, pour ainsi dire, au-dessus des nationalités et on ressent le bonheur ou le malheur d'un peuple voisin comme le sien propre. Cette hauteur convenait à ma nature, et longtemps avant d'avoir atteint ma soixantième année, je m'y étais fortement attaché. » Il rejeta le livre et dit : « Il paraît que cette hauteur ne convenait pas à ma nature, car je n'y suis pas encore arrivé. Bah ! j'y parviendrai peut-être.[1] »

1. *Souvenirs littéraires* de Maxime Du Camp. — Chap. XXIX.

III

SENS COMIQUE DE FLAUBERT

Le cœur de Flaubert, tout plein de jeunesse, saignait aux moindres froissements; son imagination lyrique envolée aux fiers sommets, haïssait naturellement le laid, le banal et le bête. Or, le sens du réel ramenait sans cesse le romancier à la vision exacte du monde. D'un heurt continuel naquit cette verve comique amère qui coule à travers *Madame Bovary*, *le Cœur simple*, l'*Education sentimentale* et déborde dans *Bouvard et Pécuchet*.

Dès sa *Tentation de saint Antoine*, Flaubert s'écriait : « On n'a pas besoin de posséder les joies pour en sentir l'amertume ! Rien qu'à les voir de loin, le dégoût vous en prend. Tu dois être fatigué par la monotonie des mêmes actions, la durée des jours, la laideur du monde, la bêtise du soleil ! » Et d'Homais à Pécuchet, il se complaît dans l'idiotisme bourgeois, dont l'énormité l'exaspère et l'enchante.

Les balourdises fascinaient l'auteur de *Madame Bovary*. Lorsqu'il trouvait quelque chose de stupéfiant, il levait les bras au ciel en criant : « C'est énorme ! moi, je trouve ça énorme. » Dans son voyage d'Orient, il fut si heureux de rencontrer loin de France un Campistron composant des tragédies sur Abd-el-Kader qu'il passa des heures à les lui faire lire, soulignant avec enthousiasme les passages les plus réussis. Il entreprit avec Bouilhet une pièce en vers où tout serait dit par périphrases. On y désignait l'instrument de Molière par ce vers homérique :

Le tube tortueux d'où jaillit la santé.

Le second volume de *Bouvard et Pécuchet* devait se composer uniquement de citations prudhommesques extraites des contemporains. « J'ai, écrivait Flaubert à M. Maxime Du Camp, une quinzaine de phrases de toi qui sont d'une belle niaiserie. » Il conservait sous clef un recueil de poésies médicinales, et les récitait en riant aux larmes. Quelquefois aussi, il lisait à ses amis, — Bouilhet absent, — les vers inspirés par lui à Louise Colet. Il y était comparé à « un buffle indompté des forêts d'Amérique. » Ce goût du grotesque l'avait plongé jeune dans Pigault-Lebrun. *Bouvard et Pécuchet* a une pointe de Pigault.

Ces bonshommes, réunis par la conformité banale des sentiments et des pensées, associant leurs manies de vieux employés, rêvant de devenir des encyclopédies vivantes, se butant partout à l'absurde, entassant idiotismes sur maladresses, sont des mannequins plaisants qui disent : Papa et Maman. Sous les exagérations caricaturales, on voit les rouages qui font agir les personnages. — Flaubert prend ces médiocres pour cible ; il déchaîne contre eux toutes les férocités du hasard,

Bouvard, humanitaire, est joué par des enfants d'adoption. Pécuchet, qui veut essayer de l'amour, attrape une maladie.

Grotesque, le cœur simple de *Trois Contes* qui considère l'Esprit saint comme un ancêtre du perroquet Loulou. Mais ici se mêle au comique une veine d'émotion, un attendrissement unique dans Flaubert sur les destinées humbles rivées dans la poésie des affections instinctives. Cette nouvelle me semble, après *Madame Bovary*, l'œuvre la plus achevée du romancier. Pour raconter l'histoire de la pauvre servante, la plume dure devient presque caressante.

Flaubert ne reste impitoyable qu'au bourgeois. Dans *l'Education sentimentale*, il a lardé les grosses figures bêtes qui avaient attristé sa vingtième année, lui avaient causé ses premières, ses plus cruelles désillusions. Arnoux avec sa touche de commis-voyageur, le faux Robespierre Sénécal, les comparses qui bondent le salon du banquier ventru, vivent d'une vie intense. Le satirique n'a pas autant grossi les traits que dans *Bouvard et Pécuchet*. Il a surtout réservé un coin du livre à sa madone, l'idéale madame Arnoux. Amour d'adolescence, jamais satisfait, toujours vivace, raconte M. Maxime Du Camp.

A ces airs de flûte, aux modulations tendres, succède la basse narquoise et puissante, le rire épais, énorme, qui essaie de couvrir la pensée de l'avortement universel.

La haine du bourgeois déteignait sur notre civilisation tout entière. Qui croyait aborder en Flaubert un savant résolu, un des ouvriers scientifiques du siècle, était abasourdi, scandalisé, de l'entendre « gueuler » contre nos machines, notre puissante vie industrielle, le halètement de la vapeur, le progrès, « cette plaisanterie immense. » Le romancier n'avait certainement pas conscience de sa besogne. Il répétait aux néophytes que la perfection des phrases suffisait à la gloire d'un homme. Une première entrevue avec Flaubert était une désillusion.

Dans l'ordre politique l'auteur de *Madame Bovary* regrettait l'ancien régime, tonnait contre la situation des artistes sous la férule des bourgeois « ennemis nés de toute littérature. » A l'époque où il publia les *Trois Contes*, — printemps 77, — il se plaignit vertement du 16 mai ; tout ce tapage n'aurait qu'un résultat : arrêter le succès de son livre. Les préjugés se gagnent. M. Daudet et M. Zola gardent l'exclusivisme du maître, et l'un d'eux a hérité de son pessimisme.

« Flaubert, écrit M. Zola, est le négateur le plus large que nous ayons eu dans notre littérature. » On retrouve en lui la triste sagesse du Cohélet, assis sous le figuier biblique, mâchant des mots amers, proclamant le néant de l'être, les vanités de l'amour et de la gloire. Et cependant ce romantique, pour lutter contre la fuite ironique des jours, se réfugie dans l'éternelle perfection de la forme : un beau livre est un monument de granit ; le génie jette en défi au flot insensible et rongeur des siècles l'indestructibilité d'une phrase. Songe lyrique ! Que de poèmes le temps n'a-t-il pas engloutis ! Pour nous, les lettres datent des recueils sacrés de l'Inde, de la Bible et d'Homère. Mais que d'autres grandes œuvres ont dû disparaître dans les soubresauts du monde. Dans des milliers et des milliers d'années, *Madame Bovary*, le plus beau roman du xixe siècle, déchiré par tous les vents, offrira peut-être aux curiosités d'alors des fragments incompréhensibles, de sens aussi contesté qu'aujourd'hui certaines inscriptions égyptiennes ou puniques. Et voilà pour l'éternité des périodes sonores !

Mais, quand même un poète de génie s'imposerait aux temps, est-ce que cette gloire d'outre-tombe ne semble pas une vanité suprême? Dans la survie de l'œuvre à l'homme se cache la plus cruelle des ironies. Les descendants de Flaubert, privés de sa dernière illusion, ne désirent même pas jeter l'ancre dans les siècles. Les plus virils aiment la vie pour la vie, la lutte pour la lutte, et ne daignent point lever la tête vers le ciel impassible. C'est l'école positive de l'acceptation. Les autres, dans le noir, regardent poindre avec une sorte de volupté farouche, comme M. Paul Bourget, « l'aube tragique du pessimisme. Elle monte, cette aube de sang et de larmes, et, comme la clarté d'un jour naissant, de proche en proche elle teinte, de ses rouges couleurs, les plus hauts esprits de notre siècle, ceux qui font sommet et vers qui les yeux des hommes de demain se lèvent, — religieusement [1]. » Nos anciens étaient des hommes de belle santé, humant la vie et le clair soleil, pleins d'expansion, de gaieté et d'espoir: à croire les Baudelairiens, nous sommes, au contraire, des blasés, attendant, au milieu d'une paix factice et morbide, l'écroulement d'un monde.

1. Paul Bourget. *Psychologie contemporaine. Stendhal.*

LIVRE II.

LES GONCOURT

I

LES DEUX FRÈRES

« MM. de Goncourt pensent et sentent à l'unisson, remarquait Sainte-Beuve ; non seulement ils écrivent, mais causent comme un seul homme, l'un seulement avec plus de réflexion et de suite, l'autre avec plus de pétillement et de saillies. » Les voilà bien, tels que Gavarni les a représentés dans *Masques et Visages*; c'est l'attitude de désillusion, déjetée, alanguie de l'aîné; c'est le regard étincelant, malicieux, critique, et sur les lèvres closes, la verve ailée, à peine contenue, du plus jeune.

De vieille souche champenoise, Edmond et Jules de Goncourt, sont nés, l'un à Nancy, l'autre à Paris, à huit années d'intervalle, 1822 et 1830. Leur grand-père, Huot de Goncourt, fut député du Barrois à l'assemblée constituante : son portrait, aux solennités poudrées, aux yeux fouilleurs, au nez en bec d'aigle orne le cabinet de l'auteur des *Frères Zemganno*. Le père des romanciers, un des héros obscurs de l'épopée impériale, mourut « à quarante-quatre ans des suites de ses fatigues et de ses blessures, de sept coups de sabre sur la tête, d'une action d'éclat en Italie, de la campagne de Russie faite tout du long avec l'épaule droite cassée le lendemain de la Moskova [1]. »

La famille avait une propriété à Breuvannes dans le Bassigny. Ces horizons d'enfance ont laissé leur trace dans l'œuvre des deux frères. Renée Maupérin agonise à l'ancienne abbaye de Morimond, et l'enfance de Germinie Lacerteux a pour cadre les environs de Langres. Un souvenir de Breuvannes, ce nom de Lacerteux. Il appartenait à une bonne vieille que M. Edmond de Goncourt se plaisait à agacer, tout enfant. Quelque quarante ans plus tard, ce nom le frappa par son air misérable, tourmenté, hystérique. Dans *Elisa* encore reviennent quelques mots des patois du Bassigny ; après tant d'années, l'auteur revoit « les vives couleurs » des filles de « la plantureuse Haute-Marne. »

Jules fut l'enfant gâté de la jeune veuve, qui s'occupait non seulement de son éducation, mais de son instruction et se condamnait au rôle de répétitrice. M. Edmond de Goncourt a gardé un portrait de son frère enfant, un pastel, qui le représente « en frac de garde-française, partant pour un bal costumé, le regard avivé par la poudre, le lampion sur l'oreille, la main sur la garde de l'épée, crâne et rebondi à dix ans comme un amour de Fragonard [2]. »

Ce fut en 1848, à la mort de leur mère, que com-

1. *Histoire d'Henriette Maréchal.*
2. Philippe Burty. *Maîtres et petits Maîtres.*

mença la vie commune des deux frères ; elle n'a été interrompue depuis que par un voyage à Rouen de quarante-huit heures. On conçoit combien la ressemblance des deux esprits s'accrut par cette communion d'idées perpétuelle.

Edmond et Jules de Goncourt se crurent nés d'abord pour la peinture. En 1849, ils firent un tour de France pittoresque, à pied, l'un si jeune et si frais « que dans les auberges, des servantes le prirent pour une jolie femme qui se faisait enlever [1]. » Ils poussèrent jusqu'en Algérie, et, de cette excursion, Jules rapporta une foule de dessins et d'aquarelles. Mais il abandonna la peinture, au moment où il devenait un habile aquarelliste, et se mit à son premier livre, avec Edmond, au commencement de 1851. Plus tard il devait revenir aux arts du dessin, et, presque sans connaissances techniques, guidé par l'instinct, graver à l'eau-forte. Il rêvait un « *Paris au XVIIIe siècle* » qui eût été le complément de son œuvre historique.

Edmond, peintre aussi à ses heures, fut, plus particulièrement, le collectionneur ; il a réuni, dans un temps où l'on admirait peu l'art du XVIIIe siècle une multitude de dessins et de croquis datant de cette époque, aujourd'hui d'une valeur immense. Cette recherche ardente, passionnée, a été la conséquence naturelle des fouilles entreprises par les deux frères dans le siècle dernier. Ils connaissent mieux que personne ce temps, à la fois si proche et si éloigné, séparé de nous par l'abîme de la Révolution. Mais comme ils étudiaient surtout les mœurs de la société et les arts qui résument un monde, au lieu d'épiloguer sur un traité ou sur une

[1]. Ph. Burty.

bataille, comme ils se servaient d'un style ciselé, plein de surcharges, au lieu du style gris et froid, le seul concédé par l'opinion bourgeoise à un historien, ils ont été longs à se faire prendre au sérieux. C'est Michelet, autre artiste méprisé des doctrinaires, qui, le premier, s'est plu à leur donner le brevet d'historiens. Aussi écrivent-ils avec un peu d'amertume, dans *Idées et Sensations* : « Lire les auteurs anciens, quelques centaines de volumes, en tirer des notes sur des cartes, faire un livre sur la façon dont les Romains se chaussaient ou annoter une inscription, cela s'appelle l'érudition. On est savant avec cela, on est de l'Institut, on est sérieux, on a tout. Mais prenez un siècle près du nôtre, un siècle immense, brassez une mer de documents, trente mille brochures, deux mille journaux, tirez de tout cela non une monographie mais le tableau d'une société, vous ne serez rien qu'un aimable fureteur, un joli curieux, un gentil indiscret [1]. »

De là, rancune des Goncourt contre l'antiquité. Ils la maltraitent spirituellement, ils vont jusqu'à dire, et je ne sais si c'est avec plus d'irrévérence que de scepticisme : « L'antiquité a peut-être été faite pour le pain des professeurs [2]. » Sainte-Beuve, qui savait tout et devinait tout, leur reproche de la mal connaître, cette antiquité blaguée. Les auteurs de *Madame Gervaisais* ont emprunté au XVIII° siècle ses mignardises, ses enjolivements à outrance, ses sculptures trop riches. Ils auraient pu méditer les conseils de leur Franchemont à Charles Demailly : « Vous ciselez la phrase, là où je voudrais une phrase droite, ample, sculpturale, riche, si vous voulez, mais sans surcharge. Votre

1. *Idées et Sensations*, p. 188.
2. *Idées et Sensations*, p. 198.

phrase n'est pas soudaine et brusque ; elle n'a pas de ces chutes, de ces coups qui s'enfoncent comme un coin dans une idée. Notre langue est molle; trop de chair et pas assez d'os ; elle n'a pas de lignes, elle est *flou* comme dirait notre peintre Grancey. Eh bien, enfermez-la dans la matrice des langues mortes ; serrez-la dans leur moule de fer ; elle sera frappée, elle sortira médaille, sans bavure et nette comme la langue de diamant de la Bruyère [1]. »

Mais, après tout, il vaut mieux « être Lucain que le dernier imitateur de Virgile, qui n'a pas de nom [2]... » Les Goncourt se sont bâti un kiosque, « à l'extrême Kamtchatka du romantisme, » comme Sainte-Beuve disait de Baudelaire. Leur talent ressemble à leur maison d'Auteuil, tout encombrée de collections, de meubles d'autrefois, de gravures, de livres du XVIII° siècle, et de bibelots japonais. Les deux frères sont peut-être les deux écrivains de notre époque que le milieu explique et complète le plus. « Cela, qui agit si peu sur la plupart, les choses, avait une grande action sur Charles. Elles étaient pour lui parlantes et frappantes comme les personnes..... Un mobilier lui était ami ou ennemi. Un vilain verre le dégoûtait d'un bon vin.... Aussi, le plaisir ne durait-il pas pour lui : Charles lui demandait un ensemble trop complet, un accord trop parfait des créatures et des choses [3]. »

Tout ce long portrait de Charles Demailly est à lire. Les deux écrivains y ont analysé leur talent nerveux, comme plus loin, ils me semblent avoir esquissé la physionomie de Gustave Flaubert : « L'œil bleu, profond,

1. *Charles Demailly*, p. 142.
2. *Charles Demailly*, p. 141.
3. *Charles Demailly*, p. 73.

pénétrant, des moustaches de Mantchou qui s'en va-t'en guerre ; une forte voix, une voix militaire et haute. C'est un homme qui a eu quelque chose de tué sous lui dans sa vie, une illusion, un rêve ; je ne sais. Au fond de lui gronde et bâille la colère et l'ennui de la vaine escalade de quelque ciel. Son observation de sang-froid fouille sans vergogne et manches relevées, l'homme jusqu'à l'ordure : c'est comme une poigne de chirurgien, qui tâte avec de l'acier un fond de plaie. [1] » Et plus loin : « C'est un poète avant tout.... la grande pente de son esprit est à la pourpre, au soleil, à l'or. » Voilà bien le grand observateur et le grand styliste harmonieux. De ce romancier « à la poigne de chirurgien » et de Charles qui « possédait à un degré suprême le tact sensitif de l'impressionnabilité, » qui avait « une perception aiguë, presque douloureuse de toute chose et de la vie » partent les deux courants du roman naturaliste. L'auteur de l'*Assommoir* dérive à la fois des deux, il est au confluent de Flaubert et des Goncourt ainsi que M. Alphonse Daudet. Parmi les romanciers plus jeunes, les uns, tels que M. Guy de Maupassant sont, comme Flaubert, des poètes en prose, nombreux et périodiques, dont toutes les fins de phrase ont des envolements de strophe, de style d'acier, ferme et brutal « *aux reflets métalliques* »[2], les autres, et M. J. K. Huysmans peut être pris comme type, sont des sensationnistes à outrance, insoucieux de composition, heurtant les mots, mais arrivant à rendre comme des peintres la vie d'une rue. Cette dernière école est de beaucoup dominante.

Jules de Goncourt n'a pu voir éclore tous ces jeunes

1. *Charles Demailly*, p. 162.
2. Mot de M. de Brunetière.

talents; une des plus vives joies de l'artiste, la joie de constater la poussée de son œuvre, d'entendre les échos de ses livres dans le monde d'alentour, lui a été refusée. Au temps de l'empire, les romans des deux frères, connus et appréciés des amateurs, étaient complètement ignorés du gros public; le plus hardi, *Germinie Lacerteux*, a attendu pendant cinq ou six ans une seconde édition. Mais Jules de Goncourt croyait beaucoup à l'avenir, il avait la certitude que les années futures vengeraient son art des dédains présents. « Tu verras !..... Tu verras... » répétait-il à son frère accablé. Et il énumérait leurs titres, leur triple effort dans trois voies nouvelles : l'étude d'après nature et l'écriture pittoresque substituées dans le roman aux fantaisies et aux grisailles du passé ; l'observation des menus détails, des mobiliers et des costumes, introduite dans l'histoire; la vie d'autrefois, en un mot, racontée par les choses d'autrefois qui semblent en avoir gardé l'odeur ; enfin, l'introduction en France du *Japonisme*, toute une manière nouvelle révélée aux peintres contemporains par les imagiers délicats et subtils de Yeddo, l'abandon de la perspective classique pour une perspective plus naturelle, du détaillisme excessif pour la reproduction unicolore des formes lointaines se détachant comme des taches sur les teintes violettes du plein air.

Les deux frères ont encore un mérite plus grand à mon gré. Ils incarnent l'esprit français au XIX⁰ siècle, ou, pour parler plus exactement, l'esprit parisien. Cet esprit pénétrant jusqu'au tréfond des choses et des êtres, s'échappant en saillies fines et légères, c'est la Blague d'Anatole, mais une blague nuancée, une blague délicate. Les rédacteurs du *Scandale* sont tous doués de cet esprit très moderne. Le livre : *Idées et Sensations*, en est l'expression la plus achevée, la fleur. Il ne peut plaire qu'à de vieux civilisés, à des artistes en qui le métier a affiné les voluptés intellectuelles d'une décadence, et qui sont capables de répéter avec les Goncourt : « Il n'y a de bon que les choses exquises. » Les auteurs d'*Idées et Sensations* ont beaucoup connu et beaucoup aimé Gavarni ; comme lui, ils se sont imprégnés des effluves de Paris, de ce je ne sais quoi de montant et de subtil. Malgré quelques belles descriptions de campagne, par exemple l'intense reproduction de la rivière dans *Charles Demailly*, les Goncourt sont des « *écrivains de ville* [1]. » Ils comprennent et rendent la nature, mais ils n'ont pas pour elle les idolâtries jalouses des vrais naturistes, mais ils gardent de secrètes préférences pour les odeurs et les tableaux compliqués des grandes capitales ; les sauvageries alpestres et la majesté mélancolique des chênes anciens ne les feront jamais délirer ainsi que M. Victor de Laprade.

Ce caractère très net de modernisme raffiné qui aurait dû attirer et retenir l'attention du public dès le début, devint, au contraire, un obstacle. Le hasard même semblait hostile. Les affiches du premier roman fantaisiste, non réimprimé, furent arrachées par la police : le titre énigmatique : *En 18...* avait fait croire à quelque allusion au 18 Brumaire, les placards ayant été posés le jour du 2 décembre. Le second livre, intitulé d'abord : *Les Hommes de lettres* eut de la peine à trouver un éditeur, précisément parce que MM. de Goncourt, au lieu de traîner dans le sentier banal, heurtaient les traditions reçues. Les auteurs se virent obligés d'avancer les frais de leur beau roman. Et il fallut prendre corps à corps le public aussi récalcitrant que les marchands

---

[1]. Expression de Louis Veuillot, appliquée à Balzac.

de papier noirci, il fallut entasser volumes sur volumes dans l'indifférence générale. Après chaque effort, les nerveux écrivains tombaient dans une longue prostration. Comme M. Daudet après *Jack*, ils avaient une vraie convalescence intellectuelle, ils aspiraient l'air pur à pleins poumons, sortaient de leur accablement, et peu à peu se remettaient à penser, à écrire. La littérature ainsi pratiquée, est une terrible tâche, une tâche qui tue. Elle a tué Jules de Goncourt.

> Que ne l'étouffais-tu, cette flamme brûlante
> Que ton sein palpitant ne pouvait contenir !
> Tu vivrais, tu verrais te suivre et t'applaudir
> De ce public blasé la foule indifférente
> Qui prodigue aujourd'hui sa faveur inconstante
> A des gens dont pas un, certes, n'en doit mourir.

Au commencement, M. Edmond de Goncourt était le plus malade ; mais Jules prit bien vite l'avance. Les derniers chapitres de *Madame Gervaisais* écrits, le livre sur Gavarni brossé à la hâte, il se coucha pour ne plus se relever, frappé d'une maladie des centres nerveux qui se termina en phthisie galopante. Dans les derniers jours les yeux seuls vivaient, des yeux éloquents, clairs, pleins de révolte. M. Zola a publié dans le *Figaro* une lettre de M. Edmond de Goncourt qui raconte cette agonie. C'est d'une simplicité pathétique, peut-être la plus émouvante page de cette plume nerveuse : un cœur y sanglote, y saigne, s'y brise. Quel déchirement ! La moitié de l'homme et la moitié de l'artiste, le compagnon de toutes les idées, de tous les espoirs et de tous les souvenirs, frère de sang, frère d'esprit, s'évanouissant dans le noir.

M. Edmond de Goncourt resta brisé, ne pouvant se faire aux ironies de cette disparition, poursuivi dans sa maison d'Auteuil par des imaginations insuportables. Il jeta sa plume, il dit comme l'aîné des *Zemganno* : Les frères de Goncourt sont morts.

Aujourd'hui, après treize ans, le romancier sent parfois sa haute taille plier sous le poids de cette douleur; ses regards se voilent d'une mélancolie; il parle plus souvent de ce qu'il a fait que de ce qu'il compte faire ; il aspire au repos, veut consacrer ses dernières années à revoir et compléter ses dix volumes inédits de *Souvenirs;* il espère par là revivre le passé, toujours troublé qu'il est dans ses voluptés de savant et d'artiste collectionneur par l'absence du jeune frère.

II

DE L'IMPRESSIONNISME

« Votre article ne sera pas compris. Sur cent personnes qui le liront, à peine deux qui le comprendront..... Ici, ils sont enragés contre votre article... Et cela tient simplement, à une chose, c'est que le sens *artiste* manque à une infinité de gens, même à des gens d'esprits : Beaucoup de gens ne voient pas. Par exemple, sur vingt-cinq personnes qui passent ici, il n'y en a peut-être pas deux qui voient la couleur du papier. Tenez! Voilà Blanchard qui entre. Eh bien, il ne s'apercevra pas si cette salle est ronde ou carrée... Maintenant, si, avec ce sens artiste, vous travaillez dans une forme artiste, si à l'idée de la forme, vous ajoutez la forme de l'idée... Oh! alors vous n'êtes plus compris du tout.....
— Et prenant un petit journal au hasard : Tenez! voilà comme il faut écrire pour être compris... des *nouvelles à la main!* La langue française s'en va, c'est un fait.....

Eh! mon Dieu, tenez, dans mes romans, on me dit aussi qu'on ne comprend pas... Et pourtant je me crois l'homme le plus platement clair du monde... parce que je mets, je suppose, un mot comme *architrave*... mais enfin je ne peux pas mettre : L'architrave est un terme d'architecture qui signifie une chose comme ci et comme ça... Il faut que le lecteur sache les mots... Mais ça m'est égal. Critiques et louanges me louent et m'abîment sans comprendre un mot de ce que je suis. Toute ma valeur, ils n'ont jamais parlé de cela, c'est que je suis *un homme pour qui le monde visible existe* [1]. »

Aux bureaux de l'*Artiste*. C'est le Masson des *Hommes de lettres*, Théophile Gautier, qui parle aux deux frères. Telle est la fidélité de la sténographie qu'on croit l'entendre et le voir dans sa pose lassée : « Une face pleine, presque lourde, le masque empâté d'un dieu où la divinité dort ; des yeux où une intelligence superbe semble sommeiller dans la paresse et la sérénité du regard ; sur tout le masque une lassitude et une force de Titan au repos [2]. »

« Des hommes pour qui le monde visible existe, » voilà définie toute une génération d'écrivains. Hugo a été le colossal initiateur. Le premier, mais vaguement, par la prescience du génie, il introduit dans les vers et dans la prose le chatoiement des grandes toiles ; il est surtout un peintre en poésie, comme Lamartine est surtout un musicien. Dans l'art qui réunit tous les autres, il reste comme cela des inclinations qui pourraient permettre de supposer une vocation antérieure. L'école d'Hugo va outrer cette tendance. La plupart des « bousingots » ont fait un stage dans des ateliers de

---

[1]. *Charles Demailly*, p. 84 et 85.
[2]. *Charles Demailly*, p. 82.

peintre avant d'entrer au cénacle. Ils se sont sentis attirés par le pinceau, avant d'être retenus par la plume. Ils apportent dans la littérature leur première éducation technique. Et ce n'est plus d'un instinct, mais d'un choix libre et raisonné que naît l'impressionnisme dans le style.

Théophile Gautier se contente de la palette renouvelée par Hugo. Il connaît à fond la gamme des tons. Aucun terme de la langue ne lui échappe, et c'est par la précision des mots, par leur arrangement habile, par le souci du moindre détail qu'il évoque le monde matériel. « Voulez-vous voir Constantinople? écrivait Saint-Arnaud à sa femme au début de l'expédition de Crimée; ouvrez Théophile Gautier. » Par exemple, pour ce peintre qui n'a guère que des sensations, le monde psychologique existe très peu. Dans ses livres, le descriptif triomphe, un descriptif superbe, mais froid, où l'on ne sent pas la nerveuse vibration moderne.

Au-delà de Théophile Gautier, les Goncourt. On a prétendu qu'ils avaient formé leur prose au long contact du xviiie siècle et qu'ils ne devaient rien aux artistes du nôtre. Erreur. Watteau et Boucher ont pu léguer quelques mièvreries, des « *faisanderies* »[1] de style à leurs admirateurs. Mais s'ils connaissent admirablement les peintres de cette époque d'élection, les Goncourt connaissent beaucoup moins ses hommes de lettres. Sainte-Beuve l'a senti et constaté. Ce n'est ni de Jean-Jacques, ni de Voltaire, ni de Diderot que dérivent les deux frères, c'est de Théophile Gautier. De Théophile Gautier, comme Flaubert. Seulement, tandis que Flaubert se satisfait à force de précision, est une sorte de classique, à la phrase solide et marmoréenne,

1. Mot de M. Paul Bourget.

aux harmonies à la Chateaubriand, Edmond et Jules de Goncourt, dans leur rage pittoresque, trépident, jettent à l'eau les règles et violent le dictionnaire.

M. Jules Lemaître fait remarquer, très judicieusement, que les pages des Goncourt ressemblent à des ébauches, pleines de grandes taches de couleurs juxtaposées, de premier coup d'œil, auxquelles manque l'estompe du travail et du temps. C'est un peu trop une prose de premier jet.

Nulle recherche d'harmonie; une phrase continuellement cahotante; des successions de génitifs, des assonances et des répétitions. Essayez de lire à haute voix des phrases comme celle-ci : « Quand elle était assise depuis quelque temps devant cela, son regard, arrêté sur les statues prenant sous le feu des cierges la chaleur et la tiédeur de l'ivoire croyait, à la longue, y voir venir sous le vacillement, un peu de la vie pâle de l'autre vie [1]. » La sensation est rendue, et cela suffit aux Goncourt. Ils sont comme leur Crescent : « Ce qu'il cherchait, ce qu'il rendait avant tout, c'était l'impression vive et profonde du lieu, du moment, de la saison, de l'heure. D'un paysage il exprimait la vie latente, l'effet pénétrant, la gaieté, le recueillement, le mystère, l'allégresse ou le soupir. Et de ses souvenirs, de ses études, il semblait emporter dans ses toiles l'espèce d'âme variable, circulant autour de la sèche immobilité du motif, animant l'arbre et le terrain, — l'atmosphère [2]. »

Il y a souvent dans cette prose de peintre une insistance d'expressions, comme si l'artiste mécontent de son coup de pinceau, avait donné une seconde touche, sans effacer la première : « La porte passée,

1. *Madame Gervaisais*, p. 165.
2. *Manette Salomon*, p. 268.

dans *un renfoncement obscur*, sous le retrait de l'orgue poussiéreux, dans *l'ombre trouble* de vieux carreaux verdis, au milieu de boiseries vermoulues, dans un *recoin de ténèbres*, sordide et pourri, où la saleté semblait une sainteté vierge et respectée, madame Gervaisais vit au flamboiement de cierges et de lampes [1]... »

Par trois fois, avec des termes presque synonymes, les auteurs reviennent sur l'obscurité de la chapelle. S'il y avait gradation encore passe, mais je ne vois pas ce que le « *recoin de ténèbres* » et « *l'ombre trouble* » peuvent ajouter au « *renfoncement obscur.* »

Ces indications de détail permettent de saisir le procédé. J'imagine l'écrivain en face de son modèle. Ce sera, si l'on veut, une statue antique. Il ne s'agit pas d'en donner l'idée, ni même l'image approchée, mais d'arriver jusqu'à la sensation aiguë.

« Sabine, la femme d'Adrien, arrêtait chaque visite de madame Gervaisais à son corps tout enveloppé d'une étoffe mouillée, qui l'embrasse, le baigne et le serre en se collant à tous ses membres; le voile de marbre, de la pointe des seins qui le percent de leur blancheur, glisse en caresse sur le dessin et la rondeur du ventre, s'y tuyaute et s'y ride en mille petits plis liquides qui de là vont, droits et rigides, se casser à terre, tandis que la draperie, presque invisible, plaquant aux cuisses, et comme aspirée par la chair des jambes fait dessus de grands morceaux de nu sur lesquels courent des fronces, des plissements soulevés et chiffonnés, des méandres de remous, dans le courant brisé d'une onde [2]. » Ce qui frappe d'abord l'observateur, c'est le

1. *Madame Gervaisais*, p. 135.
2. *Madame Gervaisais*, p. 118.

collant de la draperie qui semble mouillée. Vite, une touche d'ensemble. Puis chaque détail apparaît, et le peintre les fixe dans l'ordre d'importance. Les seins qui saillent et « *percent* » l'étoffe, puis le luisant du ventre et les rondeurs des cuisses où la draperie « *plaquée* » est comme « *aspirée par la chair.* » La phrase a les bouillonnements et les cassures de l'étoffe. Et des comparaisons surgissent qui ajoutent à l'intensité du rendu.

Lamartine disait : « Quand je lis Saint-Victor, je mets des lunettes bleues. » A plus forte raison devant certains paysages des Goncourt. C'est souvent une confusion de tons aveuglants... Mais souvent on arrive au coloris de tableau. Etudiez ce crépuscule que Saint-Beuve comparait à un Troyon. Il n'y a pas beaucoup de pages aussi belles dans la langue française :

« Sept heures du soir. Le ciel est bleu pâle, d'un bleu presque vert comme si une émeraude y était fondue là-dessus marchent doucement d'une marche harmonieuse et lente, des masses de petits nuages balayés, ouateux et déchirés, d'un violet aussi tendre que des fumées dans un soleil qui se couche ; quelques-unes de leurs cimes sont roses, comme des hauts de glacier, d'un rose de lumière. Devant moi, sur la rive en face, des lignes d'arbres, à la verdure jaune et chaude encore de soleil, trempent et baignent dans la chaleur et la poussière des tons du soir, dans ces glacis d'or qui enveloppent la terre avant le crépuscule. Dans l'eau ridée par une botte de paille qu'un homme trempe au lavoir pour lier l'avoine, les joncs, les arbres, le ciel, se reflètent avec des solidités denses, et sous la dernière arche du vieux pont, près de moi, de l'arc de son ombre, se détache la moitié d'une vache rousse, lente à boire et qui, quand elle a bu, relevant son mufle blanc bavant de fils d'eau, regarde [1]. »

Remarquons quelques négligences, par exemple le verbe *tremper* répété à deux lignes d'intervalle. Mais si les Goncourt n'attachent guère d'importance à de tels détails, quel souci de l'expression nuancée et pittoresque ! La teinte indécise du soleil de sept heures, la poursuite des nuages floconnants et violacés sont rendues comme par le pinceau. Lisez à haute voix ce bout de phrase : « Là-dessus marchent doucement d'une marche harmonieuse et lente », etc., vous aurez l'impression de la chose même, grâce au choix des mots longs et des sonorités graves. Et ces touches délicates de « *violet tendre,* » de « *rose de lumière,* » ces « *glacis d'or,* » et « *cette poussière des tons du soir,* » surtout cette « *solidité dense* » des reflets dans l'eau, ne voilà-t-il pas autant de touches savantes de paysagistes? Il me semble voir ces mille frissons du courant rompu par la botte de paille. Les mouvements de la vache rousse sont traduits par l'allure même de la phrase, les incidentes encadrées de virgules semblent les notations des penchements et des redressements successifs du cou ; le dernier mot, jeté en dehors, marque un arrêt plus long que les autres ; la vache nous regarde avec ses gros yeux doux et glauques, noyés d'une mélancolie sacrée.

Pour rendre un paysage avec cette perfection, les Goncourt ont d'ordinaire besoin de tournures nouvelles, et même de termes nouveaux, ils disloquent l'ancienne phrase, la tordent, l'assouplissent pour lui donner « *la forme de l'idée.* »

On a remarqué combien ils affectionnent l'emploi

[1]. *Idées et Sensations*, p. 191.

de l'imparfait, d'une puissance pittoresque plus grande que le passé défini. L'imparfait indique la continuation de l'action, fait tableau. Par exemple, Madame Gervaisais, au Vatican, va être présentée au pape : « Pendant qu'elle attendait là, le grand pénitencier de France, qui lui avait obtenu son audience, venait lui tenir compagnie et causait avec elle ; mais les battements de son cœur à cet instant étaient si forts qu'ils l'empêchaient d'entendre et la faisaient répondre par des mouvements de tête, un machinal sourire fixe. » Remplacez l'imparfait par le passé défini : « Pendant qu'elle attendait là, le grand Pénitencier de France, qui lui avait obtenu son audience, *vint* lui tenir compagnie et *causa* avec elle, mais les battements de son cœur étaient si forts qu'ils l'*empêchèrent* d'entendre et la *firent* répondre par des mouvements de tête, un machinal sourire fixe. » Vous n'aurez plus du tout la vision de ce prélat, s'avançant dans la foule à pas discrets et lents, vous n'entendrez plus le bourdonnement de cette conversation d'une longueur indéfinie, pas plus que le bondissement continu du cœur, l'afflux étouffant du sang précipité par la fièvre de la maladie et la fièvre de l'attente. Quatre légères retouches, et tout se banalise.

Ailleurs, c'est l'allure même de la phrase qui peint, phrase désossée, bondée d'adjectifs, car l'adjectif est le mot pittoresque par excellence, souvent dépourvue de verbe, d'où les conjonctions, le *et* banal, sont exclues autant que possible. Dans le portrait de Manette Salomon : « Sous des sourcils très arqués, dessinés avec la netteté d'un trait et d'un coup de pinceau, elle avait les yeux fendus et allongés de côté, des yeux bleus mystérieux, qui dans la fixité, dardaient, de leur pupille contractée et rapetissée comme la tête d'une épingle noire, on ne savait quoi de profond, de transparent, de clair et d'aigu. » Comme le mot *dardaient* planté au milieu du tortillement de la phrase, détaché entre deux virgules, expliqué par cette *fixité*, aussi soulignée, donne l'impression presque épeurante de ce regard de juive rapace « *profond, transparent, clair, aigu.* » Après la fascination première, instinctive, le redoublement d'adjectifs explique les sensations secondes, raisonnées. Les yeux de Manette ne semblent-ils pas vous suivre, comme les yeux de certains portraits de maître [1] ?

Grâce à ces procédés, les délicats écrivains parviennent à saisir l'insaisissable. Voici une synagogue, à la nuit tombée, où l'amollissement délicieux, le recueillement triste et poétique qui se dégage d'une foule priante déteint sur l'expression : « Il laissa tout ce qu'il y avait de détendu et de délivré en lui s'enfoncer mollement dans cette demi-nuit, ce bourdonnement murmurant d'un peuple qui prie, le mystère voltigeant et caressant de ces demi-bruits et de ces demi-lumières qui, s'accordant, se mariant, se pénétrant, semblaient chanter à voix basse dans la synagogue comme une soupirante et religieuse mélodie de clair obscur... Et son regard s'oubliait dans quelque chose de pareil à la vision d'un tableau de Rembrandt qui se mettrait à vivre, et dont la fauve nuit dorée s'animerait... Et par instants dans le marmottement des prières, il entendait se lever des roulements de syllabes gutturales qui lui rapportaient à l'oreille des sons de pays lointains... [2] » Discrètement ébloui par la flamme jaune et pure des cierges, pénétré par les parfums sacrés qui remuent « *ce qu'il y*

---

1. Et tes yeux attirants comme ceux d'un portrait. (Charles Baudelaire.)
2. *Manette Salomon*, p. 201.

a *de sensuellement triste*[1] » en nous, exalté par l'ivresse musicale, le rêveur sent son âme purifiée s'élancer vers de vagues horizons bleus... C'est l'impression même.

Cette impression, pour la fixer dans sa vivacité, dans sa rapidité primitive, les deux poètes ont recours ordinairement à un mot qui résume. Et comme les mots qui résument un état de sensibilité ou un état de pensée sont des mots abstraits, on rencontre dans cette prose pittoresque, de longs mots adjectivés, renouvelés, retapés, grâce à leur place dans le discours, mais étonnés de leur nouveau rôle, pareils à de graves académiciens, à des soutiens de Buloz au milieu d'un groupe discuteur de révolutionnaires naturalistes. « Madame Gervaisais était surprise qu'un grand artiste n'eût pas saisi cette *sculpture* des poses, des *lassitudes*, des *méditations*, des *absorptions*, l'*aveuglement* de cette dévotion éblouie, la *stupeur* presque bestiale de cette prière. Le tableau surtout la frappa des *confessions* élancées de femmes qui debout, la bouche tendue, plaquée contre le cuivre du confessionnal, se soutenaient et s'appuyaient avec leurs deux mains près de leur tête, posées à plat contre le bois dans le mouvement de ces buveuses de campagne approchant la bouche d'un filet d'eau plus haut que leur bouche [2]. » Les termes abstraits employés ne sauraient être remplacés que par plusieurs autres mots, et cette substitution délaierait le style, affaiblirait l'intensité de la vision.

Quelquefois, ne trouvant pas dans le lexique de quoi traduire toutes les nuances de leurs sensations si multiples et de leurs sentiments si compliqués, les Goncourt créent des mots, audacieusement. Ils n'hésiteront pas

1. Mot de M. Paul Bourget.
2. *Madame Gervaisais*. p. 94.

à parler du « *précipitement* des damnés qui roulaient à l'enfer, » à montrer des femmes « *farouchement* songeuses, » des sculptures « *vagueuses* » et à faire respirer un air « *agatisé* par tous les reflets des porphyres et des jaspes. »

Et ce « *précipitement* » a le raccourci d'une chute ; cet « *agatisé* » fait miroiter dans l'atmosphère bleue le chaud soleil de la Ville éternelle ; ce long adverbe « *farouchement* » donne l'attitude paresseuse et les yeux torpides d'une bête accroupie, comme ce seul mot « *vagueuses* » plisse le marbre à l'infini, lui communique la torsion caressante du flot. Dans sa conversation, M. Edmond de Goncourt a de ces trouvailles d'expressions. Il les cherche une minute, hésitant, puis les lance avec un geste de peintre content de sa dernière touche.

Et c'est bien une touche de peintre que celle-ci : « Ils montaient la chaussée Clignancourt, et avec ce flot des Parisiens de faubourg se pressant à aller boire un peu d'air, ils marchaient vers *ce grand morceau de ciel se levant tout droit des pavés*, au haut de la montée entre les deux lignes des maisons, et tout vide quand un omnibus n'en débouchait pas [1]. » De même que *la moitié de vache rousse*, entrevue plus haut, ce fragment de bleu révèle une vision spéciale de dessinateur et de coloriste. Les arts du dessin ne s'occupent que de la sensation de l'œil. Jamais un peintre ne réclame plus d'un morceau de ciel ou d'une moitié de vache, si ce morceau de ciel et cette moitié de vache suffisent à l'effet voulu. La devination de l'esprit n'est d'aucune utilité.

Des ateliers, les deux frères ont rapporté, outre ces habitudes de voir et de faire, une foule d'expressions locales. Pour peindre des Romaines dans une attitude

---

[1]. *Germinie Lacerteux*, p. 76.

plastique, le corps porté sur une seule jambe, une hanche saillante, ils écriront : « *elles hanchaient.* » Ailleurs : « De cette taille, son regard allait au douillet modelage, aux inflexions, aux méplats, à la rondeur enveloppée, à la douce et voluptueuse ondulation d'un ventre de vierge, d'un ventre innocent, presque enfantin, sculpté dans sa mollesse et délicatement dessiné dans le flou de la chair »

Peintres, les Goncourt le sont jusque dans leurs dialogues ! Ils ont trouvé le moyen de saisir et de fixer l'allure de la conversation, tout comme ils fixent sur la toile un morceau de rue. Aussi, lorsque Flaubert, un peu embarrassé du discours direct qui brisait ses belles harmonies, le restreint, emploie de préférence la forme indirecte, la vieille forme latine de Tite-Live et de Tacite, les auteurs de *Renée Mauperin* sténographient presque toujours notre langage courant. Leur prose y perd un peu en majesté, y gagne en bonhomie et en modernisme. On peut appliquer à cette partie de leur œuvre le jugement qu'ils portaient dans *Idées et Sensations* sur le style de Michelet. « Le charme des livres de Michelet, c'est qu'ils ont l'air de livres écrits à la main. Ils n'ont pas la banalité, l'impersonnalité de l'imprimé, ils sont comme l'autographe d'une pensée. »

Peintres aussi par la méthode de travail.

Examinez un de leurs livres. Il se décompose en un grand nombre de courts chapitres : autant de tableautins. Mille digressions, surtout dans *Manette Salomon* ou dans *Charles Demailly*. Dans *Manette Salomon*, ce sont des vues d'Orient et de Rome, un dîner de carnaval, une synagogue, etc. Des tableaux que l'on pourrait retrancher du livre sans lui enlever rien d'essentiel. A vrai dire, l'action n'est qu'un prétexte : un roman des Goncourt ressemble à une exposition de maître-peintre.

Voici comment procède M. Edmond de Goncourt. Le sujet choisi se décompose pour sa vision de coloriste en un certain nombre de scènes à effet qu'il note et qu'il classe. Une indication brève de trois ou quatres lignes suffit. Puis il prend chaque épisode, sans s'occuper d'ordre, au hasard de l'inspiration. Il soigne d'abord le début et la fin de son livre, parties essentielles ; les chapitres intermédiaires s'entassent petit à petit.

Le voyez-vous à l'œuvre, une cigarette aux lèvres, cherchant ses inspirations dans la fumée bleue ? Il contemple des formes, des harmonies de couleurs, des groupements d'attitudes. L'image vague se précise, devient chatoyante, aveuglante. Alors le romancier, d'une plume nerveuse, brève, mordant le papier à petits coups, comme un pinceau caresse la toile, essaie de rendre son hallucination. Pendant des journées entières, sa porte condamnée, ne voulant être troublé par aucun bruit du dehors, il s'impatiente, se promène de long en large, car la marche active les idées, biffe et recommence. Il a besoin de plusieurs heures d'entraînement. Sur le soir seulement la pensée devient maîtresse des mots, l'inspiration jette hardiment sur le papier toutes sortes de trouvailles heureuses.

Lorsque les deux frères collaboraient, leur méthode était très semblable, ils écrivaient tous deux le même chapitre, puis, après critique, fondaient les deux versions en une rédaction définitive. M. Edmond de Goncourt se rappelle de délicieux instants de travail et de promenade, d'Auteuil au pont de Sèvres, dans le recueillement de la nuit tombante, à l'heure où personne ne passe plus, où rien ne trouble la rêverie, où l'horizon s'estompe d'ombres grises....

Cette recherche acharnée, maladive, d'une forme pittoresque, les altérations du vocabulaire et le déhanchement savant des phrases étonnent M. Ferdinand Brunetière lorsqu'il les compare à la *vulgarité* du fond. Selon lui il n'y a qu'un roman réaliste où la forme s'accorde avec le fond, les *Bourgeois de Molinchart*.

On peut concevoir assurément un tout autre naturalisme que celui de MM. de Goncourt. Un naturalisme à la Stendhal, par exemple. Une sévère analyse psychologique, de style sobre, sans un mot pittoresque. Ou bien un naturalisme à l'Erckmann-Chatrian; une langue d'une naïveté populaire, un récit plein de bonhomie. Mais, comme l'avénement de la littérature naturaliste, c'est l'entrée du matérialisme dans le roman, nul procédé n'avait plus de chances de succès que le procédé des Goncourt. L'empâtement des couleurs, la correspondance du sentiment et de la sensation sont bien des moyens d'écrivains matérialistes, d'hommes pour qui le monde visible existe et prime le monde moral.

Je voudrais me résumer et caractériser brièvement la manière picturale des auteurs de *Madame Gervaisais*.

La critique courante brouille toutes les choses et tous les mots. Il est parfaitement ridicule de coller l'étiquette: « réalistes » au dos des frères de Goncourt. » Il faudrait s'expliquer, rappeler ce que c'est que le réalisme, c'est-à-dire tout le contraire du procédé Goncourt.

Le réalisme est une invention de M. Champfleury et

de ses amis qui ont fait autant de tapage dans les premières années du second empire qu'ils en font peu aujourd'hui. Fin mélancolique d'un homme de talent qui n'avait pas d'assez fortes épaules pour porter une révolution littéraire. Se poser en adversaire de toute poésie, de la poésie lyrique ou romantique en particulier, et s'entendre traiter de poëte à propos de *Chien-Caillou* par le chef de ces romantiques, Victor Hugo, laisser comparer son œuvre à l'œuvre du maître d'Ornans, entasser romans sur romans, d'abord au milieu des applaudissements, puis de l'indifférence grandissante, abandonner la veine originelle pour des travaux moins en vue d'archéologie artistique; et enfin, à soixante ans, signer des romans fantaisistes d'un nom qui rappelle de vagues et lointains souvenirs à la génération contemporaine, méditative devant cette épave comme devant les ossements de quelque mastodonte : voilà la destinée de M. Champfleury. Sans compter que, plus robustes, des nouveaux venus ont profité de l'ébauche et ont donné la main à Balzac par dessus la tête de M. Champfleury, laissant l'auteur des *Bourgeois de Molinchart* isolé dans le labeur du siècle. Depuis 1860, M. Champfleury erre comme un aveugle perdu. Que lui a-t-il donc manqué? Ce ne sont pas les disciples, ils furent peu nombreux, à la vérité, mais enfin ce chef d'école eut la joie de voir germer son idée. On sait l'histoire très curieuse du journal *Le Réalisme* fondé en pays latin par trois courageux novateurs — Duranty, le futur auteur d'*Henriette Gérard*, — M. Jules Assézat et M. Henri Thulié, — *Le Réalisme* eut six numéros. Il mourut de faim. Les polémiques de ces six numéros sont caractérisées par des attaques redoublées contre Victor Hugo, alors en exil, attaques toutes littéraires, bien entendu. — « *Le réalisme* conclut à la reproduction exacte, complète, sincère, du milieu social, de l'époque où l'on vit, parce qu'une telle direction d'études est justifiée par la raison, les besoins de l'intelligence et l'intérêt du public, et qu'elle est exempte de tout mensonge, de toute tricherie.... Cette reproduction doit être aussi simple que possible pour être comprise de *tout le monde*. » Réfléchissez à ce programme. La justification du plan laisse à désirer, ces mots : raison, besoin de l'intelligence, intérêt du public, restent bien vagues. Mais plus bas se trouve une formule que les écrivains d'aujourd'hui devraient noter. « Cette reproduction doit être aussi simple que possible pour être comprise de tout le monde. » Nous voilà loin de MM. de Goncourt, ces dédaigneux dilettante de la phrase — « Le réalisme, sera vainqueur, disait Edmond Duranty, dans le dernier numéro. Où il n'y a aujourd'hui qu'un homme, il en viendra bientôt cent, quand le tambour aura battu. » Edmond Duranty, s'il vivait et assistait à la victoire, serait étonné des champions qui ont combattu pour sa cause. La lignée de Flaubert étonnerait les esprits audacieux, mais un peu étroits, il faut l'avouer, de 1856.

L'antique Champfleury est à l'un des pôles de l'art moderne, Edmond et Jules de Goncourt, les outranciers du style, à l'autre pôle ; entre eux, Duranty lui-même qui touche à M. Champfleury, M. Flaubert, M. Zola et M. Daudet qui coudoient les Goncourt. Le terme réalisme est décidément sans précision ; on peut l'appliquer non seulement aux écrivains que je viens de citer, mais encore à ce Mérimée dont Musset dit qu'il

    Incruste un plomb brûlant sur la réalité.

Somme toute, M. Champfleury et ses suivants

restent en dehors de la filiation que l'on établit depuis Rousseau. Ce qui caractérise le style des *Bourgeois de Molinchart*, c'est une certaine médiocrité mêlée d'incorrection, défaut capital dans toute œuvre d'art. M. Champfleury sait trop peu son métier, et d'adorables échappées de sentiment ne suffisent pas à le sauver. Il manque de cette originalité de forme poussée à l'excès chez MM. de Goncourt. Ah! la forme, voilà ce qui fait les œuvres durables, ce qui distingue un Flaubert d'un Champfleury, ce qui fertilise les efforts de l'un et stérilise les efforts de l'autre! Même extravagant, un écrivain a chance de vivre s'il a le style. Il y a des romanciers — je citerai M. Barbey d'Aurevilly — qui n'ont jamais pris la peine de regarder autour d'eux, qui écrivent avec prétention et bizarrerie, et qui pourtant méritent d'être lus et relus, parce qu'ils ont le don de faire passer leur forte individualité dans leurs livres; ceux-là sont comme certains arbres dont le bois est rongé par les vers et qui ne vivent plus que par l'écorce; l'enveloppe est résistante, et c'est grâce à elle qu'ils dressent en dépit de tout leurs grands bras vers le ciel.

J'ai insisté là-dessus, j'ai tenu à montrer l'inanité des efforts de M. Champfleury pour prouver que jusqu'ici l'évolution littéraire a plus encore concerné la forme que le fond. Comme le disait justement, il y a quelque temps, M. Maxime Du Camp, à la littérature des presbytes, on oppose la littérature des myopes. Les uns voient par larges masses, par ensembles; les grandes lignes seules les retiennent. De là, dans leurs œuvres, quelque chose de vague, d'indéterminé qui leur attire de la part de Théophile Gautier ce reproche: « Vous manquez de muscles. » Les myopes, eux, regardent à la loupe, et leurs œuvres en prennent plus de vie ; ils touchent, à force d'exactitude, à la peinture ; ils ne font pas seulement naître les sentiments : ils donnent des sensations aiguës, mais s'attirent parfois la riposte de Mérimée à Gautier : « Vos personnages n'ont que des costumes. » Or, les romanciers contemporains, dits réalistes ou naturalistes, se rapprochent bien plus du romantique Théophile Gautier que de Beyle ou de Mérimée ; le procédé des uns diffère absolument du procédé des autres.

Le mot : naturalisme, emprunté par M. Emile Zola à Balzac [1], a la prétention de traduire l'*homo additus naturæ* de Bacon. Si l'on avait la plume de Musset, on pourrait renouveler sur le thème : naturalisme, les brillantes variations exécutées dans *les Lettres de Dupuis et Cotonnet* sur le thème : romantisme. Dans cette expression peuvent se marier des esprits aussi divers que ceux de Mérimée et de Balzac, la sécheresse et l'inondation.

Il y a un terme appliqué depuis longtemps à la peinture de Manet et de M. Bastien-Lepage qui caractérise certainement mieux la manière des Goncourt, de M. Daudet, de M. Zola, et même de Flaubert et de Balzac. C'est le terme d'impressionnisme. S'il ne dit pas tout, il fait sentir au moins l'essentiel de la nouvelle forme.

Dès 1850, parlant de Balzac, Sainte-Beuve caractérisait à merveille et le style du grand romancier et les tendances de l'écriture moderne.

« J'aime de son style, dans les parties délicates cette *efflorescence* (je ne sais pas trouver un autre mot) [2]

---

1. *Physiologie du mariage.*
2. Celui-là est aussi juste que charmant.

par laquelle il donne à tout le sentiment de la vie et fait frissonner la page elle-même. Mais je ne puis accepter sous le couvert de la physiologie, l'abus continuel de cette qualité, ce style si souvent chatouilleux et dissolvant, énervé, rosé et veiné de toutes les teintes, ce style d'une corruption délicieuse, tout asiatique, comme disaient nos maîtres, plus brisé par place, et plus amolli que le corps d'un mime antique. Pétrone du milieu des scènes qu'il décrit ne regrette-t-il pas ce qu'il appelle *oratio pudica*, le style pudique, et qui ne s'abandonne pas à la fluidité de tous les mouvements[1]. »

Le mot d'impressionnisme n'est-il pas sous-entendu ? J'oppose *impressionnisme* à idéalisme, la littérature qui s'occupe surtout des choses tangibles et incline au matérialisme à la littérature qui plane dans le domaine des idées et des sentiments, à la littérature qui tend au spiritualisme. En fait les deux littératures ne sont pas aussi tranchées que cela : des ouvrages conçus d'après l'un des deux systèmes sus énoncés, rigoureusement, ne sauraient exister.

Quoi qu'il en soit, le type impressionniste dans les lettres est fourni par MM. de Goncourt. Ce sont eux qui ont essayé le plus radicalement de transporter dans le livre les procédés de la peinture, tentative curieuse, mais qui, à mon sens, ne veut pas être poussée plus avant. Le pinceau a un tel avantage pour la matérialisation des choses et des hommes, que le duel me semble inégal, tout au désavantage de la plume. Les arts font bien de se côtoyer, mais ils ont tort de se mêler.

1. On le voit, Sainte-Beuve avec son palais de gourmet littéraire savait goûter Balzac. Il lui rend justice beaucoup plus que M. Zola ne le prétend.

L'oubli dans lequel est tombé Lamartine vient de ce qu'il dédaignait l'idée pour la mélodie. L'entassement musical des mots fatigue, comme l'aveuglement des couleurs. Les lettres ne sont ni de la musique, ni de la peinture.

Si *Germinie Lacerteux* et *Madame Gervaisais* n'ont pas la popularité de l'*Assommoir* ou du *Nabab*, cela tient en partie aux singularités de la forme. Les bourgeois ouvrent de grands yeux, devant ces adjectifs peints en rouge et ces adverbes peints en jaune. De tels procédés vont à l'encontre de leur tempérament et de leur éducation. Quand Prud'homme pose une question, il n'aime pas qu'on lui réponde en japonais.

III

DE L'EXCEPTION

« L'épithète *rare* — voilà la marque de l'écrivain. » Ce sont les Goncourt qui indiquent eux-mêmes leurs tendances dans *Idées et Sensations*. L'humanité courante ne les intéresse point. A quoi bon raconter ce que tout le monde sait, peindre ce que tout le monde voit ? Ils préfèrent étudier des natures compliquées, uniques, des cas de pathologie bizarres. Ils n'écrivent pas de romans généraux, craignent de s'égarer dans le fourmillement d'une foule, font de chaque livre une sorte de médaillon.

Germinie Lacerteux est l'étude d'une servante hystérique. Violée dans son adolescence par un garçon de café, entrée dans l'amour par l'humiliation et par le dégoût, elle promène ses besoins de dévouement bestial, les épanchements d'un cœur aimant, de la vieille demoiselle qu'elle soigne aux amants pour qui elle sacrifie tout. Affamée de tendresse, la pauvre fille ne peut se résigner ni à abandonner sa maîtresse, pour suivre ses instincts librement, ni à dompter sa chair souffrante, irrésistiblement emportée vers l'homme. Et c'est une double vie, une hypocrisie et une terreur de tous les jours. Parfois la femme passionnée et la domestique fidèle se livrent en Germinie des combats déchirants ; la vieille probité, acculée, succombe. Aux fatigues du plaisir, à l'angoisse des luttes morales s'ajoutent de continuels déchirements de cœur. Toutes les passions auxquelles Germinie s'accroche sont des buissons d'épines où elle se déchire. Son premier amant, Jupillon, un joli ouvrier pétri de vices, la gruge et se moque d'elle, lui inflige toutes les tortures avec préméditation ; son enfant, caché soigneusement à mademoiselle de Varandeuil, meurt tout jeune d'une piqûre venimeuse, tandis que la mère retenue par l'hypocrisie de son service, se dévore d'inquiétudes. Enfin, abandonnée par son dernier amant, un peintre d'enseignes, riboteur, gouapeur, un type de Parisien toujours blaguant, elle tombe au ruisseau, elle se rue sur les amours d'une nuit, raccroche sur les places, et boit pour s'étourdir. Puis comme conclusion : la mort, une mort tourmentée par l'obsession d'une infinité de créanciers. Et c'est seulement alors que Mademoiselle apprend les débauches de sa servante. Suffoquée, d'étonnement et de colère, elle abandonne à la fosse commune le corps de Germinie : « Pour prier sur elle, il fallait prier un petit bonheur entre deux dates, — comme si la destinée de la pauvre fille avait voulu qu'il n'y eût sur la terre pas plus de place pour son corps que pour son cœur. »

Madame Gervaisais représente une autre sorte d'hystérie, l'hystérie religieuse. Les auteurs ont décrit là la contagion religieuse de Rome, l'enveloppement pieux de cet air pur et recueilli, comme saturé d'encens. La foi saisit par tous les sens, éblouit la vue, enchante l'oreille, chatouille l'odorat, surtout lorsque l'étranger est une femme. « La religion, ont dit ailleurs les Goncourt, est une partie du sexe de la femme [1]. » Surtout quand cette femme est poitrinaire. Ces maladies exaltent le mysticisme dormant dans le tréfond de l'âme, emplissent l'être d'aspirations; le phthisique ressemble à un jeune oiseau, les yeux agrandis par la contemplation amoureuse du vaste ciel, secouant au bord du nid ses ailes encore impuissantes, mais que vaguement il sent pousser. Les deux frères étudient heure à heure la séduction du catholicisme, le combat entre l'esprit hautain et le cœur déjà conquis. L'esprit se paie d'arguments subtils, puis se courbe, n'ose plus discuter. Et madame Gervaisais se précipite dans la religiosité, follement, aveuglément. Et tous les sentiments humains s'en vont un à un : d'abord la coquetterie naturelle à la femme, puis l'amour du beau, puis le souci du nécessaire, puis l'instinct de la conservation; la religion tue jusqu'à l'amour maternel. L'enfant Pierre-Charles, d'autant plus aimé que son cerveau, comprimé par l'accoucheur, est lent à se développer et qu'il a plus besoin de sa mère, finit par ne plus reconnaître l'adorée d'autrefois. Brusque, farouche, jamais rassasiée de pénitences, continuellement agenouillée dans l'ombre d'un confessionnal, croyant dérober à Dieu les instants qu'elle passe avec son fils, se reprochant comme des crimes les plus saintes affections, madame Gervaisais arrive au détachement absolu, à l'automatisme des religieuses cloîtrées. Réveillée brusquement par son frère,

---

[1] *Idées et Sensations*, p. 238.

elle cède à ses instances, veut quitter la Ville éternelle, mais non sans avoir reçu une dernière bénédiction papale. Et c'est, en attendant l'heure de l'audience, qu'enfiévrée par la maladie, minée par les austérités, elle est étouffée par un flot de sang. On a beaucoup reproché aux auteurs ce dénoûment mélodramatique. Et pourtant, ils ont suivi de bien près la réalité. L'histoire de madame Gervaisais est l'histoire d'une de leurs parentes, morte, non au Vatican, mais au moment où elle allait s'y rendre. Réel aussi Pierre-Charles, d'une admirable beauté, caressant et câlin, étonnamment sensible à la musique. « Lorsque je n'ai pas un modèle devant moi, dit M. Edmond de Goncourt, je ne suis pas satisfait. Les personnages faits de pièces et de morceaux, nécessaires pour les seconds plans, et souvent aussi vivants que les autres, me donnent un mal atroce. »

Elle doit avoir vécu, cette Renée Maupérin, jeune fille garçonnière et spirituelle, réunissant en elle la grâce féminine et la loyauté masculine. Un composé des plus adorables qualités humaines. C'est bien la réalisation du rêve de Charles Demailly : « De son enfance formée à la camaraderie de ses parents, de son père autant au moins que de sa mère, de son éducation égale et presque pareille à l'éducation de l'homme, » Renée retient « la liberté, la franchise, la grâce et l'élévation d'un cœur viril, montre dans toute sa personne cette belle et grande chose : Un honnête homme dans une honnête femme. » A côté de ce type très particulier de jeune fille moderne, le frère, le jeune homme d'aujourd'hui, « homme hâtif, gangrené à vingt ans des sciences de l'expérience, sorte d'enfant vieillard, résumant dans sa personne les ambitions froides, les impatiences de parvenir, les sécheresses et le calcul des intérêts, le trouble du sens moral par les conseils et les tentations des fortunes scandaleuses, tous les scepticismes pratiques de la jeunesse moderne [1]. » M. Émile Zola s'est souvenu d'Henri Mauperin lorsqu'il a créé Léon Josserand ; de même, derrière madame Dambreville il y a madame Bourjot. Les indélicatesses du frère, découvertes par hasard, révoltent la sœur. Renée Mauperin, pour rompre un projet de mariage honteux, expose Henri à un duel où il succombe. Et, dévorée de remords, lancinée par une maladie de cœur, la jeune fille agonise ; les parents à moitié fous, n'ont plus que la ressource de promener leur douleur à travers le monde.

Sœur Philomène : Autre étude délicate. Un profil ivoirin de religieuse se détachant sur les blancheurs des lits d'hôpital. Une existence discrète, utile, s'alimentant dans la pitié naturelle à la femme, la sûreté d'une bonne conscience, et la prière de tous les jours. Le récit des premières années de Philomène, de son amitié avec Céline entre les murs noirs du couvent, est peut-être la page la plus réussie du livre. On peut difficilement pousser plus loin la psychologie de la femme-enfant : il semble qu'on entend les interminables et naïves conférences religieuses des deux fillettes, « le bras de l'une passé autour du cou, ou glissé, dans la distraction de la causerie, sur la taille de l'autre. » Voilà « Philomène avec ses grands yeux et ses grands cils, son long regard, sa bouche charnue et entr'ouverte, ses joues rouges et un peu hâlées... » Voilà « Céline avec son front saillant et bombé, ses cheveux retroussés naturellement, ses petits yeux gris, clairs et profonds, ses narines découpées, ses lèvres minces, son

---

1. *Charles Demailly*, p. 99.

menton fendu, sa petite mine longue [1]. » Et c'est un prosélytisme enfantin, une prêcherie ravissante de Céline, mystique et concentrée, ayant dans le regard les visions d'or des *Vies de saints*, s'ingéniant à souffrir, à mortifier sa chair. Plus tard, après les premières déceptions, Philomène se réfugie près de Céline à l'hôpital, fait son apprentissage douloureux de sœur de charité, parvient, au milieu des cris, du sang, des opérations, des morts, à une sorte de sérénité pieuse, adoucissant les maux et consolant les âmes. Je préfère l'étude de ces dégoûts, de ces défaillances et de ces victoires à l'histoire des amours de l'interne Barnier pour la sœur, à son désespoir, à son empoisonnement lent par l'absinthe, à sa piqûre anatomique et surtout à la romantique apparition de Philomène, dérobant dans l'ombre une mèche de cheveux au mort.

J'aime mieux aussi le dénoûment simple et tragique de *Manette Salomon* que les derniers chapitres un peu outrés de *Charles Demailly*. Dans les deux livres, Edmond et Jules de Goncourt ont développé le même thème : l'anéantissement de l'artiste par la femme. Ils ont pris pour milieu, d'une part, le monde des peintres, de l'autre le monde des écrivains. Coriolis, un grand coloriste, s'éprend du corps incomparable d'un modèle, Manette Salomon ; la juive prend une place de plus en plus grande dans la maison, éloigne un à un tous les amis de Coriolis, étend ses griffes crochues sur les toiles, et grâce à l'obsession de tous les jours enlève l'artiste à la recherche du Beau et du Vrai, le jette dans la production commerciale. Et une nouvelle vie commence, tous les rêves de jeunesse étant bien morts, une vie atroce, condamnée à tourner la meule du tra-

---

1. *Sœur Philomène*, p. 23.

vail mécanique. Dans *Charles Demailly*, c'est bien pis : Charles a épousé une actrice, à peine entrevue. Il est sur elle plein d'illusions, en fait d'avance le « compagnon de ses idées » et, peu à peu, les premières délices d'amour passées, il discerne dans sa femme la perpétuelle comédienne, jouant son rôle d'ingénue à la maison comme au théâtre, mentant ici comme là; il aperçoit clairement la médiocrité de l'esprit, le vide du cœur. Et Charles Demailly, ce sensitif, cet « écorché moral [1], » souffre du moindre manque de tact et de sentiment. Marthe sent vaguement l'hostilité des deux natures. Une lutte s'engage. Criblé de continuels coups d'épingle, attaqué dans son amour et dans ses œuvres, tué lentement par son bourreau journalier, Charles qui se dégage de la presse, en qui naît un écrivain, voit son effort interrompu, sa gloire brisée; son intelligence se débat, se cramponne aux travaux anciens, aux projets d'avenir, essaie d'oublier la coquine qui le poursuit de ses vengeances. En vain; un dernier coup, porté à son honneur, le pousse à Charenton. « Plus rien d'humain que ce corps, n'appartenant plus à l'humanité que par la digestion! ce corps lié sur un fauteuil, balbutiant les monosyllabes de l'enfant dans ses langes... jetant dans l'air, à la vue du soleil, ce cri animal : *co... co*, ouvrant la bouche à la nourriture qu'on apporte, et se frottant contre l'homme qui lui donne à manger avec la caresse et la reconnaissance de la bête [2]... »

L'étude de la folie grandissante de Charles Demailly est une merveille d'analyse douloureuse. « Entre lui et les sensations se rompait peu à peu la chaîne des rapports, et se glissait ce quelque chose d'interrompu

---

1. Mots des Goncourt. *Idées et Sensations*.
2. *Charles Demailly*, p. 408.

et de mort qu'une mère folle sentait entre son baiser et la joue de ses enfants... chaque partie du moi, désagrégée et isolée de l'être, semblait perdre le pouvoir de se correspondre et de réagir de l'une à l'autre... Douloureux mystère! Dans ces âmes hallucinées, dans ces cerveaux qui se pétrifient, il y a des retours, des jours, des lueurs; il y a même chez quelques-uns la certitude, l'affreuse certitude que ce qui habite leur tête est un mensonge, que ce qui guide leurs actes est une possession, que ce qu'ils croient, que ce qu'ils entendent, que ce qu'ils touchent, que ce qu'ils goûtent, est un jeu cruel et qui les trompe [1]. » Que d'observations subtiles amassées dans ces quelques lignes! Cette extrême ténuité d'analyse, ce sensationnisme à outrance caractérise les Goncourt, au même titre que la recherche du style. « Je m'aperçois tristement que la littérature, l'observation, au lieu d'émousser en moi la sensibilité, l'a étendue, raffinée, développée, mise à nu. Cette espèce de travail incessant qu'on fait sur soi, sur ses sensations, sur les mouvements de son cœur, cette autopsie perpétuelle et journalière de son être, arrive à découvrir les fibres les plus délicates, à les faire jouer de la façon la plus tressaillante. Mille ressources, mille secrets se découvrent en vous, pour souffrir. On devient, à force de s'étudier, au lieu de s'endurcir, une sorte d'écorché moral et sensitif, blessé à la moindre impression, sans défense, sans enveloppe, tout saignant [2]. »

Mais si l'auteur souffre, si la cruauté des dissections le rend malade, le tue, le lecteur aussi, impressionné par un style vivant, sent sa tête éclater au récit des an-

---

1. *Charles Demailly*, p. 389-390.
2. *Idées et Sensations.*

goisses de Charles Demailly, son cœur se rompre aux dernières pages de *Renée Maupérin*.

Ceux qui demandent au roman la paix et l'oubli d'une heure feront bien de ne pas lire ces livres « poignants et angoisseux [1]. » Jamais la maladie n'a été mieux décrite que par cet art maladif. On dirait parfois l'œuvre d'un spécialiste. Les palpitations de la chair souffrante, l'anxiété des heures où l'organisme se détraque et où l'esprit cherche à se tromper, se cramponne à la moindre espérance, tous les frissons morbides de l'âme et du corps sont rendus nerveusement. Dans *Renée Maupérin* les deux frères suivent toutes les phases d'une maladie de cœur, se condamnent aux crucifiements de l'agonie. Dans *Madame Gervaisais* ils auscultent l'héroïne, comptant les taches de sang de ses mouchoirs ; dans *Germinie Lacerteux*, ils montrent la pauvre servante tordue et convulsée par des crises de nerfs. « Les terribles secousses, les détentes nerveuses des membres, les craquements de tendons avaient cessé ; mais sur le cou, sur la poitrine que découvrait la robe dégrafée, passaient des mouvements ondulatoires pareils à des vagues levées sous la peau et que l'on voyait courir jusqu'aux pieds, dans un frémissement de jupe [2]. » Voilà une description anatomique. Aussi les Goncourt triomphent-ils dans les tableaux d'hôpital. Il y en a deux dans Germinie, mais le décor de *Sœur Philomène* surtout mérite d'être admiré. La voyez-vous cette salle « longue » qui « se prolonge dans une ombre où elle s'enfonce sans finir ? » La propreté des lits blancs et du parquet ciré où tremblotent le reflet des veilleuses, la fauve lueur du poêle, ces

---

[1]. Mot de M. E. de Goncourt.
[2]. *Germinie Lacerteux*, p. 121.

longs silences coupés de plaintes faibles, cette symétrie désolée, font passer dans le dos un souffle glacial. L'hôpital, c'est le rendez-vous de toutes les douleurs, comme l'œuvre des Goncourt est le musée de la souffrance humaine.

Où ne descend-il pas ce nervosisme toujours aiguisé ? Gustave Flaubert se contentait de détailler avec une grande exactitude des sensations et des sentiments assez communs. Les auteurs de *Germinie Lacerteux* vont au delà. Ils saisissent l'insaisissable. Lorsque Germinie est envahie par une crise de dévotion, examinez-la se faufilant entre les chaises « avec le glissement d'une chatte qui se coule sur un tapis. » Mieux encore; Germinie roule dans l'abjection dernière : « Il arrivait qu'à de certains moments ce qu'elle voyait, ce qui était là, les chandeliers, les pieds des meubles, les bras des fauteuils, tout autour d'elle prenait des apparences, des formes d'impureté. L'obscénité surgissait de toutes choses sous ses yeux et venait à elle. Alors, regardant l'heure au coucou de sa cuisine comme une condamnée qui n'a plus son corps à elle, elle disait : Dans cinq minutes je vais descendre dans la rue [1]... » Lisez aussi la page où Germinie a le délire en revenant de chez Gautruche, et le chapitre où, attirée par le pavé, elle est sur le point de prendre son élan. Nulle part on ne comprend comme là l'obsession démentielle.

Mais ce raffinement d'analyse est gâté par les sauts brusques du récit. Flaubert ne quitte pas un instant son personnage ; il l'observe depuis l'heure où son esprit s'éveille jusqu'à l'heure de sa mort. C'est une étude lente et suivie du corps et de l'âme. Tous les développements physiques, toutes les conquêtes intellectuelles

---

1. *Germinie Lacerteux*, p. 192.

et morales. Au contraire un roman des Goncourt est plein de trous : rachat de leur procédé pictural ; voltigeant sans trêve d'un tableau à l'autre, ils sautent aussi d'un sentiment à un sentiment, d'une sensation à une sensation, en négligeant la gamme transitoire. Les patients ne sont pas pris d'assez loin ; ils sont campés dès le début d'une manière vivante, magistralement parfois, comme dans *Renée Maupérin*, avec un peu d'artifice et de peine, d'autres fois, comme dans *Germinie Lacerteux*, mais on regrette presque toujours de ne pas les avoir assez vus grandir.

Je regrette aussi l'intervention des écrivains ; toute réflexion incidente détourne du récit. M. Edmond de Goncourt prétend que cette libre méthode ressemble beaucoup plus au sensitif monde moderne que l'impassibilité affectée de Flaubert. Ne prête-t-il pas son tempérament trop vite à la majorité de ses contemporains ? *Germinie Lacerteux* se termine en plaidoyer. Il y a même une apostrophe éloquente : « O Paris ! tu es le cœur du monde, tu es la grande ville humaine, la grande ville charitable et fraternelle ! Tu as des douceurs d'esprit, de vieilles miséricordes de mœurs, des spectacles qui font l'aumône !... » C'est beau, c'est entraînant, émouvant, mais M. de Goncourt est-il bien sûr que cela soit si moderne ? Cette échappée lyrique sent son 1830. On pense à l'ode perpétuelle d'Hugo. Les *Misérables* sont pleins de pareilles invocations et de digressions philosophiques semblables aux digressions des Goncourt sur la religion des femmes du peuple et sur la blague parisienne. Relisez les pages du grand poète sur les joies du cloître et sur le gamin de Paris. Hugo est plus long, plus nébuleux, plus génial, mais les deux inspirations se ressemblent.

Pourtant, ce sont bien les Goncourt qui ont eu les premiers conscience, après Balzac, de l'immense portée du roman contemporain. Flaubert, ignorant de sa besogne, n'écrivait *Madame Bovary* que pour « blaguer » l'école Champfleury. « Son livre, son beau livre est, le croiriez-vous? une pénitence : il a voulu mettre son style au pain sec et brider sa fantaisie à peu près comme ces femmes pléthoriques qui, craignant leurs tentations, se font tirer une pinte de sang [1]. » Tandis que les Goncourt, ces aristocrates de l'art, donnent au peuple droit de cité dans le roman, écrivent, dès 1864, ces lignes dont les œuvres critiques de M. Zola ne seront que le développement : « Aujourd'hui que le Roman s'élargit et grandit, qu'il commence à être la grande forme sérieuse, passionnée, vivante, de l'étude littéraire et de l'enquête sociale, qu'il devient, par l'analyse et par la recherche psychologique, l'Histoire morale contemporaine; aujourd'hui que le Roman s'est imposé les études et les devoirs de la science, il peut en revendiquer les libertés et les franchises. Et qu'il cherche l'Art et la Vérité; qu'il montre des misères bonnes à ne pas laisser oublier aux heureux de Paris; qu'il fasse voir aux gens du monde ce que les dames de charité ont le courage de voir, ce que les reines autrefois faisaient toucher de l'œil à leurs enfants dans les hospices : la souffrance humaine, présente et toute vive, qui apprend la charité; que le Roman ait cette religion que le siècle passé appelait de ce large et vaste nom : *Humanité;* — il lui suffit de cette conscience : son droit est là [2]. »

Non seulement MM. de Goncourt sont des initiateurs en fait de style et de doctrine, mais ils ont obéi dans

---

[1]. *Charles Demailly*, p. 162.
[2]. Préface de *Germinie Lacerteux*.

leurs œuvres, plus que n'importe qui, au radicalisme de leurs théories.

M. Alphonse Daudet s'obstine à conserver dans ses livres une charpente romanesque vermoulue; il mêle à la réalité de larges coins de fantaisie. M. Emile Zola bâtit trop; l'amour de la composition, le souci des lignes donne à quelques-uns de ses romans une apparence architecturale et factice. Les disciples de Flaubert, M. de Maupassant en particulier, ne savent pas sacrifier à la vérité l'arrondissement d'une phrase ou un effet fantastique. Les monographies des Goncourt ont la nudité et la simplicité de la vie. *Madame Gervaisais* est le type extrême du roman nouveau. D'intrigue, point; d'échafaudage savant, point : le développement d'un certain tempérament dans un certain milieu, au petit bonheur de l'existence. L'école tendra à coup sûr de plus en plus vers cette sévérité robuste. Le souci d'intéresser le lecteur par l'agencement habile du récit s'oppose au triomphe de la pleine réalité. D'ailleurs, par cela même qu'on écrit un livre vrai, on écrit un livre intéressant. La vie peut seule remuer et passionner. On en arrivera à dédaigner l'orfèvrerie de la phrase. Saint-Simon qui ne composait pas, qui ne se relisait pas, qui s'abandonnait à ses enthousiasmes et à ses colères, mais qui savait voir et traduisait ses impressions en coloriste puissant, dépasse de la tête les plus grands prosateurs de son siècle. Les *Mémoires* du duc captivent, parce qu'ils charrient à larges flots l'humanité, toute l'humanité.

MM. de Goncourt, eux, ont le tort de trop choisir. L'ambition du roman contemporain est de donner la physionomie de notre époque. En étudiant l'homme moderne dans les diverses classes de la société, on arrive à reconstruire cette société tout entière. Mais à une condition : qu'on rejette au second plan les cas exceptionnels pour s'attacher de préférence à l'analyse du lieu commun.

Dans la voie de l'exception où comptez-vous vous arrêter? Vous reprochez à Hugo Gwynplaine ou Han d'Islande. Supposez pourtant que Han d'Islande soit dans la nature. Hypothèse à la rigueur admissible. Han d'Islande vivant est un phénomène. Hugo dira : « Oui, les Han d'Islande sont uniques dans leur genre, mais ils m'intéressent, précisément parce qu'ils sont uniques. Les monstres seuls me captivent et j'ai bien le droit de les étudier puisque, quoique exceptionnels, ils participent à la vie réelle. Je travaille d'après vos principes. » Vous répondrez qu'on ne doit étudier que des êtres bien constitués, si l'on veut avoir l'idée d'une espèce. Un savant s'occupe de la race ovine. Ira-t-il prendre pour sujet d'observations et d'expériences un mouton à cinq pattes ou à deux têtes ? Ce serait, il faut l'avouer, un singulier point de départ. Eh bien, vous qui, voulant étudier l'humanité, choisissez des cas bizarres, vous ressemblez au savant qui appliquerait à toute l'espèce ovine les remarques faites sur le mouton à cinq pattes et à deux têtes.

La vie d'une grande ville ne saurait tenir dans les quatre murs d'une salle d'hospice. Bon de se borner parfois à l'examen de singulières plaies humaines, mais de temps en temps il faut sortir, humer la brume des boulevards

IV

LES ROMANS DE M. EDMOND DE GONCOURT

Dans les *Frères Zemganno*, M. Edmond de Goncourt s'est servi d'une allégorie transparente, pour indiquer les caractères qui la différenciaient de son frère Jules : « Chez l'aîné, écrit-il, les dispositions *réflectives* et les tendances songeuses de son être surexcité par une singulière activité cérébrale, appartenaient tout entières dans sa profession de la force et de l'adresse physique, à l'invention abstraite de conceptions gymnastiques presque toujours irréalisables, à la création de rêves clownesques impossibles à mettre en pratique, à l'enfantement d'espèces de miracles demandés aux muscles et aux nerfs d'un corps. Du reste, même dans la pratique matérielle de ce qu'il exécutait, Gianni donnait une large part à la réflexion et à l'action de la cervelle... Le plus jeune... plus bohémien de la lande et de la clairière, — et par cela plus poète, — vivait dans une sorte de rêvasserie heureuse, souriante, pour ainsi dire, sensuelle, et d'où tout à coup jaillissaient des imaginations moqueuses, des fusées d'une gaieté attendrie, des excentricités folles. Et ces qualités faisaient tout naturellement de Nello l'arrangeur, le trouveur de jolis détails, le pareur, le *fioritureur* de ce qu'inventait de faisable son frère... [1] »

C'est de la réalité un peu transformée pour les besoins du livre. Sans vouloir pénétrer au fond de la collaboration fraternelle des Goncourt, sans lui enlever de son mystère, j'incline à croire, en rapprochant simplement les romans écrits en commun des romans de M. Edmond de Goncourt seul, que l'aîné était surtout le constructeur. Jules semait sur toutes les pages sa verve étincelante, et retenait son frère sur la pente de la fantaisie. Avec son esprit et sa netteté toute parisienne, il devait être un critique très sûr et très pénétrant.

Dans le jeune frère il y a un poète aristophanesque, à l'esprit attique, ailé, au regard vif, perçant, moqueur; Jules trouve tout de suite le mot juste et spirituel et ses boutades ont une pointe de gaminerie parisienne. Par exemple, il dira dans le post-scriptum d'une lettre adressée de Trouville à M. Burty : « M. Thiers se promène ici tous les jours habillé tout en blanc : on dirait Polichinelle voué à la Vierge. »

Dans le frère aîné, il y a un poète rêveur, un sentimental, un romantique assoupi.

Pour faire saillir les contrastes, j'accuse peut-être trop de simples nuances, les deux esprits étant jumeaux : « Les deux frères, dit encore M. Edmond de Goncourt, tenaient l'un à l'autre par des liens mystérieux, des attaches psychiques... Ils ressentaient des sympathies

1. *Les frères Zemganno*, p. 197.

ou des antipathies pareillement soudaines... Non seulement les individus, mais encore les choses, avec le pourquoi irraisonné de leur charme ou de leur déplaisance, leur parlaient mêmement à tous les deux. Enfin les idées naissaient communes aux deux frères, qui, bien souvent, après un silence, se tournaient l'un vers l'autre pour se dire la même chose... [1] » C'est par des détails d'une extrême ténuité que se révèlent les différences. Les Goncourt ressemblaient à deux manuscrits d'un livre, distingués par quelques variantes.

Ce n'est que cinq ou six ans après la mort de son frère, que M. Edmond de Goncourt, obsédé de littérature, tourmenté par le besoin de produire qui est au fond de tout artiste, se remit au travail, tristement.

La fille Elisa, son premier travail solitaire, est une sobre et sévère étude sur la prostitution et le régime pénitentiaire. La monographie devient de plus en plus nue; les habiles procédés de composition sont de plus en plus écartés. Malgré le choix hardi du sujet, l'auteur a écrit un livre très chaste, qui fait songer. Plus, bien plus que dans *Germinie Lacerteux*, il intervient pour développer sa thèse : *la fille Elisa* tient à la fois de l'étude sociale et du plaidoyer. Ce n'est ni la reproduction picturale des milieux, ni la recherche du cas pathologique, ni le frissonnement du style qui peuvent donner des indications nouvelles sur le talent de M. de Goncourt, mais bien ce constant souci humanitaire. Parfois, dans la solennité apprêtée des périodes, à travers le cliquetis des grands mots personnifiés par la majuscule, on croit entendre un écho du *Dernier jour d'un condamné*. L'assassinat qui fait le nœud du livre ne se comprend pas facilement. L'auteur, toujours à la recherche des sensa-

1. *Les frères Zemganno*, p. 233.

tions et des sentiments rares, ne va-t-il pas trop loin en prêtant à son héroïne la fureur sanglante d'une fière jeune fille violée ? Bien poétique aussi le fusilier Tanchon. « Ses amours d'abord chastes et dédaigneuses des campagnardes, et toutes à une délicate sainte, martyrisée dans un tableau d'une chapelle de sa montagne, avaient brûlé en lui, dans un transport de la tête ressemblant à un embrasement divin [1]. » Et de grandes phrases purement lyriques : « Le soldat, le marin les emportent dans leur pensée, et dans les rêveries silencieuses des nuits du désert, des nuits de l'Océan, dans le recueillement concentré des heures de souffrance et de misère, la vision de ces femmes lumineuses leur revient [2]. » Plus loin, c'est une description apocalyptique des environs de Noirlieu, où l'entassement des mots et des images grandioses produit la plus épouvantable cacophonie. La phrase, de plus en plus déhanchée, est de plus en plus insoucieuse d'harmonie. Ce que je préfère, ce sont les chapitres consacrés à l'étude des prostituées, compagnes d'Elisa, ou ce superbe intérieur d'un bordel provincial avec les curieuses physionomies de Madame et de Monsieur, et, dans un coin, sous le rond lumineux d'une lampe, la figure blême et liseuse du fils de la maison. Là sont condensées une multitude de fines observations.

Dans *la Faustin*, M. Edmond de Goncourt s'est encore abandonné davantage à son humeur rêveuse. Il voulait étudier la femme de théâtre, toujours et partout comédienne. Il ne nous a donné que des fragments de vérité : La visite chez le vieux savant grec, la répétition de Phèdre, la survenue de lord Annandale, le soir

---

1. *La fille Elisa*, p. 214.
2. *La fille Elisa*, p. 145.

de la première représentation sont des morceaux achevés dans leur genre. La sœur de la tragédienne vit. Mais à côté de cela, que dire du début romantique, la Faustin couchée sur la grève et écoutant la vague rouler les galets? « Il faisait nuit sous un ciel étoilé, au-dessus d'une mer phosphorescente... » Je n'aime ni le château des songes couvert de paons blancs errants au clair de lune, ni le suicide du coulissier Blancheron, ni l'Anglais sadique à l'onglier d'or qui s'inspire de *la Chaumière de Dolmancé*, ni le caractère trouble de lord Annandale, ni surtout ses rages inexplicables de la fin. J'avoue ne pas saisir les beautés de l'agonie sardonique. Il y a longtemps que Victor Hugo a tiré de l'antithèse tous ses effets. M. Brunetière, dans un article féroce, a parlé, à propos de *la Faustin*, de l'introduction du japonisme dans le roman. Le mot n'est pas mal trouvé et caractérise assez cet art de décadence, ce placage de couleurs étranges et crues, ces lointains bleuâtres de rêve où des ibis perchent sur des arbres fantaisistes. *La Faustin* n'est pas sans rapport avec le conte de la Belle au bois dormant. On trouve bien de l'illuminisme dans ces pages. L'art de l'exception et du coloris à outrance y dit son dernier mot. Cette poésie a des tons verdâtres comme les tableaux de Delacroix, laisse deviner dans les coins d'ombre toutes sortes de monstrueuses choses confuses. La scène de l'agonie fait penser beaucoup moins à Flaubert qu'à Hoffmann ou à Edgard Poë. Mais que de phrases enlevantes, que de remarques délicieuses :

« La Faustin revenait à son voisin, elle y revenait avec ces tendresses d'un côté du corps, avec la courbe de ces lignes aimantes, que vous avez pu observer tous les jours en un dîner ou un souper, chez une femme placée près d'un homme qui lui plaît... »

Ces délicates remarques du cœur, ces imaginations lyriques se sont un jour déployées librement dans un livre fait de rêve et de souvenir, *les Frères Zemganno*. C'est le meilleur des trois romans de M. Edmond de Goncourt, une sorte de poème en prose, plein d'émotion contenue, unique en notre langue. Le romancier s'y est évidemment complu. Les Zemganno, unis par leur art plus que par le sang, ce sont les Goncourt. Et quelle fantaisie dans ces vies aventureuses, d'abord errantes sur les quatre roues de la maison qui marche, ensuite sautillantes et pailletées au milieu d'un cirque, dans le balancement d'un vertigineux trapèze! Et puis, lorsqu'un accident terrible a jeté Nello sur l'arène, sanglant et les jambes brisées, la désespérance de l'artiste épuisé et l'union plus intime des deux frères, cimentée par le sacrifice de Gianni. Le début du livre, un campement de saltimbanques dans les champs, au crépuscule, est d'une largeur et d'une poésie superbes. Une sérénité sacrée tombe du ciel avec la nuit. Décidément, M. Edmond de Goncourt est le plus naturiste et le plus tendre. Il s'abandonne avec volupté aux cahotements de la maison roulante ; par l'étroite lucarne, il regarde fuir les forêts, les fleuves et les villes, respire délicieusement les douceurs de l'existence nomade... Ou bien, à la frise du cirque, au-dessus du triple rang des becs de gaz, il croit jouer du violon avec les Zemganno, et contemple dédaigneusement les milliers de têtes blêmies aux paupières clignotantes, aux regards admirateurs et terrifiés... Mais si de ce faîte le poète a laissé tomber son Nello, il n'a pas eu le courage d'en priver pour toujours Gianni. Les frères Zemganno mourront ensemble après avoir joué du violon longtemps encore, « le derrière sur des chaises. »

Bientôt paraîtra un quatrième et peut-être dernier roman, une étude des plus nuancées qui a pour titre : *La petite-fille du maréchal*. Le romancier y analyse la haute société du second empire qu'il a vue de près. Mais il garde la première place au développement physique et moral de l'enfant aristocratique : une plante rare, délicate, germant dans le terreau parisien. Comment montrer jour à jour l'accroissement de cet être frêle, sa personnalité éveillée par la première communion, sa coquetterie exaspérée par les premiers bals? Comment épeler tous les mystères du cœur féminin à l'âge de la pudeur adolescente? M. de Goncourt avait raison de se plaindre dans la préface de *la Faustin* de ce que les romans écrits sur les femmes manquaient « de la collaboration féminine. » Il est tel détail qu'un homme ne peut trouver. Par exemple, comment imaginerions-nous que le plus grand embarras d'une jeune fille, à son entrée dans le monde, ce sont ses bras, ses bras nus et démesurés dont elle ne sait que faire?

Toutes ces minuties caractéristiques ne peuvent être rendues que par le roman. Voilà pourquoi M. Edmond de Goncourt ne croit pas à l'avenir de la poésie et du théâtre, genres des sociétés jeunes. Seuls, les hommes primitifs ont besoin d'un rhythme ou d'une matérialisation immédiate. Le roman est destiné à tout remplacer. Il sera histoire, il sera drame, il sera poème. C'est la seule voie pour les jeunes. L'auteur de *Germinie Lacerteux* et des *Frères Zemganno*, dans le calme de sa tâche achevée, se contentera de regarder les nouveaux venus. Il mesure la portée de ses livres; il a confiance en eux : « Le génie, a-t-il écrit jadis, est le talent d'un homme mort. »

LIVRE III

M. ALPHONSE DAUDET

Deux facultés maîtresses se disputent M. Alphonse Daudet : une sensibilité presque féminine, — produit du tempérament, combiné avec le premier milieu ; un don d'ironie et d'enthousiasme — inhérent à la race.

L'exposé des origines et des jeunes années du romancier permet de découvrir comment ce talent aristocratique a germé, dans quelles conditions il s'est épanoui.

Restent à étudier dans les œuvres elles-mêmes les développements et les transformations des qualités primordiales autour desquelles se groupent les qualités secondaires.

I

LES DÉBUTS

C'est à Aps, je veux dire à Nîmes, dans la poussiéreuse ville, endormie en été sous un soleil accablant, brusquement secouée par des coups de mistral, que naquit l'auteur du *Nabab*, le 13 mai 1840.

Sa famille avait poussé dans les gorges des Cévennes au milieu des roches grises et des figuiers sauvages. Race forte, exubérante, sentant son midi, mais gardant aussi quelque chose de l'âpreté des monts, race où les femmes valent les hommes, et dans leur catholicisme et leur royalisme exaltés sont capables de toutes les énergies et de toutes les bravades. La propre grand'mère maternelle de M. Alphonse Daudet fut une brigande méridionale, traquée à travers champs par les gendarmes de la République; de ses grands-oncles, l'un eut la tête tranchée au temps où Châteauneuf-Randon poursuivait dans les Cévennes les insurgés royalistes du camp de Jalès ; deux autres émigrèrent. L'oncle Guillaume, après s'être fixé un moment à Londres, promena son humeur aventureuse en Russie, tâta de la Sibérie, fit, défit, puis réédifia sa fortune. N'y a-t-il pas chez ce lointain parent un peu du tzigane que sera M. Alphonse Daudet à son printemps, livré aux inspirations du moment, errant comme la feuille que le vent emporte? La nature s'essaie à plusieurs reprises, avant de produire l'individu type qui marquera l'expression supérieure d'une race, fleur épanouie à l'extrême branche d'un vieil arbre.

De son père le romancier tient une vivacité, une ardeur de sang qu'il n'a pu réprimer, nous dit son frère, que par un énergique effort de sa maturité, mais c'est de sa mère qu'il a reçu la plupart de ses qualités intellectuelles.

Dans presque tous les écrivains, êtres nerveux et peu équilibrés, on constate la prépondérance de l'influence maternelle. Les poètes sont comme une seconde épreuve de leur mère : les trésors amassés lentement dans ce cœur-là, ont été versés dans ce cœur-ci ; l'un hérite de la vie de l'autre et reçoit en plus le don du verbe, le don divin. Madame Daudet a été assez heureuse pour assister aux succès de son fils. Elle a vu se développer chez lui ce qui fermentait en elle obscurément. Ç'a été la récompense d'une longue et douloureuse existence. Dès son enfance, selon M. Ernest Daudet, elle aimait mieux vivre par l'esprit que de se mêler aux activités et aux agitations du magasin de son père. Cachée derrière les ballots, elle lisait, elle laissait errer ses rêveries. Vie songeuse où ne se démentaient pas sa douceur, sa mélancolique patience. Plus tard, « mince et frêle, avec un teint olivâtre et de grands yeux tristes, » sa flamme intime répandant plus de chaleur que de lumière contrastait avec les emportements et les ardeurs très méridionales de son mari.

Les affaires de la maison de soieries Vincent Daudet ne prospéraient pas. D'année en année, des pertes d'argent ; on restreignait la fabrication, on fermait les ateliers un à un. Les enfants, trop jeunes pour comprendre les embarras de leurs parents, en ressentaient un vague malaise. M. Alphonse Daudet a conservé de ce temps de vifs souvenirs. La fabrique, avec ses ateliers déserts, ses machines lugubrement arrêtées revient dans le *Petit Chose*, ainsi que le jardin où les jeunes imaginations transformaient les plates-bandes en îles désertes. « Tout au fond de la fabrique où le Petit Chose a passé son enfance, près de bâtiments abandonnés dont un vent de solitude faisait battre les portes, il y avait de hauts lauriers roses en pleine terre répandant un bouquet amer qui me hante encore après quarante ans. [1] » En automne on allait le dimanche cueillir des grappes d'or sous les souches ; au printemps on bondait la carriole. Et pendant que le cheval trottait dans un soleil aveuglant réverbéré par la blancheur des routes, un million de cigales s'égosillaient dans les touffes d'herbe brûlées.

Mais les désastres commerciaux de 1848 forcèrent la famille Daudet d'émigrer à Lyon ; la fabrique vendue devint un couvent de Carmélites. L'humidité, la noirceur, la mélancolie de cette ville fluviale se joignaient aux tristesses d'un logement étroit et aux anxiétés des jours d'échéance. Pour éviter la faillite, on avait recours aux expédients : on portait au Mont de piété tout ce qu'il était possible d'y mettre ; on harcelait les créanciers de sollicitations et de prières. Ces luttes pour la

1. Le *Petit Chose*, préface.

vie inspirèrent plus tard à M. Alphonse Daudet le projet d'écrire le « poème de la faillite, » un *César Birotteau* contemporain. Ce devait être le germe de *Fromont jeune et Risler aîné*. M. Ernest Daudet, plus vieux que son frère de trois ans, remplissait dans la triste maisonnée de Lyon le rôle de factotum. Chargé des commissions les plus délicates, des visites au Mont de Piété et même des menus achats, car la gêne ne permit pas longtemps à la famille de conserver une bonne, il devint d'une sensibilité maladive qui se manifestait invariablement par des larmes. Le Jacques du *Petit Chose* c'est M. Ernest Daudet. Il y avait un troisième frère très musicien, âme mystique dans un corps frêle; il mourut tout jeune au moment où il quittait le séminaire, pris de scrupules sur la réalité de sa vocation religieuse. Dans un chapitre de son premier roman, M. Daudet a retrouvé l'impression lugubre de cette disparition. « J'ai encore dans les oreilles le cri du pauvre père devinant que son fils venait de mourir: si navrant, si poignant, ce premier grand cri de douleur humaine tout près de moi, que toute la nuit en pleurant, en me désespérant, je me surprenais à répéter : « Il est mort... » avec l'intonation paternelle. » [1]

A travers ces douleurs, les études continuaient, d'abord à la manécanterie de Saint-Pierre où l'on chantait et où l'on servait la messe continuellement, puis au lycée de Lyon. Vincent Daudet s'imposait pour l'instruction de ses fils les derniers sacrifices. Au lycée, d'abord mal vu, à cause de sa mise chétive, le futur romancier du *Nabab* se faisait remarquer bien vite par l'originalité de son esprit et aussi par ses escapades. Entraîné par ses goûts aventureux, ses expériences, son amour des exer-

1. Le *Petit Chose*, préface.

cices physiques, M. Alphonse Daudet désertait le lycée six fois sur dix : les avis du censeur pleuvaient chez les parents, interceptés par Ernest qui, pour garantir son frère des reproches, signait hardiment du nom paternel les lettres d'excuse. « L'enfant délicat et timide se transformait alors, hardi, violent, prêt à toutes les folies. Il manquait la classe, passait ses journées sur l'eau, dans l'encombrement des mouches, des chalands, des remorqueurs, ramait sous la pluie, la pipe aux dents, un flacon d'absinthe ou d'eau-de-vie dans sa poche ; échappait à mille morts, aux roues d'un vapeur, à l'abordage d'un bateau à charbon, au courant qui le jetait contre les piles d'un pont ou sous un câble de halage, noyé, repêché, le front fendu, taloché par les mariniers qu'exaspérait la maladresse de ce mioche trop faible pour ses rames ; et dans ces fatigues, ces coups, ces dangers, il sentait une joie farouche, un élargissement de son être et du sombre horizon[1]. » L'extrême myopie de l'imprudent doublait les angoisses ; la mère Jacques tremblait à chaque instant qu'on ne rapportât son frère sur un brancard et regrettait les crises moins dangereuses de religiosité, qui, un an auparavant, les entraînaient tous deux à la montagne de Fourvière et les prosternaient dévotement, le front sur les pierres glacées. Effet de l'air catholique et royaliste qu'ils respiraient. M. Alphonse Daudet ne s'est délivré que par un effort de son esprit, et grâce au temps, des préjugés de son enfance. Les soucis du commerce n'étaient interrompus chez ses parents que par de longues causeries sur le roi et sur son prochain retour. Vincent Daudet, présenté, lors d'un voyage à Paris, à quelques notabilités du parti légitimiste, avait reçu avec un frémissement de joie et d'orgueil trois lignes flatteuses si-

1. Le *Petit Chose*, préface.

gnées: Henri; il racontait qu'un homme influent avait daigné inscrire Ernest et Alphonse sur ses tablettes. Ces détails ont trouvé place dans *les Rois en exil* et dans quelques-uns des *Contes*.

Un jour, pour faire diversion, après une promenade fluviale trop prolongée, le vagabond, déjà très imaginatif, ne trouva rien de mieux que d'annoncer la mort du pape. « Je me souviens d'une soirée funèbre et douce : le père très grave, la mère atterrée... on causait bas autour de la table. Moi, je baissais les yeux ; mais mon escapade s'était si bien perdue dans la désolation générale que personne n'y pensait plus... et tout le temps je me disais: Demain matin, en apprenant que le pape n'est pas mort, ils seront si contents que personne n'aura le courage de me gronder. [1] »

Les opinions souvent affirmées de Vincent Daudet lui créaient des relations dans le parti légitimiste de Lyon. Ernest, laissant là ses études pour aider le père et la mère, se délassait quelquefois en glissant des bouts d'article dans la *Gazette de Lyon*. Ce journal était rédigé par Théodore Mayery et Paul Beurtheret; et on y voyait apparaître de temps en temps un poète improvisateur d'une certaine notoriété, Claudius Hébrard, le grand homme du groupe. Très attaché aux deux jeunes gens, il avait lu *la Vierge à la crèche*, gracieux noël écrit à quinze ans, et devinait déjà l'avenir de l'écolier. Pour ses amis de la *Gazette*, M. Daudet composa son premier roman, resté inédit, perdu, *Léo et Chrétienne Fleury*. Il paraît que cette œuvre de jeunesse ne serait pas indigne de figurer dans la collection des livres du maître romancier. Elle contenait le germe de toutes les qualités qui se sont développées depuis. Un soldat

---

[1]. *Contes du Lundi.*

manquait à son devoir militaire pour remplir un devoir de famille ; il tombait victime d'une discipline impitoyable. Dans une correspondance entre frère et sœur qui ouvrait le roman, dit M. E. Daudet, l'auteur mit « tout ce qu'il avait de grâce, d'esprit, de fraîcheur de cœur, d'originalité de style. » Le livre lu un soir, dans cette religieuse famille antique, fit verser des larmes. Premier et bien heureux triomphe d'un écrivain naissant : émouvoir ceux qu'il aime, plus orgueilleux encore de voir grandir ses idées que touchés par les charmes de l'œuvre elle-même. *Léo et Chrétienne Fleury* aurait un prix extrême pour nous ; nous pourrions y saisir l'écrivain dans sa physionomie d'adolescent, toujours charmante, avant les luttes et les passions qui rident le front et assombrissent la pensée. Malheureusement, le manuscrit porté à Mayery disparut dans le naufrage de la *Gazette de Lyon*.

Pendant que ses fils s'essayaient, le père découragé abandonnait son commerce. Le fonds vendu pièce à pièce, il ne resta que des dettes, et Vincent Daudet alla tenter fortune à Paris. Après une dernière année à Lyon, bien occupée par les deux frères qui voulaient à tout prix achever leurs études, la famille fut dispersée. Le plus jeune partit le premier ; on lui offrait une place de maître d'étude au collège d'Alais où vivait encore le souvenir d'un de ses grands oncles, et comme il ne pouvait rester à la charge de ses parents dans la détresse, il accepta d'un cœur vaillant. M. Alphonse Daudet n'était pas bachelier ; le montant des inscriptions, alors considérable, faisant défaut, on avait remis cet examen à une époque plus heureuse, et cette époque ne devait jamais venir.

Départ triste ; la mère s'effrayait de laisser cet enfant

de seize ans seul chez des étrangers. Jacques pleura selon son habitude. Mais le Petit Chose était fier de gagner désormais sa vie et de pouvoir même dans une certaine mesure venir en aide aux parents. Tout cela « l'empêchait de songer, comme il aurait dû, aux trois êtres chéris qui sanglotaient là-bas, debout sur les quais du Rhône. »

La gracilité du nouveau venu étonna le principal d'Alais.—Mais c'est un enfant qu'on m'envoie, s'écria-t-il. Impossible avec cette faiblesse de contraindre à l'obéissance et au respect les robustes petits montagnards, habitués à baisser pavillon devant des êtres rudes comme eux. Que de tracasseries et de farces plus ou moins cruelles ! Un jour le pauvre pion, trahi par sa myopie, s'embarrassa dans une malle toute bardée de clous, méchamment jetée au milieu d'un escalier, et tomba sur les marches. Des amis, l'abbé Germane, dont la physionomie accentuée passe dans le *Petit Chose*, adoucirent cette vie pénible. Quelques enfants s'étaient aussi attachés au jeune homme en le voyant si doux, si triste, si voisin de leur âge ; la bonne figure barbouillée de l'un d'eux hante encore M. Alphonse Daudet. Pourtant le poète a conservé un souvenir amer du « bagne d'Alais » et de ses bourreaux. Les malheureux que la nécessité force au triste métier de maître d'étude auraient droit par leur jeunesse, leur courage et leur dévouement aux respectueux égards des petits. Parmi ces souffre-douleurs se sont rencontré de nos jours bien des esprits d'élite, par exemple M. Pasteur et M. Vallès.

Un jour enfin, M. Alphonse Daudet reçut de son frère une lettre qui l'appelait. On pense si le paquet fut bientôt prêt. Un billet de troisième, et en route ! A peine vêtu, au milieu des grands froids, le poète passa deux nuits en wagon et débarqua à Paris avec des caoutchoucs sur des bas de coton bleu.

« Les choses, comme les hommes, prennent la première fois où nous les voyons, une physionomie toute particulière qu'ensuite nous ne leur retrouvons plus. » C'est à propos de ses premières sensations parisiennes que M. Alphonse Daudet fait cette remarque profonde. « Le Paris de mon arrivée, continue-t-il, je n'ai jamais pu me le reconstruire. C'est comme une ville brumeuse que j'aurais traversée tout enfant, il y a des années et où je ne serais plus retourné depuis lors. » Mais ce qui reste toujours présent à la mémoire de l'auteur du *Nabab*, c'est le dévouement de la mère Jacques. — Logés successivement à l'hôtel du Sénat, garni plein d'étudiants où ils connurent Gambetta, puis dans les combles d'une maison de la rue Bonaparte, si proche de Saint-Germain-des-Prés qu'ils se croyaient dans le clocher, leur affection dora les misères du début. La mère Jacques se chargeait de toutes les corvées désagréables et reprenait rue Bonaparte, son rôle de Lyon. M. Alphonse Daudet avait bien essayé de rendre, lui aussi, quelques services au ménage commun, mais, un matin qu'il montait une cruche d'eau, il fut rencontré dans l'escalier par une dame qui ne put s'empêcher de sourire. Désormais, craignant les humiliations, il montra pour descendre la cruche une répugnance visible que son frère comprit : cette anecdote a été racontée avec beaucoup de bonne grâce dans le *Petit Chose*. Elle caractérise bien la coquetterie innée, et les dégoûts faciles de M. Alphonse Daudet.

Les *Amoureuses*, qui avaient obtenu dans divers salons un vif succès de lecture, venaient de paraître chez l'éditeur Tardieu : un petit volume à couverture blanche imprimée en rouge. Tout le monde sait par cœur les triolets des *Prunes*, souvenir d'un séjour chez des cousines, avant l'emprisonnement d'Alais. Le romancier se reporte avec complaisance aux rimes folles de sa jeunesse. Et pour caractériser ces notes de galoubet champêtre, gaies, douces, légères, ailées, de souffle un peu court : « C'est un chant de cigale, » dit-il volontiers. Ces vers sans prétention ont en effet l'accent du pays.

M. Edouard Thierry, dans un article trop élogieux, déclarait qu'Alfred de Musset mourant laissait son héritage de prosateur à M. Octave Feuillet, et sa plume poétique à M. Alphonse Daudet. Il suffit, sans écraser les *Amoureuses* sous de telles comparaisons, de constater une inspiration vraiment originale, quoiqu'un peu frêle. Je voudrais, sans citer les éternelles *Prunes*, donner le ton du poète :

> Vous souvient-il un peu de ce que vous faisiez,
>   Mignonne, au temps des cerisiers?
> Plus grands sont les amours, plus courte est la mémoire,
> Vous l'avez oublié, nous en sommes tous là;
> Le cœur le plus aimant n'est qu'une vaste armoire,
>   On fait deux tours, et puis voilà.
> Mais moi je me souviens (et n'en soyez surprise),
> Je me souviens pour vous de ce que vous faisiez....
> Vous faisiez (à quoi bon rougir?).. donc vous faisiez...
>   Des boucles d'oreille en cerise,
>   En cerise de cerisiers.
> Vous souvient-il d'un soir où vous vous reposiez,
>   Mignonne, sous les cerisiers?
> Seule dans ton repos! seule, ô femme, ô nature!
> De l'ombre, du silence, et toi... quel souvenir!
> Vous l'avez oublié, maudite créature,
>   Moi je ne puis y parvenir.
> Voyez, je me souviens (et n'en soyez surprise),
> Je me souviens du soir où vous vous reposiez...
> Vous reposiez (pourquoi rougir?)... vous reposiez...
>   Je vous pris pour une cerise;
>   C'était la faute aux cerisiers.

Cela n'est-il pas frais et croquant comme la cerise même ? Cette poésie buissonnière reste imprégnée d'un parfum d'adolescence. Elle a ce duvet des pêches qui s'envole au plus léger contact. Certes, on ne devine guère le prosateur puissant et délicat du *Nabab* dans ces échafaudages ténus, qu'on dirait en dentelles et qui tremblent au moindre souffle. Mais, dans les *Amoureuses* se révèle déjà la tendre imagination et l'ironie méridionale de M. Alphonse Daudet.

Attiré au *Figaro* par Villemessant, le jeune homme y écrivit quelques fantaisies. Ces contes dialogués, réunis aux *Amoureuses* ont pour cadre le pays bleu et sont empreints d'une mignardise assez déplaisante. L'auteur fait des efforts, danse sur la corde raide, trouve mille subtilités parfois spirituelles qu'il charge des papillons et des bêtes à bon Dieu d'exprimer ; oui, ces bestioles donnent bien l'emblème de cette fantaisie laborieuse. C'est, somme toute, un jeu enfantin. M. Emile Zola, deux ans après, débuta de la même manière. Quelques sots critiques ont encore aujourd'hui la manie de lui jeter au nez les *Contes à Ninon*. Et M. Zola, impatienté, tout rouge de colère, leur répond : — Je vais vous montrer de mes devoirs d'écolier qui vous plairont sans doute bien davantage. — Dans les essais des deux grands romanciers comtemporains, on remarque l'influence du Musset quintessencié qui a écrit *Fantasio*. Mais jusque dans ses marivaudages, le poète conserve un charme dont ses imitateurs n'ont pas hérité. M. Alphonse Daudet aurait pu faire de belles études au *Figaro* dont le personnel était curieux, mais aidé par le hasard, il fut bien aise d'échapper aux improvisations hâtives du journal en acceptant les offres de Morny. Charmé dans un salon par l'esprit du poète, le duc lui proposa une sinécure au Corps législatif pour qu'il pût se livrer à la littérature sans se préoccuper des nécessités de la vie matérielle.

L'Excellence pensionnait des lettrés comme les grands seigneurs d'autrefois. M. Daudet fit quelques objections. Il avoua naïvement, avec la chaleur de la vingtième année, ses opinions légitimistes. Le duc eut un sourire bienveillant. — Qu'à cela ne tienne : vous avez les idées de l'impératrice. — L'écrivain profita donc de ce loisir administratif.

Le dernier arrivé et le premier parti, il horripilait les autres employés par son abondante chevelure romantique. Dans les bureaux, il fit la connaissance de M. Ernest L'Épine qui a signé tant d'aimables fantaisies du pseudonyme de Quatrelles. M. L'Épine dirigeait le cabinet du duc de Morny. Ce grave milieu politique vit ébaucher bien des projets de collaboration théâtrale.

Mais ce frottement quotidien avec toutes sortes d'hommes et cette introduction dans la mêlée politique hurlante, effarée, donnèrent au jeune homme l'expérience et de plus les notes de son meilleur roman. Le profil de Morny, cet habile, ce raffiné décadent, se détache dans le *Nabab*, net et délicat, comme il apparaîtra aux historiens futurs. M. Daudet n'eut qu'à se louer de son protecteur, comme le prouve cette anecdote. Ayant publié à ses frais un volume de fantaisies, l'écrivain tardait trop à acquitter la facture; l'imprimeur impatienté envoya sa note au duc lui-même. En voyant le papier bleu déployé, M. Daudet comprit. Il redoutait une semonce. — Vous avez donc des dettes? mon cher Daudet, lui dit le duc, toujours avec son grand sourire. Tant mieux, car je commençais à vous trouver trop parfait. — Lors de la publication du *Nabab*, on a accusé M. Daudet d'ingratitude ; je crois même qu'il y eu, entre M. L'Épine et lui, une légère brouille à ce sujet ; dans les éditions suivantes M. Alphonse Daudet commente, par une *déclaration* placée en tête du volume, sa pensée cependant très évidente à première lecture.

« J'ai fait voir, en le mêlant de fort loin à la fiction de mon drame, le mondain qu'il était et qu'il voulait être, assuré d'ailleurs que de son vivant il ne lui eût point déplu d'être présenté ainsi. »

La santé de M. Daudet était très mauvaise à cette époque. Des crachements de sang, une toux sèche et continue faisaient craindre à ses amis une incurable maladie de poitrine. Son médecin l'engagea à passer en Algérie l'hiver de 1861-1862. Ces paysages ensoleillés, nouveaux pour lui, l'enthousiasmèrent. Au lieu de prendre du repos, il passa le temps en courses à cheval dans les campagnes des environs d'Alger, un bidon d'huile de foie de morue en bandoulière. Là-bas il ramassa de nouvelles forces et de nouvelles inspirations, tellement absorbé par la contemplation des horizons algériens qu'il prit à peine garde au succès de la *Dernière Idole*, une jolie petite pièce en un acte écrite en collaboration avec M. Ernest L'Épine. L'année suivante, il séjourna en Corse. Il en a rapporté plusieurs nouvelles dont la sobriété exacte et pittoresque n'a d'égale que chez l'auteur de *Colomba*. Les nuits passées dans un phare dominant les vagues, les longues journées sur la grève où le flot écume et où mugissent les vents de mer fournirent au conteur trop d'impressions pour qu'il ait dû regretter son voyage sanitaire. La cure n'était pourtant pas terminée : l'année suivante il fallut encore partir, mais la maladie, en reculant, permit d'abréger la course : M. Alphonse Daudet resta tout l'hiver en Provence. Les premières *Lettres de mon moulin* datent de ce temps. Elles ont été écrites dans une vieille masure, à moitié enfouie sous le lierre et la ronce, qui représente assez bien le moulin ruiné. C'est alors que, rappelant tous ses souvenirs du fond de son passé, les contrôlant en étudiant à nouveau les mœurs méridionales, M. Alphonse Daudet prit l'empreinte des Tartarin et des Roumestan. L'esprit du poète est une sorte de plaque photographique où viennent se fixer les images.

Après la mort du duc de Morny, M. Alphonse Daudet quitta l'administration et s'égara pendant quelques années dans la bohême du quartier latin. Là encore il se fournit de types inoubliables. Les ratés de *Jack*, impuissants, gonflés de projets superbes crevant au moindre choc, et jaloux de toute supériorité sont les portraits des originaux qu'il coudoya. Mais, somme toute, de 1861 à 1867, il travailla très peu, se contentant d'emmagasiner des provisions pour l'avenir. Deux ou trois petites pièces, en collaboration avec M. Ernest L'Épine, datent seules de cette époque : « Ma vie de ce temps-là, ouverte à tout vent, n'avait que des élans courts, des velléités au lieu de volontés, ne suivait jamais que son caprice et l'aveugle frénésie d'une jeunesse qui menaçait de ne point finir. » Le jeune écrivain risquait de stériliser ses dons précieux et de rester éternellement parmi ces compagnons dont il apercevait si bien les ridicules et les vices, lorsqu'un bon hasard décida de sa vie.

L'Alphonse Daudet de cette époque, avec sa figure brune, mate, et ses longs cheveux noirs, ressemblait à un oriental, à un de ces bohémiens auxquels il se compare et dont il menait la vie. « Une tête merveilleusement charmante ; la peau d'une pâleur chaude et couleur d'ambre, les sourcils droits et soyeux; l'œil, enflammé, noyé, à la fois humide et brûlant, perdu dans la rêverie, n'y voit pas, mais est délicieux à voir; la bouche voluptueuse, songeuse, empourprée de sang, la barbe douce et enfantine, l'abondante chevelure brune, l'oreille petite et délicate concourent à un ensemble fièrement viril, malgré la grâce féminine. » Il ne faut pas oublier pourtant en lisant ces lignes qu'elles sont signées Théodore de Banville; il est bon de faire la part d'une exagération naturelle, lyrique et quasi-méridionale.

A Ville-d'Avray, chez son frère, M. Alphonse Daudet rencontra mademoiselle Julia Allard, fille et sœur de poètes. Au bout de quelques semaines, il se mariait. « Comment cela advint-il? Par quel sortilège l'endiablé tzigane que j'étais alors se trouva-t-il pris, envoûté? quel charme sut fixer l'éternel caprice? Je vous le dirais si j'écrivais mes mémoires [1]. » Madame Alphonse Daudet appartient un peu à la critique, puisqu'elle a publié un volume: *Impressions de nature et d'art*. Quelle est donc cette « belle poudre, azur et or » qu'elle répand sur tous les ouvrages de son mari? Très lettrée, appréciant les écrivains de notre temps avec une sûreté et une finesse exquises, madame Daudet, dans ses souvenirs, s'efforce de trouver des expressions d'une ténuité égale à la ténuité de ses sensations et multiples comme elles. Il y a dans ses phrases une recherche à la Goncourt, moins de couleur peut-être, mais plus de délicatesse dans les demi-teintes.

Cette influence explique la marche du romancier vers les complexités de la forme. A dater de son mariage a commencé la période féconde de la vie littéraire de M. Alphonse Daudet; il l'avoue lui même avec beaucoup de bonne grâce et de plaisir, très différent en cela du

1. Préface du *Petit Chose*.

Bloncourt de *Robert Helmont* qui jalouse son fils et se refuse à reporter sur lui une part de ses succès. Madame Alphonse Daudet a régularisé ce travail capricieux, elle a fixé le bohême sur son œuvre. Sans elle, nous n'aurions peut-être jamais lu *Fromont*, *Jack*, le *Nabab*, *les Rois en exil*, *Roumestan* et l'*Évangéliste*. Du port, M. Alphonse Daudet contemple d'un œil apitoyé beaucoup de malheureux confrères en qui les ennuis de la vie quotidienne ont tué le talent. Je ne connais d'une pareille collaboration de tous les instants qu'un exemple. Dernièrement encore, M. Vallès, dans son *Vingtras*, donnait une preuve de la confiance infinie qu'avait Michelet « dans la compagne de sa vie et le compagnon de ses idées [1]. » L'anecdote fait sourire, en même temps qu'elle met « une larme d'émotion dans les yeux. » De même que madame Michelet, destinée non seulement à exécuter le testament de son mari mourant, mais à achever sa tâche, de même madame Alphonse Daudet, qui se dissimule, elle aussi, derrière la grande personnalité de son mari, mettrait la dernière main au livre interrompu par les hasards de la vie. Lorsqu'il préparait *les Rois en exil*, le romancier, malade, crachant le sang, n'espérait pas finir. Il avait beau se hâter d'une main fiévreuse, courageux à son œuvre comme un soldat à son poste de bataille, il craignait que la mort n'allât plus vite que lui. « Tu finiras mon bouquin, » répétait-il à sa femme. M. Alphonse Daudet devait échapper à cette crise. Mais le mot reste, mot héroïque, et c'est là un genre d'héroïsme qui en vaut bien d'autres.

Tableau charmeur devant lequel, au risque de froisser des pudeurs très respectables, je voudrais m'arrêter. Communauté de sentiments ; communauté d'idées ;

1. *L'Insurgé.*

deux poètes s'avançant ensemble dans la gloire. Ainsi que M. Ernest Daudet je voudrais pouvoir les montrer, assis aux deux bouts de la longue table de travail, pendant que dans le foyer le feu pétille, et que de l'un à l'autre leur dernier fils porte les pages raturées et humides d'encre. Comment un poète, dans ces conditions, n'écrirait-il pas des choses charmantes? Comment ne tirerait-il pas de ses entrailles des pages incomparables de vie et d'émotion. Entendre dans une autre pensée, et combien chère! l'écho de sa propre pensée, sentir qu'on a au moins un lecteur qui vous comprend tout, à qui rien n'échappe et qui ne vous lit pas rien qu'avec les yeux mais avec le cœur, voir se mêler sur les pages ébauchées, deux écritures appuyées l'une à l'autre, comme le lierre au chêne, et lorsque la vue erre, cherchant à saisir les images fugitives, n'apercevoir autour de soi que des choses familières, amies, que les yeux doux de la collaboratrice assidue ou les cheveux longs de l'enfant qui dans un coin joue! Mais c'est un rêve cela, le rêve de tous ceux qui tiennent une plume entre leurs doigts. Eh bien! ce rêve, M. Alphonse Daudet l'a réalisé. Les années de sa maturité lui paient amplement les misères de son adolescence. L'auteur de l'*Evangéliste* est un homme « heureux; » presque tous ses livres ont réussi; il a charmé la fortune dès son début comme il charme tous ceux qui l'approchent.

M. Emile Zola, lui aussi, fut forcé par la ruine de sa famille d'abandonner très jeune les pays du soleil et de gagner sa vie rudement. Ainsi que M. Alphonse Daudet, il n'avait pu terminer ses études et n'était pas même bachelier. Mais M. Zola n'avait aucune mère Jacques pour soutenir ses premiers pas, et ne séduisit aucun duc. Les

Contes à Ninon ressemblent aux *Amoureuses* et la *Confession de Claude* tient de l'autobiographie comme le *Petit Chose*. Mais, tandis que M. Daudet fut tout de suite l'enfant gâté du public, M. Zola ne vendit pas en dix ans mille exemplaires de son premier livre. Enfin, le succès des *Rougon-Macquart* ne se déclara qu'avec l'*Assommoir*, alorsque M. Alphonse Daudet, dès son véritable début comme romancier, en 1874, triomphait colossalement.

Qu'on remarque que les œuvres naturalistes marquantes sont toutes des œuvres de maturité. Lorsqu'il composait *Fromont jeune*, M. Alphonse Daudet, le plus heureux de tous, avait trente-trois ans.

Au contraire, presque tous les poètes de l'école romantique débutaient très jeunes, et souvent, je ne parle pas des géants, donnaient leur mesure dès le début.

Victor Hugo, à dix-huit ans, entrait à l'Académie des jeux Floraux pour des odes dictées plus par la tête que par le cœur, mais déjà gracieuses ou puissantes. *Moïse sur le Nil*, œuvre d'adolescent, semble d'une fraîcheur merveilleuse en face des poncifs du classicisme à l'agonie. A vingt-cinq ans, Alfred de Vigny écrivait *Eloa*. A vingt-quatre ans, Auguste Barbier claironnait les *Iambes*. A vingt-six, Brizeux faisait entendre ses plus beaux airs de flûte, les élégies suaves et caressantes de *Marie*. Enfin, Alfred de Musset, le plus précoce, le plus prodigieux de tous, lançait à dix-neuf ans au nez des classiques à perruque les gamineries géniales des *Contes d'Espagne et d'Italie*, *Mardoche*, *Don Paëz*, la *Ballade à la lune*, autant de pétards. C'est que le lyrisme et la jeunesse sont inséparablement liés. Pour un chant d'enthousiasme, un emballement dans le bleu, il est nécessaire d'avoir encore dans les veines les ardeurs de la vingtième année ; les vérités d'expérience, les vérités basses étouffent le lyrisme. Orphée doit marcher vivant « dans son rêve étoilé. »

Mais voyez combien Balzac tâtonne avant de trouver sa voie; il a beau entasser roman sur roman avec un étonnant courage. Il ne sort guère de la médiocrité que lorsque la première jeunesse est passée, lorsqu'il a enfin l'expérience de la vie, qu'il est mûr. Il faut avoir vu, observé, vécu, éprouvé des déceptions, goûté l'amertume des choses; il faut s'être sali dans bien des boues, garder au fond de l'âme un peu de la rancœur d'Alceste, pour donner du monde une image exacte et puissante. *Madame Bovary* est l'œuvre d'un homme dans toute la force de l'âge; Gustave Flaubert approchait de trente-sept ans lorsqu'il la publia dans la *Revue de Paris*. L'*Assommoir*, la première conception vraiment supérieure de M. Zola, date aussi de la trente-sixième année. M. Henry Becque a écrit les *Corbeaux* à quarante-cinq ans. Et l'on ne peut citer d'écrivains qui aient publié, jeunes, un excellent ouvrage d'observation : la jeunesse et l'expérience, termes contradictoires, s'excluent fatalement.

II

LE SENSITIF

M. Alphonse Daudet est de taille moyenne. Sa démarche hésitante trahit son extrême myopie. Sa figure mate aux tons de cire contraste vivement avec une broussaille de cheveux noirs qui retombent de tous côtés en longues boucles ; la barbe soyeuse se partage au menton en deux pointes. Le profil net semble découpé dans de l'ivoire par un ciseau grec ; les pommettes saillent ; l'œil, très noir, est humide et voilé.

De santé frêle, sujet à des chutes terribles, le romancier trouve dans ses nerfs une telle énergie que jamais les caprices du corps n'ont pu entraver le travail de l'esprit. Il y a des maladifs plus solides que des géants. Ce méridional s'enveloppe de laine à la moindre humidité. Il aurait dû vivre sous le soleil de Nîmes, à deux pas des arènes calcinées, et non dans les pluies de Paris.

La maladie des races trop vieilles revêt parmi nous bien des formes : entre tous M. Daudet est un névrosé. Un rien l'émeut, le bouleverse, lui donne des sensations aiguës. Cette exaltation s'identifie avec son talent même. Il a besoin de travailler dans la fièvre.

D'autres écrivains, de touche plus large, brossent avec plus de puissance des intérieurs ou des coins de rue ; leur calme exactitude n'oublie ni un son, ni une odeur ; tout chez eux, voulu, préparé de longue main, prend un relief extraordinaire. M. Daudet, lui, ne reste pas maître de sa plume ; le tremblement des doigts fait trembler les phrases ; sa prose a la vibration de la lumière et la trépidation de la vie. Tel que Dickens, le poète a l'air halluciné. Sans jamais sortir de la réalité, il laisse entrevoir les lointains du rêve. Ses sensations se prolongent en nous comme un écho affaibli que, par un effort de l'attention, nous entendons toujours. M. Emile Zola a très bien résumé ce tempérament en deux lignes : « La nature bienveillante l'a placé au point exquis où la poésie finit et où la réalité commence. »

Une telle nature a créé une méthode de travail spéciale. L'essence du talent de M. Daudet étant dans la vivacité de l'impression première, il a soin de fixer la sensation ou l'idée dans toute leur fraîcheur : s'il laissait couler le temps, tout s'estomperait, tout se noierait dans le vague. Le romancier, sitôt qu'un homme ou qu'une chose le frappe, prend au vol quelque note brève, sans se soucier d'élégance, ni même de correction. Le trait caractéristique, rien que le trait caractéristique. Souvent ce n'est qu'un profil à peine entrevu, un geste, une attitude, un regard. Peu à peu une multitude de petits cahiers s'emplissent sans qu'on y pense. Les notes se groupent autour d'un titre commun. Ainsi un calepin, plein de détails sur *l'homme du midi*, fut le principal élément de *Numa Roumestan*. Pour M. Alphonse Daudet, comme pour tous les littérateurs de race, le livre devient la préoccupation constante, machinale. De toutes ses excursions, même sans but, il rapporte un peu de miel à la ruche. Un artiste ne peut admirer un paysage sans l'accaparer. Grâce à son habitude d'annotations quotidiennes, M. Daudet, ainsi que tous les romanciers de l'école nouvelle, a le besoin du réel. Comme la nature de son talent le porte à aimer avant tout la *vie*, et que la vie ne se trouve guère dans les pures conceptions de l'esprit, toujours artificielles, il s'est donné cette règle invariable : ne rien raconter qui ne soit *arrivé* ; ne poser aucun personnage qui n'ait *vécu* ; ne décrire aucun milieu qui n'ait été *vu*. Que de recherches et d'esquisses préliminaires pour un roman ! On est loin de la facilité des pondeurs romantiques qui, sans notes ni plan, sans souci d'humanité, gâchaient en huit jours une rame de papier. Aussi les affabulations des Eugène Sue et des Dumas jonchent déjà le sol de ruines lamentables, car la solidité des fondations assure la durée d'un édifice.

Voilà M. Alphonse Daudet avec un amas de notes. En dépit de ses qualités d'observateur, s'il n'y avait en lui un artiste, de telles richesses se stériliseraient. Sur les matériaux frustes, il faut faire le travail de l'ébéniste assemblant les pièces d'un meuble, jouer du rabot et de la scie, enfoncer bien des clous, tailler bien des tenons. La plupart du temps un personnage se forme de morceaux ; je veux obtenir un être typique, l'orateur méridional, par exemple ; je fouille mes souvenirs, je dépouille mes notes ; ici je découvre un trait, là un autre trait ; à la fin mon homme se trouve sur ses pieds ; reste à lui souffler la vie. Ce travail d'élimination et d'adaptation est fort délicat et demande beaucoup de perspicacité, de tact et de science psychologique. Les détails pris à droite et à gauche ne doivent pas se détruire mutuellement.

Alors l'écrivain mûrit son œuvre, s'enferme en elle comme un chartreux dans sa cellule, creuse les caractères et les physionomies de ses bonshommes, apprend en vivant longtemps avec eux à connaître tous leurs secrets et toutes leurs habitudes de corps et d'esprit. Il est tellement obsédé par son œuvre qu'il en obsède ses amis. Il trouve, en réitérant ces récits, des idées, des effets, une intrigue simple. Cela fait partie de ses moyens de travail. Il faut, dit-on, avoir entendu M. Alphonse Daudet mimer son œuvre en admirable causeur pour comprendre les ressources de cette narration prise et reprise cent fois, pour saisir mille nuances que la lettre moulée ne traduit point.

Les personnages prêts, le lieu choisi, les chapitres en place, l'auteur se met à rédiger. Contrairement à la méthode de M. Emile Zola qui travaille posément, dans le calme, construisant ses phrases de tête avant de les fixer sur le papier, et, par conséquent, retouche peu, M. Alphonse Daudet écrit sous le coup de l'inspiration, incomplètement, à la grosse, sans ponctuation régulière, sans mettre tous les mots, courant à la vapeur d'un bout à l'autre du roman. Le livre vit tellement en lui qu'il s'acquitte avec joie de ce premier travail, facile pour sa « nature de trouvère. »

L'écriture achevée, le romancier recopie sa version primitive, la modifie avec un soin extrême de la forme, et les versions se succèdent, les copies s'amoncellent jusqu'à une rédaction à peu près satisfaisante. Si l'artiste s'écoutait, jamais le livre ne serait fini. Dans sa conscience, il passerait comme Flaubert six ou sept ans sur le même ouvrage, sans se contenter. Mais il a senti de bonne heure les inconvénients de cette excessive lenteur dans l'activité universelle de notre siècle. « Cela donne, dit-il spirituellement, une littérature de sourds, parce que les auteurs arrivent seuls à comprendre les finesses de leurs œuvres. » Pour éviter la stérilisation, M. Daudet livre à un journal ses premiers chapitres dès qu'ils sont terminés. Il se trouve forcé d'emboîter le pas du feuilleton. Je résume la méthode : M. Daudet travaille comme les peintres, *de visu*, et par apports successifs. Ici, il prend une aquarelle, là, brosse un tableautin, ailleurs, croque une physionomie en quelques coups de crayons. Il travaille invariablement en pleine nature. Toute la famille entreprend quelquefois de vrais voyages. Pour *Jack*, elle s'en va en caravane visiter les usines d'Indret, aux bouches de la Loire. Les esquisses amoncelées se coordonnent et se tassent dans une vaste toile.

Passons du général au particulier, de la théorie à l'exemple.

« Il faut, répète M. Edmond de Goncourt, prendre tous ses sujets autour de soi. *On ne décrit bien que ce qu'on a vu.* »

Après *Numa Roumestan*, M. Alphonse Daudet avait commencé un roman humoristique intitulé : *Trousseaux et Layettes*, lorsqu'un hasard lui livra la matière de l'*Evangéliste*. M. Albert Wolff, devançant l'auteur, a raconté dans le *Figaro* la genèse du livre.

Le fils du romancier achève sa seconde au lycée Louis

le Grand. M. Alphonse Daudet, sachant qu'une connaissance approfondie des littératures étrangères assure à un homme une supériorité immense, a voulu que son fils sût très bien et l'anglais et l'allemand. Les leçons du lycée étant insuffisantes, on indiqua à M. Daudet une dame étrangère, obligée de gagner sa vie, courageusement, malgré son âge, en donnant des répétitions. Ces détails suffirent, et c'est ainsi que le poète connut madame Ebsen. L'air accablé de la bonne dame, *sa large figure toute bouillie de larmes* captivèrent l'intérêt de M. Alphonse Daudet. Un secret instinct d'artiste non moins qu'une compassion profonde l'attiraient vers cette douleur. Un jour, dans une crise d'épanchement, la pauvre femme, sollicitée de questions, livra aux sympathies qui l'entouraient, le secret de sa vie : sa fille conquise par les illuminés protestants de l'armée du salut, abandonnée au tourbillon d'une prédication errante ; les sentiments *humains, filiaux* tués par l'exaltation religieuse ; une hystérie d'une espèce nouvelle sévissant et se communiquant, *la peste anglicane*. Et la mère pouvait à peine achever ce récit, coupé de sanglots.

Aussitôt M. Alphonse Daudet abandonna le plan de *Trousseaux et Layettes*. Il avait promis à madame Ebsen de la venger avec un peu de son encre émue et indignée. Mais il lui fallait étudier un monde jusqu'alors inconnu. Ses seuls documents étaient les lettres de la fille à la mère, si navrantes, si vides de sentiment, et permettant de suivre les progrès du mal religieux.

Ces pièces, dans leur brièveté, complétées par les confidences de la mère, permettaient à elles seules de reconstruire une âme. Cuvier n'a besoin que d'un os de mastodonte pour réédifier tout l'animal. Il suffit à l'artiste d'une des faces multiples de la physionomie humaine pour dessiner tout l'individu : le talent est là. Les lettres ont été reproduites, dans leur intégrité ; l'auteur n'y a ajouté ni un point ni une virgule ; c'est de la vie saignante. Les deux premiers personnages connus et campés, M. Alphonse Daudet a, sur place, étudié les milieux. Il a vu l'hôtel Autheman, visité Port-Sauveur, passé des heures dans la sévérité raide de l'oratoire, hanté les meetings évangéliques. Point imaginaires les aveux grotesques et pitoyables de Watson, ni la profession canaille du voyou bourré de citations bibliques.

Tout cela s'est passé en plein Paris contemporain, dans une « *atmosphère étouffante et démentielle,* » devant quelques loqueteux payés pour être sages et des pioupious entrés pour se chauffer. La passion du surnaturel qu'on croit éteinte par les progrès de la science est un feu qui couve ; il suffit d'un léger vent pour le réveiller.

Cette fois le vent vient d'Angleterre : c'est la secte hallucinée et hallucinante d'un pasteur wesleyen, William Both, qui, après s'être vu chasser de Genève et de Lausanne, essaie d'envahir Paris. Both, le maréchal Both, — tout est militairement hiérarchisé dans l'armée du salut, — a une fille jeune et jolie, Catherine Both, dont il a fait la prêtresse suprême des nouveaux croyants, la maréchale des prêcheuses. Les embrigadés ont un uniforme, reçoivent un salaire assez fort ; ils étaient naguère au nombre de 760 officiers et de 15,000 soldats. L'armée du salut a deux journaux, *The War cry,* qui tire à 200,000, et une petite feuille pour les enfants, *The Little Soldier.* Les recrues abondent dans les pays protestants. On racole de toutes manières. Des jeunes filles fort accortes, en uniformes, distribuent le catéchisme de William Both. De grandes affiches sang de bœuf s'étalent sur les murs : « L'armée du salut arrive ; sang et feu ! » On processionne ; on chante des psaumes ; on organise des confessions publiques ; l'hystérie se donne en spectacle. Il y a une école à Londres où l'on forme des prédicants, farcis de bible, libres de toute instruction humaine. Et, dans ces antres que M. Alphonse Daudet a si bien décrits, on tue en même temps les sentiments les plus naturels et les plus saints. Dieu seul et c'est assez. « Un père, une mère, un mari, des enfants déçoivent l'affection ; en tous cas, ils meurent. Y attacher son cœur, c'est faire un mauvais calcul [1]. »

Toutes ces observations de détail et tous ces renseignements, rassemblés autour des documents primitifs, formaient un monceau plus considérable que le volume. Il s'agissait de réduire, de mettre en place, et de dresser sur le tout la figure froide et puissante de l'*Evangéliste*. Cette physionomie aussi a dû être prise d'après nature, mais le romancier ne saurait l'avouer à l'heure actuelle. A ces éléments fournis par la folie protestante sont venus s'ajouter des impressions personnelles. Le retour de cimetière qui ouvre le livre est un récent et cruel souvenir.

M. Daudet, aussitôt ce premier chapitre paru dans le *Figaro*, l'apporta à madame Ebsen, au milieu d'une leçon. Pour ne pas perdre le temps de son élève, la vieille dame eut l'idée de lui faire traduire de vive voix ces quelques pages. Mais bientôt, étranglée d'émotion en pensant à sa fille, évoquée par l'auteur, elle arracha le journal, disant : Assez ! assez ! je lirai le reste chez moi ; ça fait mal.

1. *L'Evangéliste*, p. 71.

Mais la mère n'aura pas seule eu mal en lisant ce livre. M. Daudet a le don des larmes. Beaucoup plus que M. Octave Feuillet, il est le poète des femmes. L'auteur de *Sybille* s'adressait à des imaginations aristocratiques ; ses manières exquises, son esprit discret donnaient à ses œuvres une élégance qui captivait les duchesses. M. Alphonse Daudet par son humanité souffreteuse, par sa phrase imprégnée d'émotion, saisit le cœur de toutes les femmes qui sentent remuer en elles un besoin d'attendrissement, de dévouement pour les faibles et les malades; le poète les prend par ce qu'elles ont de meilleur, et fait vibrer leurs nerfs « comme des cordes délicatement résonnantes [1]. »

C'est cette veine attendrie qui longtemps a uniquement caractérisé M. Alphonse Daudet dans l'esprit de la critique. On lui déniait la puissance. L'aimable conteur des *Lettres de mon moulin* ne devait pas avoir en lui l'étoffe d'un romancier.

On le soupçonnait de souffle trop court pour des œuvres de longue haleine. La transformation manifestée par *Fromont jeune et Risler aîné* stupéfia la critique et la mit en colère. Quelle anarchie si tous les talents déjà classés, étiquetés, s'échappaient de leurs cadres ! on voulut ramener l'écrivain à sa chaîne. Vains efforts ! Trois ans après *Fromont jeune*, M. Alphonse Daudet publiait le *Nabab*. Il était sorti du conte pour n'y plus rentrer.

Des esquisses, ces contes. Une première mise en œuvre des notes.

Toute la vie du midi apparaît pour la première fois dans les *Lettres de mon moulin*. Où donc le chant des *Amoureuses*? Ce ne sont plus les grâces de son imagina-

[1]. *Les Rois en exil.*

tion qui inspirent seules l'écrivain, mais les paysages et les hommes. De poète subjectif il devient poète objectif. Les *Lettres de mon moulin* sont tout embaumées d'un parfum de lavande; on y voit déjà se déployer au son du tambourin les longues farandoles du *Nabab* et de *Roumestan*, garçons endimanchés, filles en jupes bariolées, et les cris d'enthousiasme s'égarent dans le bleu. Le méridionalisme, l'allure précipitée du récit accentuent la phrase originalement; et les contes se déroulent comme la farandole, mi-touchants, mi-joviaux, passant de l'élégie à la gaudriole d'almanach.

Ecrits au lendemain de la guerre, les *Contes du lundi* ont pris le deuil. De ci, de là, le canevas sombre se teinte d'une ironie ou d'une espérance. M. Alphonse Daudet a le patriotisme discret. Il pense que les nobles sentiments humains ne gagnent rien à être profanés par de gros cris. Il va droit aux cordes sensibles et profondes. Dans *Fromont jeune*, pour éviter un thème banal, il a transformé en Suisse son caissier Alsacien.

Les *Contes du lundi* renferment plusieurs petits chefs-d'œuvre, entre autres l'histoire du vieux cuirassier foudroyé par la vue des Prussiens dans Paris. Celui qui a imaginé un pareil drame, d'intérêt croissant comme une pièce bien ordonnée, qui a pu le conduire avec une naïveté de moyens et une vraisemblance admirable, sans fausse note, pouvait bâtir de savantes intrigues, s'il n'avait dédaigné les succès faciles.

Cette merveille de simplicité, de grâce et de force, tient en dix pages. Poignante également la partie de billard du maréchal. Sous le ton contenu, bout une indignation qui s'échappe en sanglantes railleries. Le style est exquis. L'auteur, sachant que le temps, quoiqu'en ait dit Molière, est indispensable à l'éclosion d'une œuvre belle, consacrait huit jours pleins à la composition et à l'écriture de chaque conte ; il ne se lassait pas de ciseler cette fine prose comme les Parnassiens cisèlent leurs vers.

Robert Helmont date aussi de ce temps. Lors de la déclaration de guerre, M. Daudet habitait à Champrosay l'ancienne maison d'Eugène Delacroix. Il venait de se casser la jambe, et, pris dans les éclisses, éprouvant des douleurs lancinantes, il percevait à travers son cauchemar le moindre écho des événements, batailles perdues, craquement de tout l'édifice. Assez guéri pour se faire transporter dans Paris, il eut, après la Commune, la vision de ce qui lui serait arrivé si son mal l'avait forcé à séjourner plus longtemps à la campagne. Cette existence emplie d'angoisses par le bruit lointain du canon et l'absence de nouvelles, cet isolement « de fourmi au ras de terre, au milieu du bouleversement d'un monde, » lui inspira le journal d'un solitaire. *Robert Helmont* parut en 1873, chez Dentu, accompagné d'études un peu disparates, qui semblent détachées des deux recueils précédents. Il y a dans le livre des coins de forêts tout verts et pleins de senteurs vivifiantes, de bruissements de feuilles, de pépiements d'oiseaux et de bonds de chevreuils dans les taillis. La vie des bois y est rendue avec un charme et une exactitude qu'envierait M. André Theuriet. Quelques-uns de ces paysages se retrouveront dans *Jack*. D'autres éléments essentiels du même *Jack* sont puisés dans les *Femmes d'artistes*, une série de nouvelles où la verve du méridional se donne carrière. L'auteur a vu dans sa jeunesse bien des couples mal assortis, des artistes qui ont épousé les maîtresses de leurs folles années, esprits bas et bornés ; des bourgeoises unies à des poètes et ne les comprenant pas plus que l'âne ne comprend le rossignol. Il a saisi ces profils grotesques ou touchants ; il a raconté ces vies gâchées par les entraînements irréfléchis du cœur. C'est le ténor mari d'une cantatrice, qui adore sa femme, mais exècre en elle l'artiste et la fait siffler ; c'est l'intrigante hissant à l'Institut un sculpteur médiocre et consciencieux dont la fortune s'attache au frou-frou de ses jupes ; c'est l'ancienne boutiquière qui montre mystérieusement à ses amies, comme les papiers d'une société secrète, les manuscrits de son poète : « Dire, ma chère, qu'il s'enferme pour écrire ça ! Des vers ! S'il imitait au moins son ami W*** qui rédige des feuilletons, ça ferait bouillir la marmite. » C'est un intérieur de bohême toujours semblable à un campement, où cinq grandes filles courent à droite et à gauche, pendant que le père travaille et que la mère dort dans son hamac perpétuel ; elles cherchent toutes quelque chose, qui son dé, qui ses aiguilles, qui sa dentelle, qui son crochet. Et comment les trouver dans le tohu-bohu ! C'est le faux poète d'Argenton cirant son irrésistible moustache et dressant d'un air fatal sa tête immense, vide de talent, mais pleine de vanité et d'égoïsme. C'est madame Heurtebise crucifiant le pauvre garçon qui l'a sottement épousée. Ces supplices intimes, cet accouplement de deux êtres dissemblables, sans une idée commune, vivant côte à côte pendant des années, étrangers l'un à l'autre, sont aussi cruels que des misères plus apparentes.

Voilà l'étoffe de bien des romans. De la note informe, qui est un embryon, sort le récit déjà très soigné en huit ou dix pages. Les développements accessoires s'ajoutent par couches successives ; la nouvelle enfante le roman. En étudiant la genèse des livres de M. Daudet, on voit s'élargir les plans primitifs. Ce talent qui grandit crève ses vêtements trop étroits. Dans les *Lettres de mon Moulin*, germe *l'Arlésienne* ; dans les *Femmes d'artistes* se trouve une première épreuve du pontifiant d'Argenton et de ses amis, l'empoisonneur Hirsch, l'homme qui a lu Proudhon ; dans *Robert Helmont*, deux études dessinent les principales physionomies du *Nabab*. On découvrirait bien d'autres traits à droite et à gauche, colligés dans les grandes œuvres, si l'on dépouillait en détail les volumes de contes et d'études : le procédé apparaît. Et ce ne sont pas seulement des types, mais de menus détails, des phrases, des effets que le poète a essayés et qu'il reprend plus tard pour leur donner toute leur valeur. En parlant d'un artiste tel que M. Daudet, on ne saurait trop insister sur ces moyens techniques qui révèlent les secrets de son esprit. Dites-moi comment un écrivain travaille et je vous dirai ce qu'il est. Quelques rapprochements.

On lit à la fin de l'étude intitulée, *la mort du duc de M**** : « Je l'ai revue plus lugubre encore cette chambre *de mort*. Les fenêtres grandes ouvertes. La nuit et le vent du jardin entrant librement dans un grand courant d'air. Une forme blanche sur un tréteau. *C'est* le corps qu'on venait d'embaumer. Le tête creuse, remplie d'une éponge, la cervelle dans un baquet. Le poids de cette cervelle était vraiment extraordinaire. Elle pesait... Les journaux du temps ont *donné* le chiffre, mais qui s'en souvient aujourd'hui ?... »

Telle est la note sur la mort du duc de Morny dans sa première rédaction.

Voici la seconde rédaction, à la page 362 du *Nabab*, fin du chapitre XVIII.

« D'autres que Jansoulet l'ont vue plus lugubre encore,

cette *pièce mortuaire*. Les fenêtres grandes ouvertes. La nuit et le vent du jardin entrant librement dans un grand courant d'air, une forme sur un tréteau : le corps qu'on venait d'embaumer. La tête creuse remplie d'une éponge, la cervelle dans un baquet ; le poids de cette cervelle d'*homme* d'*État* était vraiment extraordinaire. Elle pesait... elle pesait... Les journaux du temps ont *dit* le chiffre. Mais qui s'en souvient aujourd'hui ? »

J'ai souligné quelques petites différences entre les deux textes, pour montrer en quoi consiste le suprême travail : suppression de mots incolores et parasites ; banalités remplacées par des expressions sonores ; contrastes accentués. Ce mot « mortuaire » a dans ses syllabes je ne sais quel lugubre retentissement, comme le bruit du vent dans une salle où la mort a passé.

Autre exemple d'*effet*, tiré de plus loin :

Tout le monde, en visitant le Père-Lachaise, est frappé par l'expression surhumaine du buste géant de Balzac, œuvre de David d'Angers. Devant cette tête énorme un beau vers de la seconde *Légende des siècles* revient naturellement à la pensée :

Un poète est un monde enfermé dans un homme.

La *Comédie humaine* semble emprisonnée dans ce crâne titanique.

M. Alphonse Daudet a dû souvent s'arrêter, pensif, devant le maître, car cette image l'obsède. Dans un *Conte du lundi*, une page historique, la *Bataille du Père-Lachaise*, il a eu l'idée de rendre Balzac témoin des dernières convulsions de la guerre civile et des désordres des époques tragiques.

« J'évoquais cette nuit de mai, traversée d'obus, rouge de sang et de flammes, ce grand cimetière désert éclairé comme une ville en fête, les canons abandonnés au milieu du carrefour, tout autour les caveaux ouverts, l'orgie dans les tombes, et près de là, dans ce fouillis de dômes, de colonnes, d'images de pierre que les soubresauts de la flamme faisaient vivre, le buste au large front, aux grands yeux, de Balzac qui regardait. » C'est un exemple de ces phrases larges, harmonieuses comme de beaux vers par lesquelles M. Alphonse Daudet aime à finir ses nouvelles, laissant le lecteur sous l'impression d'un dernier coup grandiose, qui parfois résume toute la pièce.

Ouvrons encore le *Nabab* à la fin du chapitre XIX, les funérailles du duc de Mora. Jansoulet et Hémerlingue, subitement réconciliés, s'en vont au bras l'un de l'autre, suivant l'écoulement de la foule. L'idée du buste de Balzac qui domine le Père-Lachaise se présente aussitôt à l'esprit de M. Daudet. Le grand romancier sera encore témoin de cette scène ; son ombre planera sur ces profils grotesques ou grands.

« Et pendant que les deux silhouettes, l'une haute, carrée, l'autre massive et courte, disparaissaient dans les détours du grand labyrinthe, pendant que la voix de Jansoulet guidant son ami : « par ici, mon vieux... appuie-toi bien, » se perdait insensiblement, un rayon égaré du couchant éclairait derrière eux, sur le terre-plein, le buste expressif et colossal, au large front sous les cheveux longs et relevés, à la lèvre puissante et ironique, de Balzac qui les regardait... »

Dans les deux morceaux, la phrase a la même allure, la même coupe. On voit que l'auteur du *Nabab* a puisé dans les *Contes du Lundi*. Mais il a développé les indications originelles ; des traits vagues du premier Balzac se précisent et se complètent. Eh bien ! le poète procède toujours ainsi ; il traite les grandes choses comme des détails ; il revient sur ses crayons primitifs et les accentue.

Je n'analyserai pas des romans qui ont eu cinquante ou soixante éditions. Je me bornerai aux caractères généraux.

Une question bien simple donne sur un écrivain les renseignements les plus essentiels. Quels sont les personnages de ses livres qu'il reproduit le plus souvent et dont il caresse amoureusement la physionomie ? On a des chances pour retrouver en eux une image de l'auteur, plus ou moins atténuée. Hernani et Ruy Blas laissent deviner sous leur masque Victor Hugo lui-même ; Chatterton exprime les mélancolies et les aspirations d'Alfred de Vigny ; Rolla ou Don Juan symbolisent Musset ; M. Emile Zola s'est portraicturé dans Eugène Rougon, avide de puissance, trapu et musculeux, capable de porter un Etat, plein de confiance en lui et de dédain pour les faibles.

Or, les héros de M. Alphonse Daudet, ce sont les humbles ; les natures délicates et souffrantes, les nerveux, ces êtres frêles qu'un souffle brise, lui ressemblent ; son génie s'incarne dans la petite Delobelle, rêveuse et habillant ses oiseaux de plumes brillantes, avec un sourire d'attendrissement. Le romancier a mis dans cette création du cœur le meilleur de lui-même.

Et la pauvre boiteuse a bien des frères et des sœurs ; le petit Zara des *Rois en exil*, rachitique enfant d'une race épuisée, dont la maigreur et l'infirmité désolent la reine, incapable de porter une lourde couronne, de monter à cheval et de se ruer dans les batailles comme ses pères, emblème vivant « d'une grande vieille chose morte ; » l'Hortense de *Numa Roumestan*, traînant dans une société bête la féerie de ses rêves maladifs et les dernières ardeurs d'une vie qui faiblit ; le roi nègre Madou, exilé du soleil, emprisonné dans un air brumeux et dans les bassesses de la domesticité, tournant dans sa cage, obsédé par la vision du bleu, « le bleu de la mer voyageuse et du grand ciel ouvert. » Jack étouffé par la chambre de chauffe, expirant dans le lit banal de l'hospice, sans un mot de reproche pour sa mère, Jack a vécu. M. Alphonse Daudet a connu ce pauvre garçon, doux et pardonnant, en 1868, dans une villégiature près des bois de Sénart. La fantaisie d'un amant de sa mère l'avait jeté dans un métier manuel ; de constitution faible il s'épuisa à cette dure besogne et devint phthisique. Le malheureux déshérité avait conservé d'une éducation première très insuffisante quelques vagues notions ; il aimait passionnément à lire, et M. Daudet fut son initiateur, son premier maître. Envoyé d'abord à l'hôpital de la Charité d'où il sortit, grâce à un miracle de jeunesse, puis en Afrique où l'on comptait sur la médication du bon soleil, Raoul D***, — c'était son nom — expira à l'hôpital d'Alger, réclamant en vain un mot de sa mère. Point mauvaise et pervertie, cette mère que M. Alphonse Daudet a devinée à travers les confidences naïves du fils, mais d'une légèreté incurable, d'un esprit affolé d'oiseau. Après avoir lu *Jack*, Georges Sand écrivait à l'auteur : « Votre livre m'a tellement serré le cœur, que j'ai été trois jours sans pouvoir travailler. »

Impression poignante, mais qui ne naît pas de *Jack* seul. L'écrasement du Nabab sous l'injustice de tous ; cette bonne face de kalmouk aux grosses lèvres et au nez épaté se réfugiant enfantinement dans le châle de sa vieille mère paysanne ; les derniers coups de pied des civilisés à ce sauvage trop confiant, tombé dans la ville des coupeurs de bourses, ont je ne sais quoi de plus trag que encore et nous arrachent des larmes. Le sommet de la carrière littéraire de M. Daudet, ce roman. Ç'a été « l'heure de son plein été aux fleurs ouvertes, aux fruits ployant leurs rameaux d'or... » Avec sa multiplicité de personnages, sa vie grouillante nous trainant dans les milieux les plus disparates, ses changements à vue, son bourdonnement de ruche, le livre donne l'impression du fourmillement des foules. Dans ce monde affairé, haletant, fiévreux du combat pour la vie, Jansoulet se trouve perdu, noyé, et toute cette multitude le renverse et lui passe sur le corps. On a parlé de décousu, on a invoqué de prétendues règles, sans voir que M. Daudet n'abandonnait la route ordinaire que pour obéir à une loi supérieure de l'art, la loi d'harmonie entre le sujet d'un livre et les procédés de composition et de style. Ce n'est pas l'histoire d'un homme, mais l'histoire du monde officiel sous le second empire, si bien vu par le romancier de 1877. Le Nabab fait planer sur toutes ces têtes sa grande ombre de victime.

Encore une victime, et du même genre, que le Risler aîné de *Fromont*. Toujours la bonne et franche nature aux prises avec les perversions des êtres gâtés de la décadence. M. Daudet s'attache à faire ressortir ce type d'honnête homme, de commerçant loyal, aux larges épaules, aux manières un peu rudes, un peu gauches, aux lèvres charnues et souriantes, aux gros yeux doux. Gustave Flaubert aurait de préférence disséqué Sidonie.

Charles Dickens lisant le *Petit Chose*, y avait trouvé l'écho de sa sympathie pour les souffrants et les faibles. Comme lui, M. Alphonse Daudet s'est vu forcé, bien jeune, de gagner le pain quotidien; comme lui, il sait faire passer dans sa prose le grand souffle de la vie réelle ; comme lui enfin, dans ses tristesses juvéniles il a puisé le don des larmes. On a rapproché des chapitres ressemblants du romancier anglais et du romancier français, entre autres la scène de la crèche dans le *Nabab*, d'un épisode parallèle, tiré de *Nicolas Nikleby*. « Cela ne prouve qu'une chose, dit M. Daudet, c'est qu'il y a des esprits de même famille. »

De Dickens notre compatriote a hérité encore le goût du détail familier. Il est le poète du « home, » des logis bien clos où les têtes blondes ou grises, dans le calme de l'intimité, se dorent de la poussière lumineuse des lampes. Dédaigneux des banalités oratoires, il trouve un accent au moindre mot, une signification touchante à la moindre chose. Dans l'*Evangéliste*, les lunettes de grand'mère retrouvées au milieu des contes d'Andersen traduisent mieux que de longues phrases les ironies de la mort, la cruauté des interruptions éternelles. L'acuité de ces douleurs ne sera saisie que des esprits d'élite. La masse a l'épiderme trop épais pour saigner de ces fines blessures. Et les enfants ! comme l'écrivain les aime et les comprend ! comme dans ses livres on retrouve leurs courses folles, leurs grâces et leur gazouillement d'oiseaux ! Chez le photographe de *Robert Helmont* il y a un ébouriffement de têtes mignonnes ; la noire étroitesse du logement Joyeuse s'éclaire de la roseur des chairs neuves et saines, s'égaie du trottinement menu des petits pieds. C'est que M. Daudet aime son chez soi, et se repose des cris de la rue, au milieu des attentions et des confiances familiales ; il connaît le prix d'un sourire aimant. On l'a vu, dit M. Claretie, « chez le docteur Potain solliciter et attendre durant des heures, pour amener le médecin au chevet de son enfant malade. » Comme la reine Frédérique des *Rois en exil*.

De même que son profil, « d'une beauté fine et nerveuse de cheval arabe [1], » l'esprit et le cœur de M. Daudet ont une délicatesse aristocratique.

Le tempérament explique le style d'un romancier aussi bien que sa méthode de travail. Il n'était pas difficile de prévoir que M. Zola, nature pondérée où le sang et les nerfs restent en parfait équilibre, simplifierait la manière de ses livres de maturité et que M. Daudet suivrait la route inverse. Parti d'un style relativement simple, il aboutit à l'impressionnisme forcené des Goncourt. Il traduit seulement dans un paysage ou dans un groupe l'aspect qui le frappe. Voici une page de *Roumestan* très critiquée et très typique. « Une décoration verte de palmiers, de bananiers à longues feuilles immobiles sous les lustres, faisait un fond de fraîcheur aux toilettes des femmes alignées et serrées sur d'innombrables rangs de chaises. C'était une houle de nuques penchées et ondulantes, d'épaules et de bras sortis des corsages comme du chiffonnage d'une fleur entr'ouverte, de coiffures piquées d'étoiles, les diamants mêlés à l'éclair bleu des cheveux noirs, à l'or filé des crêpelures blondes; et des profils perdus, de santé pleine, en lignes arrondies de la taille au chignon, ou de fine maigreur, élancés de la ceinture serrée d'une petite bouche brillante au cou long, noué d'un velours. Les éventails, l'aile dépliée, nuancée, pailletée, voltigeaient, papillonnaient sur tout cela, mêlaient des parfums de white rose ou d'opoponax à la faible exhalaison des lilas blancs et des violettes naturelles. »

Imaginez un peintre de la nouvelle école en face de ces alignements de femmes. Il commencera comme le romancier par masser vaguement les verdures et,

[1]. E. Zola.

plus bas, les soies chatoyantes. Puis, il précisera, il distinguera des rondeurs de chair, des nuques et des épaules et les fera ressortir dans l'enchevêtrement des falbalas; il piquera d'une touche de pinceau des scintillements dans le noir des chevelures. Descendant par l'attention et l'analyse à d'autres détails saillants, il discernera des lignes pleines et grasses, des lignes sèches et roides, son œil sera tiré par l'éclat d'une boucle, la moire et le velouté d'un ruban, et chaque coup de pinceau particularisera l'impression générale. Par dessus tout cela, le sautillement des éventails, et le tour est joué.

Les dessinateurs sévères d'autrefois traitent d'escamotages les trompe-l'œil modernes. Il faut peut-être regretter plus vivement l'introduction dans les lettres des procédés de la peinture. J'ai dit ailleurs, après Sainte-Beuve, que cet art-là pouvait très difficilement lutter contre cet art-ci dans les figurations matérielles. Un juste pittoresque a sa raison d'être, mais ne saurait justifier l'anarchie de la phrase nouvelle. On s'est révolté contre la hardiesse des scènes et des mots de M. Zola, et l'on a pas remarqué qu'il est né « soldat de l'ordre, » combattant tant qu'il peut, au nom de « la grandeur simple du génie national », les tendances révolutionnaires de ses amis, M. Edmond de Goncourt et M. Daudet. Qu'est-ce que ce bout de phrase incompréhensible : « des profils perdus de santé pleine en lignes arrondies de la taille au chignon ou de fine maigreur, élancés de la ceinture serrée d'une petite boucle brillante au cou long, noué d'un velours. » Ce finale haché et sans harmonie nécessite une traduction : Parmi ces profils vaguement entrevus les uns, pleins de santé, s'arrondissaient en lignes grasses de la taille au chignon ; les autres élancés dessinaient une fine maigreur de la ceinture bouclée d'un brillant au cou long, noué d'un velours.

En littérature, l'abus du pittoresque conduit à l'obscurité.

Ce qui constitue l'originalité du style de M. Daudet beaucoup plus que ces tortillements de phrase, c'est la délicate originalité des images. Voici une légère tombée de neige à Blidah : « Dans cet air algérien si léger, si pur, la neige semblait une poussière de nacre. Elle avait des reflets de plume de paon blanc. Le plus beau, c'était le bois d'orangers. Les feuilles solides gardaient la neige intacte et droite comme des sorbets sur des plateaux de laque, et tous les fruits poudrés à frimas, avaient une douceur splendide, un rayonnement discret comme de l'or voilé de claires étoffes blanches. Cela donnait vaguement l'impression d'une fête d'église, de soutanes rouges sous des robes de dentelles, de dorures d'autel enveloppées de guipures... » Assez bizarre, mais si juste ! On a dans les yeux l'éclatante poussière blanche, le miroitement des prismes microscopiques et les tons chauds des oranges un peu voilés. Ne trouve-t-on pas avec raison ces descriptions « aveuglantes ? »

M. Alphonse Daudet a rendu avec un éclat féerique le flamboiement des usines d'Indret. Sa prose délicate se fortifie pour ces pages un peu rudes. Je ne connais guère d'irradiation plus intense que celle de la chambre de chauffe du *Cydnus* : un enfer à la lourde atmosphère traversée de souffles glacials. Tout cela sans grands mots creux, à force d'observations menues. La phrase a l'allure des êtres et des choses ; exemple, cet autre tableau très moderne : « au coup de sifflet, le train s'ébranle, s'étire, tressaute bruyamment sur des ponts, traversant les faubourgs endormis, piqués de réverbères en lignes, s'élance en pleine campagne [1]. » Chaque bout de phrase a les brusqueries, les entrechoquements, les « rebondissements [2] » d'un train au départ.

La caractéristique de ce style, c'est l'allure ailée, le sautillement perpétuel. Les périodes de M. Zola, massives et carrées, s'avancent puissamment en bon ordre comme une infanterie pesante; les phrases de M. Daudet voltigent dans la poussière comme une nuée de cavaliers arabes, burnous au vent, harcelantes et vite envolées.

Outre une vision spéciale, tout artiste a une manière de comprendre le monde, une philosophie, si l'on veut, qui lui appartient en propre. Il n'y a ni deux visages, ni deux cerveaux qui soient semblables. Mais les facultés d'un même homme ont entre elles un rapport étroit et mystérieux; derrière l'œil se cache l'organe de la pensée et l'idée derrière l'image.

On est encore obligé de revenir au tempérament. Lorsque M. Zola s'enferme dans un de ses personnages, et vit avec lui, il s'affecte surtout des sensations de son héros ; chez M. Alphonse Daudet le sentiment prime la sensation ; tandis que l'un des deux écrivains est surtout physiologiste, l'autre reste un psychologue. Les deux natures ne sont pourtant pas aussi tranchées que ces deux mots. Il n'y a là que l'indication de la faculté dominante. M. Daudet, qui se plaît surtout à étudier des états de pensée, réussira mieux que son rival à peindre les natures compliquées. Dans les êtres d'une certaine culture, l'instinct cède le pas au raisonnement, la sensation au sentiment : M. Daudet trouve en de tels sujets

1. *Les Rois en exil.*
2. *L'Évangéliste.*

de quoi exercer ses facultés. Félicia Ruys, Elysée Méraut, la reine Frédérique, Dargenton ou l'Evangéliste sont des produits d'une civilisation avancée, et non des êtres de premier mouvement. Les mille nuances de leurs pensées ne peuvent être rendues que par un délicat, aux sentiments affinés ; il y faut une finesse de touche qui exige de la souplesse et de la légèreté de main.

Ainsi, presque toujours, lorsque M. Alphonse Daudet a essayé de peindre les mœurs populaires, y apportant des délicatesses d'aristocrate, il a prêté trop facilement à ses créations objectives des sentiments tout personnels. Le Bélisaire de *Jack*, par exemple, a des sentiments trop déliés pour sa classe ; l'homme du peuple est presque toujours d'un mécanisme très simple, livré à son premier mouvement, et ses sentiments restent l'écho très affaibli de ses sensations. Il faut dans la peinture des basses classes une franchise de touche et une décision que n'a pas M. Daudet, un peu timide. Il avoue avoir toutes sortes de répugnances à risquer des mots crus. La scène du *Nabab* où Monpavon et Jenkins noient dans les latrines les papiers de Mora a coûté à l'auteur un mal énorme ; il n'a pu se résigner à appeler les choses par leurs noms [1]. De pareils dégoûts nuiraient à la franchise d'un roman sur le peuple.

Une des nouvelles de *Robert Helmont*, le *Singe*, contient en raccourci tout l'*Assommoir*. Peut-être M. Zola s'en est-il inspiré, en soufflant à l'idée première cette puissance à laquelle M. Daudet n'arrive que porté par son émotion dans les instants pathétiques. Il y a dans l'*Assommoir* des lueurs de cabaret et des reflets de bouteilles qui font penser à quelques lignes du *Singe*. « A travers les vitres troubles où les bouteilles rangées mêlent

[1] « Où étaient-ils ?... Saint-Simon seul pourrait vous le dire... »

leurs couleurs fausses, le vert vénéneux des absinthes, le rose des bitters, les paillettes d'or des eaux-de-vie de Dantzig, des cris, des chants, des chocs de verres viennent jusque dans la rue avec le tintement de l'argent jeté au comptoir par des mains noires encore de l'avoir gagné. » Le *Singe* esquisse la vie ouvrière, l'attente fiévreuse des pauvres femmes à la porte des usines, les jours de paie, leur guet le long des cabarets où l'ivrogne trinque avec ses camarades, pendant que les petits enfants pleurent de faim, les reproches criards au mari, meilleur au fond qu'il ne veut en avoir l'air. Si M. Alphonse Daudet avait utilisé ces indications comme tant d'autres, il aurait écrit un *Assommoir* assez semblable en apparence à celui de M. Zola, en réalité très différent. La petite femme souffreteuse et les enfants malingres auraient accaparé tout l'intérêt. Certes le romancier n'eût pas planté debout Gervaise, belle bête nonchalante, de chair amoureuse, aux lèvres rouges et friandes, aux bras potelés, aux hanches larges, descendant peu à peu jusqu'à l'abjection noire. Coupeau gueulard, grossier, d'intelligence éteinte, vomissant au coin des bornes, aurait effrayé l'artiste délicat. Mais le livre eût été plein d'une veine d'émotion à la Dickens ; les souffrances de Jack enfant, âme tenaillée par le destin, martyrisée par ce qu'elle a de plus cher au monde, la maladive résignation ou les pleurs nerveux d'une Delobelle populaire eussent attendri tous les cœurs. M. Alphonse Daudet ne saisira jamais qu'un côté du peuple, et le moindre, ses tendresses et ses douleurs. Les êtres instinctifs veulent être pétris en pleine pâte. Or, comme les natures distinguées auxquelles s'attache de préférence M. Alphonse Daudet forment une élite, noyée dans des flots vulgaires, le romancier a tracé bien rarement des tableaux d'ensemble. M. Zola, dans chacun de ses romans peint un large morceau de cette société du second empire dont il veut laisser l'idée. *Pot-Bouille* livre la bourgeoisie comme l'*Assommoir* avait donné le peuple de Paris, comme *Nana* raconte le monde des filles. Parcourez, au contraire, les romans de M. Alphonse Daudet.

Jack est l'étude très curieuse de l'avortement artistique : c'est un monde tout spécial.

Les *Rois en exil* ne sont guère qu'une suite de monographies. On trouve dans le livre l'existence des souverains dépossédés, brusquement transplantés dans le terreau parisien, livrés à tous les entraînements. Lorsque Nana ou Lantier s'élèvent jusqu'au type, représentent par leurs traits essentiels toute la race des courtisanes et des noceurs des barrière, Christian II, avec ses vices et ses faiblesses, n'est et ne peut être qu'un portrait particulier ; les ménechmes de la reine Frédérique sont rares, et l'on ne rencontre pas des ducs de Rosen ou des Elysée Méraut à tous les coins de borne. Le milieu où ces êtres s'épanouissent, ce faux luxe cachant les privations les plus dures, cette majesté dans l'infortune, semblable à une façade neuve couvrant les décrépitudes d'une maison en ruine, ajoutent au particularisme du tableau. Les historiens futurs trouveront ici un coin de Paris contemporain, mais rien qu'un coin.

Numa Roumestan se renferme dans l'étude du méridional, et d'un certain méridional, du midi et d'un certain midi. « Ma Provence, dit M. Emile Zola, celle dont l'âpreté ardente souffle encore sur ma face, a plus de rudesse, et le mistral gerce mes lèvres, brûle ma peau, emplit la vallée de sa dévastation, si terrible qu'il pâlit le ciel bleu. »

Dans l'*Evangéliste* M. Alphonse Daudet expose un cas de pathologie féminine, l'hystérie religieuse, et encore dans un monde protestant très spécial. Déjà les frères de Goncourt, dans *Madame Gervaisais*, avaient minutieusement décrit l'envahissement d'un cerveau malade par le mysticisme catholique de Rome. Comme eux, M. Daudet s'attache à des exceptions. L'influence des auteurs de *Germinie Lacerteux* se fait sentir. Mais, tandis que les Goncourt étudient jour à jour l'évolution morale de Madame Gervaisais, M. Alphonse Daudet passe trop brusquement sur les combats intimes d'Eline Ebsen. Les Lorie et les Romain prennent trop de place ; la victime de l'Evangéliste, pas assez. Le poète a cru devoir adopter pour ce livre un style simplifié, libre de longues descriptions inutiles ; rien que les milieux déterminants. Le roman a la sévérité froide d'un temple protestant. Je regrette seulement les épisodes jolis et distrayants. Plus de psychologie aurait nui au succès mais augmenté la valeur de l'œuvre d'art.

Ces études de natures compliquées demandent des années de recherches miscroscopiques. Autour d'elles, « tout est long, difficile, dit M. Edmond de Goncourt, diplomatiquement laborieux à saisir. L'intérieur d'un ouvrier et d'une ouvrière, un observateur l'emporte en une visite ; un salon parisien, il faut user la soie de ses fauteuils pour en surprendre l'âme, et confesser à fond son palissandre ou son bois doré [1]. »

M. Emile Zola veut dans ses *Rougon-Macquart* faire entrer l'étude du monde artistique. Il compte tout étudier depuis l'impuissance jusqu'au génie. L'analyse pénétrante d'un homme supérieur, aux ressources multiples, aux nuances infinies, serait peut-

[1]. Préface des *Frères Zemganno*.

être le *summum* de l'art. Mais une pareille besogne a de quoi effrayer. J'imagine que l'on examine le cas de Sainte-Beuve. Comment concilier son féminisme à outrance, très bestial, avec les délicatesses de son esprit ?

Vivant de préférence dans une humanité très raffinée, souvent saisie de manies élevées qui annihilent « les appétits de la bête, » dans la société d'en haut qui jusqu'en ses vices garde une élégance aimable, M. Alphonse Daudet n'a pas l'amertume qu'inspire le spectacle des hideuses plaies largement étalées. Sans doute ses dégoûts lui ont aussi fait détourner la tête systématiquement des bassesses et des vilenies. De là, l'optimisme qui se dégage de cette œuvre.

M. Alphonse Daudet trouve, comme Jean-Jacques, l'homme naturellement bon. Mais, trop observateur pour ne pas discerner le mal persistant et trop consciencieux pour le taire de parti-pris, il le crible de ses ironies. Il ne croit pas nécessaire de se fâcher à propos d'une méchante femme ou d'un méchant sonnet. Mais il n'est pas davantage Philinte. Il ne pactise pas avec la sottise et la laideur humaine. Il les explique et les fait bénéficier de circonstances atténuantes. Heureuse disposition d'esprit qui change en une gaîté nerveuse l'hypocondrie de la plupart des romanciers contemporains. M. Emile Zola ne peut « lire un journal sans pâlir de colère. » La raillerie constante de M. Alphonse Daudet me semble plus hygiénique et plus philosophique. De sa tendance à tout expliquer, à considérer l'être répulsif comme un malade à plaindre, M. Daudet garde une touche trop lumineuse. Dans ses toiles, ensoleillées comme des peintures d'Orient, on voit des ombres rares, courtes, peu appuyées. La gamme des teintes attristantes n'est qu'indiquée. M. Zola abuse de la physiologie. M. Daudet n'en use pas assez; son éducation scientifique reste incomplète. Il répugne à pénétrer avec Balzac, avec Flaubert et les Goncourt jusqu'aux bas-fonds de la créature humaine, et n'étudie que les parties nobles.

Lorsque dans la nature le beau moral manque, c'est dans son imagination que le romancier le va chercher. Il crée alors de toutes pièces des personnages touchants et gracieux à qui le souci du détail matériel donne une apparence de vie, mais rien qu'une apparence, car leurs perfections sont idéales. Telle l'Aline Joyeuse du *Nabab*. Pas une ombre à cette figure radieuse. L'amour d'Hortense pour le tambourinaire, dans *Roumestan*, est une faute de psychologie qui, par son romanesque, gâte les parties observées du livre. Cette fantaisie, du reste, loin de nuire au succès matériel d'un ouvrage, y contribue. Elle attire et retient beaucoup de lecteurs, et surtout de lectrices, qu'effraierait la continuité de l'observation, nécessairement un peu grave, un peu attristante, comme la vie. Mais, pour l'artiste, ces créations déparent les romans de M. Alphonse Daudet. Il y a là un compromis fâcheux entre l'ancien roman d'imagination pure et le roman d'histoire. Avec le temps les parties vieillottes s'accuseront. Autant de lézardes dans un vaste et élégant édifice.

III

LE MÉRIDIONAL

« Il y a de nos yeux dans les paysages ou les gens que nous regardons, » lit-on dans l'*Évangéliste*. La phrase inverse serait aussi juste. Personne ne conteste plus l'énorme influence des milieux. Il y a du soleil de Nîmes dans le style de M. Daudet.

Dans *Numa Roumestan*, le romancier a opposé l'homme du Nord à l'homme du Midi, il a montré combien était différente leur façon de sentir et de concevoir. Le méridional, gesticulateur et bavard, volontiers menteur, comme tous les bavards, en impose aux autres et s'en impose à lui-même, à force de faconde vaniteuse et de promesses inconsidérées. Il subit perpétuellement la griserie de la chaude atmosphère natale; comme dans certains miroirs, les choses et les hommes grossissent ou se dédoublent à l'infini dans ses yeux. Il prend à toute heure les moulins à vent pour des géants. Pour lui, un *Roumestan* est un grand homme ; sa joie atteint au trépignement, et se communique, ainsi qu'une traînée de poudre ; un rien devient un événement. Mais à cet exubérant enthousiasme correspondent des inimitiés aussi peu motivées. Les luttes du Midi pendant la révolution, et les premières années de ce siècle, avec leurs sauvageries, ressemblent à un égorgement de fous furieux ; ces hurlements et ces basses cruautés populacières relèvent de l'aliéniste.

Il y a des jours où un vent de folie souffle à travers les foules, surtout à travers les foules de là-bas. Mais en temps ordinaire, le méridional a heureusement une manière plus humaine, quoique tout aussi exagérée, de manifester ses hostilités. Ces jours-là, il donne un libre cours à son ironie, une ironie nerveuse, acérée, obsédante, qui ne ressemble pas à la blague parisienne. Tandisque celle-ci reste bonne enfant, la moquerie du midi s'arme d'un dard comme l'abeille.

Avec le don d'attendrissement, le don d'enthousiasme et d'ironie, qu'il a hérité de ses pères, caractérise M. Alphonse Daudet.

Une des grandes lois, indiquées par Flaubert dans *Madame Bovary* impose aux romanciers l'impersonnalité absolue. L'œuvre gagne en belle ordonnance, donne plus puissamment l'image de la vie réelle. Mais M. Alphonse Daudet ne peut se contenir. Il est tellement ému que son émotion déborde. Il faut que ses larmes coulent, cette expansion le soulage. Non qu'il use du moi, et coupe son récit par des pensées d'auteur comme Balzac. L'intervention est indirecte et se traduit par une allure exclamative. Le suicide manqué de Désirée qui veut engloutir dans la Seine son amour dédaigné, une des pages les plus émouvantes que je connaisse, est suivi d'une série d'exclamations. La toile baissée, le chœur prend la parole. « Oh! non, elle ne recommencera pas, monsieur le commissaire peut être tranquille. Il n'y a pas risque qu'elle recommence. Comment ferait-elle d'abord pour aller jusqu'à la rivière, maintenant qu'elle ne peut plus bouger de son lit? » Dans le *Nabab*, lorsque Jansoulet, indignement accusé par ses collègues, sort de l'assemblée, au bras de sa mère, le romancier laisse échapper en son honneur un chant lyrique : « Couple grandiose et rustique, s'écrie-t-il, les millions du fils illuminant la paysannerie de la mère comme ces haillons de sainte qu'entoure une châsse d'or, ils disparurent dans le beau soleil qu'il faisait dehors, dans la splendeur de leur carrosse étincelant, ironie féroce, en présence de cette grande détresse, symbole frappant de l'épouvantable misère des riches. » On sent l'apitoiement et l'admiration. Ailleurs, un personnage est chargé de traduire les sentiments de l'écrivain. Jack expire à l'hôpital, abandonné de sa mère, tendant en vain son oreille aux bruits de la rue. La malheureuse arrive enfin pour trouver son enfant mort :

« La mère eut un cri d'épouvante.

— Mort?

— Non... dit le vieux Rivals d'une voix farouche... Non... Délivré! »

Et dans le mot final l'auteur a résumé l'impression de ce livre de pitié, de colère et d'ironie, il a souligné les douleurs poignantes d'une longue agonie, il jette avec sa plume un cri de soulagement et sort de son récit comme d'un mauvais rêve. Il lui fallut longtemps pour se remettre de *Jack* il eut une véritable convalescence intellectuelle, sous les orangers et près des flots bleus de la Méditerranée. Dans ce cerveau épuisé par un récit déchirant, la sérénité des idées ne revint que peu à peu.

A ce prix seulement on écrit de grandes œuvres. L'artiste unit une sensibilité féminine à une mâle vigueur de pensée ; il a des joies et des douleurs d'une intensité inconnue des autres hommes. On s'est scandalisé sottement d'une phrase de Moreau de Tours : Le génie confine à la folie, sans considérer que l'exaltation cérébrale rompt l'harmonie entre le sang et les nerfs, et qu'en cette harmonie réside précisément la santé. D'ailleurs l'histoire est là. Les hallucinations de Balzac ressemblaient à de la démence; le frère de Victor Hugo mourut fou.

Les douleurs surtout s'incrustent dans l'esprit d'un sensitif, et des années après, la sensation des heures mauvaises se réveille au moindre contact, toute vibrante. Cruel privilège des grands hommes ! L'œuvre est alors une délivrance, on en souffre, mais on y verse le trop-plein de son amertume. Les Zola enferment les rancœurs de leur jeunesse misérable dans un livre noir de détresse et de vices, les Flaubert moquent leurs illusions avec le gros rire amer qu'on entend entre les lignes de *Madame Bovary*; les Daudet retrouvent dans les souffrances de *Jack* leurs peines d'adolescence.

> Ce n'est pas un concert à dilater le cœur,
> Leurs déclamations sont comme des épées,
> Elles tracent dans l'air un cercle éblouissant,
> Mais il y pend toujours quelques gouttes de sang.

Les impressions personnelles que M. Alphonse Daudet ne cherche pas à déguiser, loin de nuire au récit, y mettent de la saveur, un laisser-aller, une franchise qui ont leur charme.

Dans tous ces romans, mais surtout dans *Jack* et dans *Numa Roumestan*, le railleur de *Tartarin* larde continuellement de coups d'épingles les ridicules et les vices. C'est une moquerie nerveuse, redoublante, cruelle parfois, sans qu'il y paraisse ; elle laisse son aiguillon dans la plaie. Le poète s'acharne sur sa victime, et chaque coup de pointe la fait saillir, la grave davantage. La galerie des « ratés » vit. D'abord Delobelle, le raté du théâtre, vaniteux comme un paon, et, dans son égoïsme, trouvant naturel d'exterminer sa femme et sa fille, cabot, toujours cabot, posant jusque dans la douleur vraie, jouant l'enterrement de son enfant. « C'est la spécialité de cette race qui fait son étude d'interpréter la vie, de tout comprendre à faux et de garder dans les yeux l'optique convenue, sans ombre, des planches [1]. » — « A un moment Delobelle, n'y pouvant plus tenir, se pencha vers Robricart, qui marchait à côté de lui. — As-tu vu ? — Quoi donc ? — Et le malheureux père en s'épongeant les yeux murmura, non sans quelque fierté : Il y a deux voitures de maîtres [2]. » Puis le phénoménal Hirsch, raté de la médecine, inventeur d'une médication par les parfums, empoisonnant à force d'aromates les clients qu'il racole par aventure ; Labassindré, raté de la musique, se rengorgeant, tendant sa grosse bedaine, poussant à tout instant hors de son « creux » la note profonde spéciale, afin de se rendre compte qu'elle y caserne bien toujours ; l'anonyme taciturne, entouré de respect parce qu'il a lu Proudhon. Moronval, raté universitaire, exploitant ignoblement les exotiques qui doivent recevoir de lui une éduca-

---

1. Préface de *Fromont jeune et Risler aîné*.
2. *Fromont jeune et Risler aîné*.

tion parisienne ; enfin d'Argenton, raté littéraire, que M. Alphonse Daudet cingle d'épigrammes, non bénignement et le sourire aux lèvres, mais avec une âpreté, une colère spéciale. Le poète venge Jack sur ses bourreaux, comme il vengera le Nabab, comme il vengera madame Ebsen. Cette nature ardente, ouverte à tous les apitoiements, a besoin de prendre parti. M. Daudet a dû voir souvent dans son attitude pontifiante, le lyrique qui, devant un cercle de femmes tendant « leurs becs roses, » récite sempiternellement son *Credo de l'amour*.

Moi, je crois à l'amour comme je crois en Dieu.

L'habit noir bien taillé, les moustaches cirées et les cheveux pommadés comme ceux d'un perruquier ajoutent à l'irrésistible séduction du personnage. « Sa foi en son génie est telle, écrit l'auteur de *Jack*, que s'il s'est vu peint en pied dans mon livre, solennel, noir et sinistre comme un huissier de campagne, il a dû sourire dédaigneusement, et dire : C'est l'envie [1]..... » Malade imaginaire, gorgé de tisanes, nerveux et fantasque comme une jolie femme, criblant ses confrères de mots « féroces, » il rapporte tout à lui, naïvement, et passe des heures à se contempler et de plus longues à s'anéantir dans une douce fainéantise.

D'Argenton sort des *Femmes d'artistes*. Mais ce grand front génial apparaît déjà dans le *Petit Chose* : « Une fois par semaine, nous avions à dîner avec nous un poète très fameux dont je ne me rappelle plus le nom, mais que ces messieurs appelaient *Baghavat*, du titre d'un de ses poèmes. Ces jours-là, on buvait du bordeaux à dix-huit sous ; puis, le dessert venu, le grand Baghavat récitait un poème indien. C'était sa spécialité, les

---

1. Préface de *Jack*.

poèmes indiens. Il en avait un intitulé *Lakçamana*, un autre *Daçaratha*, un autre *Kalatçala*, un autre *Bhagiratha*, et puis *Çudra*, *Cunocépa*, *Viçvamitra*..... mais le plus beau de tous était encore *Baghavat*. Ah ! quand le poète récitait son *Baghavat* toute la salle du fond croulait... En somme, ces poèmes indiens se ressemblaient tous. C'était toujours un lotus, un condor, un éléphant et un buffle; quelquefois, pour changer, le lotus s'appelait lotos, mais, à part cette variante, toutes ces rapsodies se valaient: ni passion, ni vérité, ni fantaisie. Des rimes sur des rimes. Une mystification... » On a imprimé un nom au bas de ce malicieux portrait; on a désigné, au grand déplaisir de M. Daudet, un des maîtres de la poésie néo-romantique. Le romancier a peut-être emprunté à M. Leconte de Lisle quelques traits purement extérieurs; il a pu s'égayer de certaines restitutions d'orthographe; on conçoit qu'un écrivain tout moderne, un fin parisien ne se sente pas à l'aise dans les mondes exotiques de M. Leconte de Lisle, mais M. Alphonse Daudet a trop de sens critique pour ne pas apprécier la largeur de verbe et l'attitude sereine, grandiose, olympienne de l'auteur des *Poèmes barbares*.

Après les ratés, ce sont les méridionaux qui ont été les plus persiflés par leur faux frère. La raillerie se promène de la famille littéraire d'élection à la famille d'origine : pas bien méchante, d'ailleurs. Le poète semble parfois rire de lui-même autant que des autres. L'épopée de *Tartarin*, sorte de Don Quichotte, terrible en paroles, toujours bardé de coutelas, et forcé un jour, pour l'honneur de son nom, de remplir des promesses imprudentes, est une charge, superbe de bonne humeur. Le héros de Tarascon part, au milieu des fanfares, mécontent de lui-même, mais parlant de tapisser la ville avec des peaux de lion. En Algérie, le bonhomme, volé, dupé, est bien heureux de tuer un pensionnaire aveugle de ménagerie. Sans demander son reste, l'enthousiasme suffisamment refroidi, Tartarin rentre dans sa bonne ville, obstinément suivi par un dromadaire fidèle. Il ne songe qu'à se glisser obscurément chez lui, craignant les risées. Stupéfaction. L'orphéon l'attend à la gare, ainsi que les autorités ; le bruit des exploits du tueur de lions s'est répandu, décuplé par l'exagération méridionale. Et zim, boum, boum. En avant, la musique ! Cris et farandoles, nopces et festins.

Même exaltation lorsque le député d'Aps, Numa Roumestan, un beau parleur sonore et vide, vient jouir de ses vacances. Pluie de fleurs, voiture dételée, entrée triomphale, courses dans les arènes. Roumestan est un Tartarin ramené aux proportions de la vie réelle. Il réalise le type du ministre prometteur : bureaux de tabac, places de garde champêtre, de percepteur, lignes de chemin de fer, églises, routes, canaux, il promet tout, ne doute de rien, ne songe jamais au quart d'heure de Rabelais. Naïvement effronté, il se joue de tout le monde, même de la loyale femme que ses mensonges et ses trahisons écœurent et font saigner. Joie de rue, douleur de maison. Le romancier a fortement opposé les deux caractères du mari et de la femme, l'une contenue, pleine de chaudes tendresses sous sa réserve apparente ; l'autre, emporté par des brusques fougades, charmeur, enthousiaste et pétillant de verve, mais sans consistance, sans fond : nord et midi.

M. Alphonse Daudet se sert du langage de là-bas pour courir sus à ses compatriotes. Té ! vé ! comme il se moque des imaginations exultantes et du mirage chronique ! Les phrases ont la saveur du terroir; toutes les syllabes se détachent et les *e* muets s'accentuent. Les méridionaux sont fouettés avec des verges coupées par eux. On voit voltiger sur toutes les pages l'ironie d'outre-Loire, ailée et bourdonnant dans le soleil d'or.

LIVRE IV

M. ÉMILE ZOLA

« Un cactus de Provence poussé avec ses hérissements et ses épines entre deux pavés parisiens. »

Voilà comment un romancier qui sent encore les piqûres du cactus définit M. Emile Zola. L'image, ingénieuse et juste, tient compte à la fois de la race, du tempérament et des impressions décisives de la première jeunesse.

L'auteur de l'*Assommoir* est de taille moyenne, trapu, de courte encolure et d'épaules larges. Un front haut et droit ; des yeux bienveillants ; un nez d'abord très gros, aux fortes narines, qui prend une extrême finesse en s'amincissant ; des lèvres épaisses, l'inférieure un peu avançante et ironique ; des joues grasses ; un menton carré et puissant, mais trop brusquement terminé ; une barbe et des cheveux bruns, coupés en brosse. Les jambes paraissent frêles comparées à l'ampleur du buste. La lourdeur générale des membres s'harmonise avec la puissance un peu lente et la patiente volonté de l'écrivain. « L'ensemble, écrit M. Alexis, rappelle assez la physionomie d'un de ces soldats romains qui conquirent le monde. »

La parole est lente et douce, un peu zézayante; le front qui se plisse à l'infini reflète la moindre accentuation.

J'ai vu M. Zola dans son cabinet de Médan, revêtu d'habits d'hiver en plein été; pantalon et veste en velours marron, un foulard blanc négligemment attaché au cou, jouant avec un lorgnon dont sa myopie se passe volontiers.

L'expression parfois dure de cette physionomie indique bien des souffrances passées auxquelles les illusions sont venues se briser une à une. Dans tout poète amer se cache un rêveur tendre. La méchanceté et la bêtise humaines ont aigri, pour le plus grand bien de la littérature française, l'optimiste des *Contes à Ninon*.

Les *Rougon-Macquart* sont imprégnés d'une morosité forte. Toutes les pages vibrent d'une sourde colère. Sous le naturaliste couve un satirique contenu. Dans *Pot-Bouille* percent bien des sarcasmes. La misanthropie domine le romancier jusqu'en ses velléités d'optimisme[1]. Le dégoût et l'indignation d'un homme pour qui la vie a été dure éclatent dans ces livres où le « révolté » jette à la tête de la société toutes ses hontes hypocrites.

D'ailleurs, ce critique violent, ce romancier âpre, reste assez apathique dans la vie courante. Ce n'est pas un homme d'action, mais un homme de rêve. La nature a de ces revanches. Plus d'un audacieux novateur n'use de volonté que pour arriver à son but, indifférent à tout le reste. Quand on dépense son activité sur un point et qu'on infuse à son œuvre le sang de

---

[1]. Voir *Au bonheur des dames*.

ses veines, on a besoin de repos, de calme, on se refuse au mouvement. M. Zola craint toute décision, et ne cherche à dominer que dans les choses de l'esprit. Il n'est pas voyageur. Il dit lui-même en souriant qu'arrivé dans une ville, au lieu de la visiter, il déploie son papier sur la table d'auberge et se met à écrire.

Il passe sa vie à Médan. Son cabinet, haut de plafond comme une église, occupe tout un étage de la maison. D'un côté, s'ouvre une large baie cintrée qui donne sur un balcon. Les petites vitres de l'immense fenêtre ressemblent à celles de certains palais du xv° siècle ; du côté opposé, des vitraux de couleur laissent filtrer dans la pièce un jour tamisé. Au fond, de ce même côté, s'étale un divan très bas dans une large alcôve encadrée par deux portes. Au-dessus du divan, une sorte de tribune, un second étage pratiqué dans la chambre même, et où l'on monte par un escalier dissimulé, à gauche. Cette tribune, éclairée, elle aussi, comme l'alcôve, par des vitraux de couleur longs et étroits, est garnie d'armoires qui servent de bibliothèque. La pièce s'encombre de meubles riches, d'armures suspendues aux parois. Deux immenses magots en bronze se dressent entre le divan et le secrétaire. M. Zola est romantique chez lui ; il affectionne les chinoiseries et les bibelots du Japon. Ce goût lui a sans doute été légué par M. Edmond de Goncourt, grand amateur, ou par Edouard Manet, cet enlumineur japonais très original, égaré parmi nous.

Le balcon plonge sur de superbes campagnes, largement arrosées et de verdure luxuriante. La sève déborde et gonfle les arbres comme dans le Paradou. Rien ne manque à la vue, ni les vastes pâturages où beuglent les grands bœufs enfouis au milieu des herbes hautes, ni le frisson des feuillages, ni la gaité des toits rouges, éclatants sous le soleil, ni le scintillement de la rivière qui féconde des champs plantureux. L'œil se perd dans les lointains lumineux, dans les bleus infinis. Harmonie, calme, douceur, puissance, toute la fertile nature. Un train qui passe avec son fracas sourd et métallique, les coups de sifflet de la locomotive, le panache de fumée se perdant dans l'azur mettent une note aiguë, moderne, vibrante, au milieu de cet horizon serein. C'est notre vie à toute vapeur, le siècle emporté par l'irrésistible mouvement de la locomotive, cette activité, cette force du génie de l'homme que M. Zola veut peindre.

LES DÉBUTS

M. Emile Zola naquit à Paris, le 2 avril 1840, d'un sang beauceron et italien [1].

Son père, d'abord soldat, puis ingénieur, s'était fixé dans le midi de la France, après de longs séjours à l'étranger. Il fournit d'eau la ville d'Aix en creusant un canal qui a gardé son nom. Ce fut l'œuvre capitale de sa vie, son idée fixe ; elle lui coûta dix années de démarches et d'efforts ; il mourut à la peine.

L'hérédité explique donc l'acharnement au travail, la continuité de plan qui caractérisent le romancier.

François Zola, en mourant, laissait à sa femme et à son fils, à peine âgé de sept ans, de lourds embarras d'argent, une entreprise inachevée. Les corbeaux s'abattirent sur la maison, attirés par l'odeur du

---

[1]. La famille était originaire du Frioul, — une Italie semi-germanique. — Il y a plutôt de l'allemand que de l'italien en M. Emile Zola.

cadavre. Il y eut des procès mal engagés, perdus ; bref, la fortune de la famille y passa. On fut obligé de vivre avec parcimonie et de se servir soi-même.

Les plus lointains souvenirs de M. Emile Zola remontent à cette époque. La mort de son père, dans le tohu-bohu d'un hôtel, à Marseille, lui a dicté une page touchante.

La vie de l'enfant, dans un intérieur modeste d'Aix, au milieu des grands parents maternels accourus de leur lointaine province, sous les yeux de cette mère qui devait assister aux luttes et aux succès de son fils, fut très heureuse et très libre. Au collège d'Aix, M. Zola rencontra ses premiers amis, Cézanne et Baille. Dès sa douzième année, le futur auteur des *Rougon-Macquart* dosait le travail, et ce système de marches modérées, qui permet les grands voyages, lui réussissait déjà.

On se délassait par des promenades ou des parties de chasse à trois, prétextes à de longues causeries coupées par la déclamation des poètes. Qu'auraient-ils chassé ? la campagne provençale est si pauvre en gibier que les bourgeois désireux d'utiliser leur poudre jettent en l'air leurs casquettes et les criblent de plomb. Les trois amis s'oubliaient le plus souvent sous un arbuste, à l'ombre, les jours où l'ardent soleil de Provence, flamboyant au fond d'un ciel obstinément bleu, emplissait l'atmosphère d'une poussière d'or. Et là, dans le large silence de la campagne assoupie, ils scandaient des vers. Par la pluie ils se réfugiaient dans quelque grotte ou dans une chambre d'auberge isolée et discutaient en regardant tomber l'averse. De la contemplation habituelle de ces horizons brûlés et poudreux où souffle parfois un vent âpre, M. Zola a gardé un sens très vif de la nature et surtout de la nature ardente du midi.

Les métaphores et les sonorités d'Hugo ravissaient les collégiens. Mais l'un d'eux dénicha les *Contes d'Espagne et d'Italie*, et leur admiration se déplaça. « Je crois, remarque M. Zola, que Musset nous séduisit d'abord par sa crânerie de gamin de génie, puis, la profonde humanité qu'il dégage acheva de nous conquérir. Par-dessus ses rires et ses farces d'écolier, ses larmes nous gagnèrent ; et il ne fut ainsi tout à fait notre poète, que lorsque nous pleurâmes en le lisant [1]. »

Ces années heureuses où le cœur de l'adolescent est si facilement conquis par les poètes, parce qu'en lui vit la poésie même, s'écoulèrent trop vite.

La famille Zola, de plus en plus gênée, perdue en des procès interminables, changeait de logis à mesure que les dettes augmentaient et que les ressources devenaient plus minces. On passait d'une maison pauvre dans une maison plus pauvre. M. Zola qui, au sortir de la troisième, avait opté pour les sciences, achevait sa seconde, lorsque sa mère lui écrivit de Paris : « La vie n'est plus tenable à Aix. Réalise les quatre meubles qui nous restent. Avec l'argent, tu auras toujours de quoi prendre ton billet de troisième et celui de ton grand-père. Dépêche-toi. Je t'attends. »

Boursier au lycée Saint-Louis, le jeune homme y acheva sans succès ses études. Deux de ses professeurs, M. Levasseur et M. Etienne, lui accordèrent quelque attention. Mais les juges du baccalauréat le déclarèrent tout à fait nul en littérature. Comme il se présentait une seconde fois à Marseille, en novembre 1859, on ne l'admit pas même à l'examen oral. M. Zola allait avoir vingt ans. La littérature le prit et le garda. Malheureusement les lettres ne font pas toujours vivre.

1. Documents littéraires. *Etude sur Alfred de Musset.*

Pendant deux années de vie misérable, il coudoya et apprit à connaître les ouvriers parisiens. Étrange compensation ; sans la misère, il n'eût peut-être jamais écrit l'*Assommoir*. Traînant de garni en garni, rimant des vers médiocres, écrivant quelques-uns des *Contes à Ninon*, il fut à même de descendre au fond de toutes les détresses et de tous les vices.

« Toutes les douleurs cruellement vraies de l'*Assommoir*, raconte M. Claretie, ce gros bourgeois des environs de Paris les a ressenties, soit dans cette triste maison qu'il habita, dans le faubourg Saint-Jacques, rue Pépinière, actuellement rue Daguerre, la haute maison noire, peuplée d'ouvriers pauvres, qu'on retrouve décrite dans l'*Assommoir* ; soit rue Gracieuse, au haut de la butte Saint-Victor, où il logea dans le « *grenier de ses vingt ans* ; » jeunesse triste, laborieuse et misérable. On rencontre dans l'*Assommoir* un croque-mort nommé *Bazouge*. Ce croque-mort Zola fut son voisin. Dès 1869, le romancier traçait ainsi le portrait de son ami Jacques, qui, le manteau agrafé sur l'épaule, le chapeau rejeté en arrière, « me jurait, dit-il, de me porter en terre, lorsque le moment serait venu, avec une douceur de main presque amicale. »

Il s'enivrait aussi, le croque-mort. C'était un croque-mort qui avait des tristesses : « Quelques litres et un morceau de brie sont des consolations suprêmes en pareil cas. » Un beau jour il mourut. « J'avais dans mon grenier, dit Zola, un vieux coffre dont le bois, rongé par les vers, tombait en poussière noirâtre. » Ce coffre servit de bière à Jacques, et lorsque les employés aux pompes funèbres descendirent par l'étroit escalier, l'étrange cercueil de ce mort, on entendit les gamins de la rue Gracieuse s'écrier gaiement ; — et tant de réalisme influa certainement sur le fantaisiste des *Contes à Ninon* :

— Allons ! le croque-mort est croqué[1]. »

Les misères de vingt ans s'accouplent. Un soir de neige, M. Zola, soucieux, traversait la place du Panthéon au bras d'une femme. Rien à manger, pas de prêteur. Le poète défit son paletot : Tiens, porte ça au Mont-de-Piété ! Et il remonta ses cinq étages. Le Mont-de-Piété devint sa ressource ; tout y passa, jusqu'aux vêtements les plus indispensables. Enveloppé dans les couvertures de son lit, M. Zola « faisait l'Arabe » pendant des semaines. Il déjeunait avec quatre sous, souvent il ne dînait pas.

En décembre 1861, M. Boudet, de l'Académie de médecine, trouva moyen de secourir le débutant sans le blesser. Lui glissant un napoléon dans la main, il le pria de porter à domicile des cartes de visite. Malgré ces revers, M. Zola, point découragé, imaginait un poème cyclique « résumant l'homme et la nature. »

La trilogie était à peine commencée que M. Boudet introduisit l'auteur dans la maison Hachette. Bientôt chargé du service de la publicité, M. Zola fit quelques utiles connaissances dans le journalisme.

Vendant du papier toute la journée, il en noircissait

---

[1]. J'avais lu, dans les *Nouveaux contes à Ninon*, sans y attacher d'importance biographique, la nouvelle intitulée : *Mon ami Jacques*. Une fantaisie délicieuse où tremblote une larme. Au lendemain de *Nana* — le drame, — une chronique de Claretie me fit revenir sur ma légèreté première, chronique si précise que je me décidai à en citer la fin. Or, aujourd'hui, je suis désolé de contredire M. Claretie ; M. E. Zola n'a jamais cohabité avec un croque-mort. Et si je maintiens la romantique légende, c'est pour mettre le public en garde contre la fidélité scrupuleuse des anecdotiers.

le soir. Un jour même il eut l'audace de déposer sur le bureau du père Hachette une copie de son *Amoureuse comédie*, un pastiche de Musset : ses illusions poétiques ne s'étaient pas encore envolées.

Le lendemain, il arriva tout ému. Hachette, qui trottait continuellement par la maison, ne lui dit pas un mot du manuscrit. A la nuit seulement, il appela son employé et lui rendit l'œuvre avec des éloges. Les libraires n'aiment point que leurs commis griffonnent. Pourtant, par acquit de conscience, Hachette demanda plus tard à M. Zola un conte en prose pour un journal d'enfants. Le jeune homme écrivit *Sœur des pauvres*. Croyant voir là-dedans quelque socialisme, l'éditeur refusa encore la nouvelle en criant : Vous êtes un révolté !

Epithète peu applicable à l'auteur des *Contes à Ninon*. Bien bénins, ces contes ! de la panade, du sirop d'orgeat. Style léché, fantaisie laborieuse, pastiche encore de Musset, non du grand poète, mais du Musset subtil de *Barberine* et de *Fantasio*. M. Zola a eu raison de réimprimer ces *Contes* adoptés par M. Hetzel ; ils permettent de mieux mesurer le chemin parcouru ; ils montrent ce que sont pour l'artiste l'obstination et le travail infatigable ; nul, excepté Balzac, parti de si bas, n'est monté si haut [1].

Les *Contes à Ninon* parurent en octobre 1864. L'année suivante, le romancier donna au *Salut Public* de Lyon ses premières études critiques. Il les a réunies depuis sous ce titre belliqueux : *Mes Haines*. Dans ce volume ses idées novatrices commencent à poindre. En même temps il écrivait son premier roman : *La Con-*

---

1. Je ne parle que des premiers *Contes à Ninon*. Dans les *Nouveaux* il y a des choses charmantes.

fession de Claude; et, libre désormais, volant de ses propres ailes, il quittait la maison Hachette. Villemessant le recueillit; il dirigeait alors deux journaux, le *Figaro* hebdomadaire et l'*Événement*; M. Zola lui proposait de procurer à l'*Événement*, grâce à ses nombreuses relations littéraires, quelques pages inédites de tous les ouvrages nouveaux. Le Figariste, toujours en quête d'actualité, le mit à l'essai. Le personnel du *Figaro* était très curieux à cette époque. Grâce à son flair étonnant, le maître de la maison avait su réunir autour de lui la plupart des écrivains de notre époque, encore ignorés; on pouvait tout dire; pour Villemessant, le succès était la pierre de touche.

M. Zola ne quitta l'*Événement* et le *Figaro* qu'à la suite des clameurs soulevées par son *Salon de 1866*. Il a traversé depuis quantité de feuilles, le *Messager de Provence*, l'*Artiste*, la *Cloche*, le *Corsaire*, le *Bien Public* le *Voltaire*, il a rédigé jusqu'aux Faits-divers, au Courrier des Chambres, au roman-feuilleton. Républicain de la veille, et rédacteur de la *Tribune*, il fut nommé en 1871, par le Gouvernement de la Défense nationale, sous-préfet à Castel-Sarrazin, refusa, rédigea dans son pays un petit journal : la *Marseillaise*. De toute cette odyssée, M. Zola a rapporté l'expérience qui s'acquiert seulement au contact des hommes; il a formé son style au milieu des nécessités quotidiennes. Aussi conseille-t-il aux débutants de se précipiter dans le journalisme « comme on se jette à l'eau pour apprendre à nager. » Il a cependant pour la presse un mépris féroce. Il connaît trop bien le mercantilisme et la bassesse des journaux, occupés à chanter les louanges d'un homme, pour leur demander quelque indépendance et quelque justice.

« Mais la colère et le dégoût s'en vont, la presse reste toute-puissante. On revient à elle comme à de vieilles amours. Elle est la vie, l'action, ce qui grise et ce qui triomphe. Quand on la quitte, on ne peut jurer que ce sera pour toujours, car elle est une force dont on garde le besoin, du moment où l'on en a mesuré l'étendue. Elle a beau vous avoir traîné sur une claie, elle a beau être stupide et mensongère souvent, elle n'en demeure pas moins un des outils les plus laborieux, les plus efficaces du siècle, et quiconque s'est mis courageusement à la besogne de ce temps, loin de lui garder rancune, retourne lui demander des armes, à chaque nécessité de bataille [1]. »

Ces années de journalisme forcé, cette mâle école de la nécessité, et surtout les heures volées par l'art à la production commerciale fécondaient le talent du romancier. Ses livres d'aujourd'hui restent la mise en œuvre d'une idée de jeunesse. M. Emile Zola garde à ce temps dur de la reconnaissance. Peut-être aussi, en dépit de toute critique, a-t-il pour ses balbutiements poétiques de secrètes indulgences. Il a tout conservé. Un poète ne se résout jamais à brûler ses premiers vers ; il y respire « le lointain parfum des fleurs séchées qu'on retrouve après des années entre les pages d'un livre. »

Les plus forts, entourés de grandes œuvres, l'oreille pleine du retentissement de leurs succès, ne peuvent feuilleter sans émotion les pages auxquelles ils ont consacré de longues veilles, interrompues par les rêves de l'adolescence. Alors, même au milieu de la misère, on croyait la gloire prochaine ; on ne se doutait guère des injustices et des clameurs obstinées, on ne se disait point que vingt volumes et vingt années de travail ne

1. *Une Campagne.*

seraient pas de trop pour imposer à tous un talent discuté; on allait en avant, plein d'espoir.

Il ne faut pas beaucoup d'imagination pour se figurer tous les reproches que l'on peut adresser aux rimes que M. Alexis a publiées. Les malveillants ont bien ri de certains passages naïfs, tout en fustigeant l'auteur des *Rougon-Macquart* sur le dos du poète. Voilà la taverne des *Contes d'Espagne et d'Italie*, l'alcôve de *Don Paës* et de *Rolla*, l'apostrophe à Don Juan, l'apostrophe au Christ, l'apostrophe à Dieu le père; voilà les paradoxes qui faisaient bondir le bourgeois de 1830, l'allure tapageuse et la pose libertine de Musset;

.... Le réel n'a point passé par là.

Toute cette défroque romantique que le poète des *Nuits* portait si cavalièrement, sied assez mal à M. Zola. Il n'a su s'en débarrasser ni dans les *Contes à Ninon* ni dans *la Confession de Claude*, et date vraiment de *Thérèse Raquin*. On n'écrit pas à vingt ans la *Curée* ou l'*Assommoir*. La critique accabla d'éloges les *Contes*, avant d'appeler M. Zola « un égoutier littéraire. » Son inintelligence aime le banal, s'effraie du nouveau.

Dans *la Confession de Claude*, le véritable tempérament de l'artiste se laisse deviner, mais les détails réalistes n'abondent point. Le livre, sous sa forme d'autobiographie et avec son style déclamatoire fait penser à *la Confession d'un enfant du siècle*. Jusqu'où alla cette influence de Musset? Le désespéré des *Nuits* n'est certes pas un précurseur de l'école actuelle. Et pourtant Sainte-Beuve le qualifia un jour de réaliste. L'Académie couronnait les *Poèmes Évangéliques* de M. Victor de Laprade. Musset, un peu étourdi par cette poésie qui chante dans le bleu, sur les cimes, sans jamais daigner descendre, se pencha vers son voisin et murmura avec une nuance marquée de dédain : Vous trouvez que c'est un poète, ça? A quoi Sainte-Beuve repartit : Oui, un poète, et même un poète de beaucoup de talent, mais vous ne pouvez le comprendre, car en somme, vous êtes un réaliste, vous [1]!

Réaliste ou non, Musset a conservé en M. Zola un fidèle : c'est toujours l'enthousiasme de la seizième année. Les jeunes admirations comme les jeunes amitiés nous suivent dans la vie.

Quoi d'étonnant qu'au sortir du collège, on imite les poètes dont on s'est grisé? Dans les premières œuvres de M. Zola, sous le pastiche presque continuel, on trouve en germe la note douce et ardente qui fait le charme de l'*Abbé Mouret*, cette note qui éclate çà et là dans les autres livres du romancier. Souvenez-vous des amours muettes de Gervaise et de Goujet dans les lueurs et les grondements d'une forge; rappelez-vous les carosses de Nana et de Georges en pleine campagne, cette idylle mêlée au drame de la chair.

Au milieu des dégoûts fatals de la vie littéraire, c'est aux jours ensoleillés de son enfance que l'esprit de M. Emile Zola aime à remonter, et, dans ces instants, le rude romancier se change en un poète attendri. Il se repose des sécheresses de l'analyse « *dans une réalité poétique* ; [2] » des souffles de jeunesse lui reviennent; il écrit comme il écrivait jadis, le cœur plein de chaudes tendresses, les yeux éblouis par les horizons lumineux de la Provence.

> Autour d'Aix, la romaine, il n'est pas de ravines,
> Pas de rochers perdus au penchant des collines,

---

[1]. *Nouveaux Lundis*, t. I.
[2]. Edmond de Goncourt, Préface des *Frères Zemganno*.

Dans la vallée en fleurs, pas de lointains sentiers
Où l'on ne puisse voir l'empreinte de mes pieds.

. . . .

Jusqu'aux derniers taillis, j'ai couru tes forêts,
O Provence, et foulé tes lieux les plus secrets.
Mes lèvres nommeraient chacune de tes pierres,
Chacun de tes buissons perdus dans les clairières.
J'ai joué si longtemps sur tes coteaux fleuris
Que brins d'herbe et graviers me sont de vieux amis.

. . . .

Terre qu'un ciel d'azur et l'olivier d'Attique
Font sœur de l'Italie et de la Grèce antique,
Plages que vient bercer le murmure des flots,
Campagnes où le pin pleure sur les coteaux,
O région d'amour, de parfum, de lumière,
Il me serait bien doux de t'appeler ma mère !

N'est-on pas tenté d'attribuer ces beaux vers à un Brizeux provençal?

II

THÉORIES MATÉRIALISTES

Un jeune homme, au sortir des griseries romantiques, se glisse, attiré et repoussé à la fois, dans le monde des *Rougon-Macquart*. La bestialité des personnages lui donne la sensation qu'on éprouve devant les opulentes carnations d'un Rubens. C'est la même exubérance de chair, la même couleur éclatante ; les muscles, détaillés, frissonnent ; le sang court sous la peau rose dans l'enchevêtrement bleuâtre des veinules. L'œuvre vient assurément d'un anatomiste, dédaigneux des draperies complaisantes, et qui a passé bien des heures à l'amphithéâtre, le scalpel à la main. Mais M. Zola pousse l'adoration de la vie plus loin que le grand Flamand. Dans la liberté de ses toiles, il marie les attitudes cyniques aux attitudes majestueuses, l'ombre des laideurs à l'éblouissement des chairs grasses ; la kermesse se mêle perpétuellement à l'Olympe.

Le romancier a l'impudeur du médecin, il étale toutes les hideurs et va chercher ses mots jusque dans les coins honteux du dictionnaire; il est le peintre des instincts ; une odeur humaine se dégage de ses œuvres. Voilà le secret de cette souveraineté littéraire que M. Edmond Schérer a constatée haineusement. M. Zola reflète les moindres nuances de son âge tout matériel.

La prose de Flaubert et des Goncourt, refondue dans sa forge, sans rien perdre en précision et en couleur, a acquis une force incomparable. D'abord trop chargée, elle se simplifie de jour en jour, rejette les scories, et ce flot de lave, rouge et clair, s'étale, par larges coulées successives, sur toute la France contemporaine.

Dans le livre, c'est le va-et-vient de la rue ; les caprices du romancier n'ont garde de se substituer, pour une péripétie ou pour un dénouement, au hasard des événements et à la logique des caractères. La fréquentation des Coupeau et des Josserand dégoûte des poupées idéalistes.

Les constructions artificielles n'ont plus de charme; on voit trop distinctement les ficelles des pantins mécaniques.

On a parlé de photographie, à propos des romans naturalistes. Sottement, car les yeux qui observent et la main qui traduit entrent dans un tableau autant que la nature même. « Les endroits, dit M. Alphonse Daudet dans l'*Evangéliste*, se transforment à nos impressions personnelles, tant il y a de nos yeux dans les paysages ou les gens que nous regardons. »

La variété des visions et la diversité des esprits constituent la variété des œuvres d'art et la diversité des styles.

Chaque homme est un miroir qui reflète l'univers, et

il n'y a pas deux de ces miroirs identiques. Mais, comme si ces différences naturelles ne suffisaient pas, beaucoup d'artistes en créent d'autres, tout artificielles ; bien des miroirs ont leur cassure, bien des esprits s'enferment dans une idée préconçue.

M. Émile Zola s'est ainsi approprié, avant de commencer sa grande œuvre des *Rougon-Macquart*, une conception philosophique du monde, la conception de M. Taine. « Le vice et la vertu sont des produits comme le vitriol et comme le sucre. » M. Zola va plus loin : « Physiologiquement, écrit-il, les Rougon-Macquart sont la lente succession des accidents nerveux et sanguins qui se déclarent dans une race, à la suite d'une première lésion organique… » Donnant à ces principes une portée trop exclusive, il a trop restreint les manifestations humaines aux instincts de la bête, il a trop négligé la pensée et le sentiment qui, pour les vrais matérialistes, sont aussi des accidents nerveux et sanguins. En vertu de quelles lois précises de l'hérédité a-t-il réduit presque toutes les passions des Rougon-Macquart à des passions de la chair? Une lésion organique quelconque ne justifie pas scientifiquement cette réduction. Où faut-il en chercher la cause? Dans la nature sanguine et puissante du romancier. Plus que Lucrèce et que Balzac, M. Zola est le poète de l'amour physique, du rut universel. Éléments de succès pour l'auteur de l'*Assommoir*, éléments d'erreur pour l'auteur de *Pot-Bouille*. Plus on monte dans l'échelle humaine, plus les causes des actions deviennent complexes, partant obscures.

De la théorie matérialiste à « *la recherche du cas pathologique,* » au « *goût pour les plaies humaines,* » il n'y a qu'un pas. M. Zola mérite quelquefois les critiques qu'il adresse à son ami M. J.-K. Huysmans.

L'idée génératrice des *Rougon-Macquart* est empruntée à un livre du docteur Lucas sur *l'Hérédité naturelle*.

L'hérédité a des lois; sur cet axiome repose toute la série.

Le premier anneau de la chaîne trouvé, les autres doivent suivre fatalement. Il s'agissait simplement d'imaginer la *lésion organique* déterminant toute *une suite d'accidents nerveux et sanguins*.

Dans un roman écrit en 1868, *Madeleine Férat*, M. Zola avait déjà indiqué quelques-uns des mystères de la filiation. Il s'agit d'une femme accouchant d'un enfant qui ressemble d'une manière étrange à son premier amant, de lointain souvenir.

On a prétendu que l'arbre généalogique des *Rougon-Macquart*, publié en 1878, en tête d'*Une page d'amour*, avait été fabriqué après coup. Il suffit pourtant de lire la *Fortune des Rougon* pour constater que le plan a précédé les œuvres. Ceux qui connaissent la méthode consciencieuse et patiente de l'écrivain s'étonneraient fort du contraire.

Le point de départ a été la maladie du xixe siècle, la névrose. Nos livres prouvent ce détraquement des nerfs et permettent de suivre les progrès du mal, comme la littérature du xvie siècle, débordante de chair est l'image d'une société un peu grossière que le sang étouffe ; et comme la littérature équilibrée du xviie siècle ressemble à la cour cérémonieuse de Louis XIV. Aujourd'hui les Baudelaire et les Barbey d'Aurevilly font école.

M. Zola a donc pris un cas fréquent, très sagement. S'il eût choisi un cas exceptionnel, plus il se serait écarté de la donnée originelle, plus il aurait versé dans le bizarre et le monstrueux ; il n'aurait pas écrit « l'Histoire natu-

relle et sociale d'une famille sous le second empire »,
j'entends d'une famille caractéristique, d'une famille
type « représentant le débordement des appétits, le
large soulèvement de notre âge qui se rue aux jouissances. »

D'Adélaïde Fouque, (névrose originelle) dérivent *mathématiquement* la Gervaise de l'*Assommoir*, Nana, son Excellence Eugène, Maxime Saccard et bien d'autres qui *s'irradient* dans toutes les classes de la société.

L'arbre généalogique des Rougon dressé, M. Zola répartit ses nombreux personnages dans une vingtaine de romans, ou mieux dans une vingtaine d'études sociales. Une inspiration due à Balzac. Au milieu des décors changeants de *la Comédie humaine* reviennent les mêmes personnages qui, jouant dans tel roman le rôle principal, se trouvent au second plan dans tel autre et tout à fait effacés dans un troisième. Cette méthode présente beaucoup d'avantages ; un type créé par une imagination souveraine, loin de s'user, s'impose, et devient en quelque sorte obsédant. En créant à nouveau, alors qu'on a un bon personnage sous la main, on risque d'affaiblir le premier portrait. Dans la vie, du reste, chaque existence est plus ou moins mêlée à d'autres existences, chaque drame particulier à des drames généraux. L'humanité ressemble à un vaste engrenage où chaque pièce se lie étroitement à d'autres pièces.

On ne peut encore apprécier l'ensemble des *Rougon-Macquart*, puisque dix volumes seulement ont paru.

La Fortune des Rougon éclaire la conception de l'œuvre. L'histoire du coup d'État à Plassans, — lisez Aix, — n'est qu'un prétexte à digressions. A chaque instant se brise le fil qui conduit d'un chapitre à un autre ; de longs retours en arrière ; des fouilles dans le passé de la famille impatientent. Avec quelle minutie M. Zola explique tous les vices de ce sang, établit les origines ! Ce n'est pas un romancier au vieux sens du mot, c'est un historien qui se plait à noter les moindres détails. *La Fortune des Rougon* ne forme pas un tout complet, mais un piédestal.

Dégagé, l'épisode de Miette et Silvère gagnerait beaucoup ; savoureux comme un conte grec, il tempère la sécheresse de l'exposé physiologique. Bien romantique, mais si fraiche, cette passion d'adolescents qui s'épanche dans les profondeurs du vieux puits, pure comme le cristal de ses eaux et douce comme son ombre ! Bien fantaisistes, mais si charmantes les entrevues nocturnes dans le cimetière, tout secoué par l'écho des baisers et des rires sonores ; les promenades du soir sur les bords de la Viorne murmurante ; les ascensions des deux dénicheurs jusqu'aux extrêmes branches des arbres ; l'essoufflement des courses ; les bains chastes et délicieux dans la rivière tiède ; et cette épopée, qui, brusquement, dénoue l'idylle ; le chant de la *Marseillaise*, la clameur désolée des cloches qui se répondent dans la plaine, les deux amants, emportés par le flot houleux des bandes insurgées, Silvère enthousiaste, et Miette, les yeux brillants, à demi couverte par les plis du drapeau rouge !

A Plassans, joyeux du triomphe de l'ordre, les imbéciles et les coquins choquent leurs verres, tandis que la grand'mère Adélaïde, tout à fait folle, veille, près du corps de son cher Silvère, fusillé par les vainqueurs, et que Miette est peut-être encore là-bas, sur la colline, telle qu'elle est tombée sous les balles des soldats, dans l'aveugle fumée, « la tête légèrement penchée, avec ses grands yeux qui regardaient en l'air. »

Curée en province, curée à Paris : « les appétits lâchés se contentaient enfin, dans l'impudence du triomphe, au bruit des quartiers écroulés et des fortunes bâties en six mois. La ville n'était qu'une grande débauche de millions et de femmes. » Du livre de M. Zola se dégage la sensation d'une époque d'orgie pareille au temps des Néron et des Vitellius.

Cette monstrueuse débauche antique semble une de ces visions malsaines qui disparaissent aux premiers rayons de l'aube. Il y a là quelque chose d'excessif qui provient non seulement de l'étrangeté du sujet, des sensations extrêmes, des sentiments rares traduits par l'auteur, mais encore d'un parti-pris. La *Curée* date du lendemain de la guerre. Le romancier, trop près encore de l'Empire, a écrit dans ces heures de grossissement où l'œil le meilleur ne voit pas juste ; rien d'étonnant qu'il ait donné un relief exagéré à ses tableaux du bas empire. Maxime, l'Hippolyte de la *Curée*, efféminé, eunuque moral, emblème d'un règne mort, est une mesquine figure, à côté de Renée, étrange et fascinatrice, qui emplit tout le roman de sa beauté morbide et de ses amours incestueuses. Tout ce qui entoure les acteurs de cette tragédie bourgeoise conserve d'eux je ne sais quel relent, à la fois musqué et fade, une odeur de perversion. La serre où Maxime et Renée, par un raffinement de volupté, se vautrent dans les nuits chaudes sur une peau d'ours noir, parmi les végétations exotiques, est comme le milieu naturel où doit éclore cette fleur du vice.

La phrase sait rendre, par ses nuances d'une morbidesse, d'une lasciveté extraordinaires des choses presque intraduisibles ; elle nous fait voir l'éclat fixe des yeux de Renée, yeux de sphinx aux fauves lueurs, les sauvageries fougueuses, les voluptés savantes et cruelles, — dans tous ces sentiments raffinés il se mêle à la jouissance une secrète douleur, l'aiguillon excitant — de ce monstre aux seins de femme qui accable et meurtrit de ses caresses passionnées le vicieux et pâle adolescent qu'elle tient sous elle. La prose du romancier enveloppe si étroitement sa pensée qu'elle en suit tous les contours avec une infinie précision ; elle a des tons de chair, roses et nacrés, ou parfois, hirsute et raidie, elle nous fait sentir les piquants des arbustes qui distillent dans la serre leurs poisons subtils ; elle nous fait aspirer la capiteuse atmosphère, toute chargée de l'odeur des plantes, et de l'odeur humaine, mêlée de musc et d'ambre, plus troublante et plus capiteuse encore. Il faut à ces sentiments excessifs une expression excessive, il faut pour traduire ces choses compliquées que l'art se complique lui-même, qu'il emprunte à la peinture ses tons les plus chatoyants, à sa musique ses tons les plus déliés, et qu'il arrive à nous faire sentir les odeurs les plus subtiles.

La Phèdre du xvii° siècle a des traits trop simples, trop larges, trop nobles ; il y a désaccord entre le sujet et les procédés de l'artiste. Les époques classiques, où tout est pondéré, ne peuvent arriver à donner la complète expression d'une sensation violente, aiguë, d'une situation extrême. L'art de Racine ne réalise pas, à mon gré, l'idéal de *Phèdre*. Sainte-Beuve voulait que, pour parler d'un écrivain, on lui empruntât sa manière ; de même chaque sujet doit être compris et rendu d'une certaine façon qui concorde avec sa nature. Racine a trop de franchise dans la touche, les ombres et les lumières sont trop bien graduées. J'aime un peu de perversion artistique dans un tel sujet.

A côté des emportements malsains d'une chair détraquée, les démolitions colossales, Paris éventré par les spéculateurs, la danse de l'argent, les vols effrontés des tripoteurs. Certaines pages ont une couleur jaune de pièces d'or et rendent un son clair de métal. A peine si dans un coin, comme dans le tableau de Couture, on aperçoit un philosophe, les bras croisés dédaigneux et muet, et le Diable boiteux, en soulevant tous les toits de Sodome ne trouverait pas les sept justes qui travaillent et qui pensent.

L'âme de la ville morte, reste *le ventre*. Ceci a tué cela. Les terrasses babyloniennes des immenses Halles dominent triomphalement les rues populeuses de Paris; c'est, sous la coupole, entre les grands piliers de bronze, un bourdonnement infini qui, de loin, ressemble au grouillement d'une foule de hannetons enfermés dans une boîte. Le romancier vous traîne sans pitié dans tous les coins de l'énorme édifice, depuis les plombs de la toiture jusqu'aux profondeurs des caves : les injures des exubérantes poissardes, au teint couperosé, ne lui font pas peur. Les tons soyeux et rosés des foies de veau tout sanguinolents, les faces rouges des bouchers, bras nus, l'air apoplectique et dur, le tablier blanc maculé par places, aiguisant des instruments de carnage, le sang encore chaud que lave incessamment le déluge de vingt robinets, les légumes multicolores, les têtes d'animaux stupides, le persil aux dents, vous forcent à fermer les yeux. Bouchez-vous le nez, si vous ne voulez être étourdi par le parfum âcre du gibier, la graisseuse odeur des poulardes, la fadeur des poissons d'eau douce ou le relent de la marée. Gardez-vous de suivre le bourreau dans le pavillon aux fromages ; ce serait une asphyxie ; tout y grouille et tout y pue ; les livarots mettent au monde toute une nichée de vers ; un souffle « soulève la peau des olivets qui battent comme une poitrine, d'une haleine lente et grosse d'homme endormi. » — Je m'en vais, j'en ai assez. — Le tyran vous retient et vous force à descendre avec lui dans les resserres. Dès les premières marches, l'haleine chaude de tout un peuple d'animaux vivants et les fétidités du fumier vous saisissent à la gorge. Mille ferments sont épars dans l'air ; sur les plumes amoncelées, une bestialité grisante et épandue. Cette fois, c'est fini. Non, vous subirez tous les détails de la préparation du boudin, dans la cuisine des Quenu où l'atmosphère est imprégnée d'une graisse qui semble couler de tous les visages et de tous les meubles sur le carreau lavé à la brosse. On ne sort du livre — qu'avec une indigestion.

Dans « *cette immense nature morte* » l'histoire de Marjolin et de Cadine fait penser à un bouquet de cerises au milieu d'un tas d'épices.

Le romantisme s'était comme personnifié, en 1831, dans la cathédrale de Victor Hugo. Les stryges, les rois et les patriarches, toutes les sculptures de l'édifice, sous un souffle puissant, revécurent d'une vie étrange ; dans l'ombre tombant des voûtes se profilaient Quasimodo, le sonneur, Claude Frollo, l'archidiacre, ou la frêle Esméralda, toutes les figures fiévreuses et surhumaines du poème. Le romantisme, avec son infinie liberté, avec sa tendance à exagérer, avec ses antithèses et ses oripeaux, mais aussi avec son allure juvénile et son envolement lyrique, tient tout entier dans l'épopée géante.

Un autre poète s'est trouvé, près d'un demi-siècle après Victor Hugo, qui a eu l'idée d'incarner la ville moderne et ses tendances dans les Halles. L'église est une épave du passé : les romantiques n'ont pu ressusciter le XIIIᵉ siècle au milieu du XIXᵉ. Les Halles, au contraire, sont bien le point essentiel de Paris ; leur grondement continu symbolise notre existence pressée et notre rut aux jouissances. « C'est l'art moderne, le réalisme, le naturalisme qui a grandi en face de l'art ancien…. Saint-Eustache est là-bas, vide de son peuple dévot, tandis que les Halles s'élargissent à côté toutes bourdonnantes de vie. » Voilà le thème général du livre : le monument avec son débordement de chair morte écrase les personnages. A l'idéalité du poème de Victor Hugo opposons la matérialité du roman de M. Zola et nous aurons l'idée de deux arts différents, de deux mondes distincts.

M. Zola mêle volontiers des études discrètes, toutes de psychologie, à ses livres violemment colorés. Après le *Ventre de Paris*, il écrivit *la Conquête de Plassans*, au bruit des mâchoires énormes et retentissantes de la ville, il crut bon de faire succéder le grignotement imperceptible des rongeurs. Une maison discrètement envahie par une armée de parasites, une fortune qui s'écroule, des cervelles qui se détraquent, un bonheur qui s'en va, et, par-dessus ces ruines, la face énigmatique et rude d'un prêtre puissant par la volonté, et la figure madrée de sa mère. De bons coins bourgeois : les cancans sous les marronniers de la sous-préfecture et les parties de volant dans la ruelle herbeuse entre les demoiselles Rastoil et le joli abbé Surin.

Il y a de la fantaisie dans ces types cléricaux. Pour bien parler des prêtres, il faudrait avoir longtemps vécu avec eux, car ils ne se livrent pas facilement. M. Zola me semble avoir trop vu le clergé par les yeux de Stendhal et de M. Ferdinand Fabre [1].

1. Voir l'*abbé Tigrane* et *le Rouge et le Noir*. Dans *la Conquête*

C'est encore un prêtre, Serge Mouret, — un hystérique de la dynastie des *Rougon-Macquart*, que nous allons suivre dans son presbytère des Artauds. Le jardinet s'endort, à l'ombre des murs de l'église, dans un silence continuel, plein de recueillement et de prière. Le sanctuaire est pauvre et nu comme l'étable de Bethléem. Dans la simplicité évangélique des quatre murs blanchis à la chaux, une vierge, grossièrement enluminée, sourit dans les fleurs; un grand Christ barbouillé, tourmenté d'une éternelle agonie, étend ses bras sanglants; par un vitrail brisé un arbre glisse ses branches dans la nef et des moineaux sautillent sur les dalles. Au loin, s'étend la campagne plate, rocailleuse et roussie par le soleil du Midi. — Par delà les bornes de l'horizon, on entend comme le bruit de la mer se brisant contre les falaises : c'est la rumeur du vent dans les verdures immenses du Paradou.

Ce Paradou, — qui l'aurait cru ? — c'est le paradis terrestre, vierge et luxuriant, où Albine, — l'Eve nouvelle, — attend Serge, — l'Adam nouveau. — M. Zola a écrit beaucoup moins une étude de mœurs qu'un poème en prose. L'abbé Mouret n'est pas un vulgaire desservant, de race paysanne, au sang chaud, dont la chasteté succombe sous les attaques de la première Jeanneton venue. C'est l'ignorance de l'homme primitif conduite par l'astucieuse curiosité de la femme sous l'arbre de la faute. La vie représentée par Albine et par les végétations du Paradou lutte contre la mort symbolisée par l'Eglise où Serge se lamente et par l'épouvantable Archangias dans le dos duquel deux grandes ailes noires palpitent. Comme la foi du prêtre, *de Plassans*, on retrouve, à peu de chose près, l'ambitieux Capdepont, l'évêque lettré de Besançon et l'abbé de Frilair qui « ôtait les arêtes du poisson qu'on servait à monseigneur. »

le vieil édifice craque sous la poussée des plantes envahissantes. Les végétaux s'animent, agissent : ils jettent Serge dans les bras d'Albine. Il y a dans les descriptions du Paradou un panthéisme débordant. Ce parc inouï fait songer au décor du *Sacre de la femme* dans la première *Légende des siècles*. C'est la même sève puissante, le même épanouissement de l'être universel autour de deux créatures humaines, la même coulée énorme. Adam et Eve, comme Serge et Albine dans le Paradou, y sont engloutis sous les végétations colossales, de même que souvent la pensée est noyée sous les mots.

Mais ce paysage de rêve s'entr'ouvre comme une toile de fond au théâtre ; plus de Paradou aux arbres monstrueux, plus de ruisseaux, de forêts, de rochers, de vignes folles, de fleurs sans nombre, de prairies sans limites ; dans une échappée de lumière, voilà les collines brûlées des Artauds. Et comme Serge, nous restons stupéfaits. Nous avions oublié le passé, et peu à peu, dans l'âme longtemps possédée par l'idéal, par l'amour enchanteur, les souvenirs se réveillent sous les feux calmes du couchant, à la voix grave de la cloche qui tinte.

Il faut un effort pour sauter du Paradou en plein Paris moderne, dans le cabinet de *Son Excellence Eugène Rougon*. Les intrigues du monde officiel, les amitiés intéressées de toute une coterie pour un homme, les attitudes autoritaires du vice-empereur à la tribune, les aventuriers et les aventurières de la diplomatie cavalcadant autour du pouvoir, et dans un coin l'empereur passant, paupières baissées, l'air alourdi, le pas pesant, caressant son chien Néro, tandis qu'à Notre-Dame sonne le carillon du baptême impérial. C'est la peinture du règne à son apogée. Aux appétits sans frein du début a succédé une période de prospérité et de calme factice. L'empire a un faux air Louis XIV, comme les mœurs de la cour ont un faux air Louis XV. Napoléon le Petit est mesquin jusque dans ses vices. Mais le centre du livre, c'est le puissant homme d'État, à poigne massive, qui domine de la tête la tourbe de ses amis accrochés à lui par l'intérêt et aussi par l'admiration involontaire de sa force. Les hommes se courbent devant toute supériorité, instinctivement ; les haines et les injures sont encore des hommages. M. Paul Alexis prétend que M. Émile Zola a réalisé dans ce type d'Eugène Rougon son idéal de l'homme politique et qu'il s'est peint lui-même, peu féminin, ambitieux surtout de puissance. Rougon a la main lourde de M. Zola, ses épaules larges et sa face énergique.

Les illuminations s'éteignent, mais l'*Assommoir* flambe dans les faubourgs et l'intense lumière, en passant à travers les bocaux multicolores de la devanture, prend des tons étranges. Des jurons, un choc de verres, de gros rires, une confusion de voix avinées, sur le comptoir un tintement de sous et de pièces d'argent. C'est dans cet antre que les ouvriers s'empoisonnent tandis que les femmes et les enfants crèvent de froid et de faim dans les hautes maisons noires, à cinq étages, où l'on est empilé pêle-mêle. Et quand le mari rentre, puant le vin, le moindre reproche le met en fureur. Ce sont des ordures, des coups, des cris farouches et des bleus sur les membres amaigris. Les petits, effarouchés, sanglotent. La maison ne s'émeut pas, habituée aux plaintes des mioches ou aux gaietés navrantes des pochards. La lâcheté, le dégoût suivent l'ivrognerie ; on reste les bras ballants, haïssant l'ouvrage ; et le vice arrive avec ses lendemains pleins de rancœur ; on glisse, on dégringole dans les bas-fonds sociaux ; le casse poitrine devient un consolateur pour la femme comme pour l'homme et fait oublier le jeûne en brûlant l'estomac. — Tue-les, *Assommoir*, tu leur dois le coup de grâce !

Que de gradations dans la peinture de ce lent avachissement ! et comme l'œuvre du monstre est étudiée jour à jour ! Le psychologue analyse ces cerveaux avec une loupe. On voit la pensée aller et venir comme dans les ruches à vitraux on voit les mouches composer leur miel. Ce ne sont pas les acteurs d'un drame arbitraire qui devant nous apportent leur pierre à l'édifice, concourent au but, mais bien des hommes qui se laissent vivre ; l'écrivain, dans son désir de vérité, ne veut être qu'un greffier. Aussi, on l'a bien dit, la caractéristique de l'école nouvelle, c'est l'intensité de la vie. L'imagination la plus puissante, livrée à ses caprices, crée des fantoches qui ne font pas longtemps illusion. Le romancier observateur campe debout des êtres dont nous connaissons le tempérament, les mœurs, les idées, le visage, les tics, la voix et jusqu'à l'odeur. Peu importe le drame en lui-même. Le naturaliste ne songe point à amuser son lecteur en nouant et dénouant une intrigue, à la façon d'un prestidigitateur faisant un tour de passe-passe. Il ne fait pas venir tel *deus ex machinâ* d'un coin obscur parce qu'il en a besoin pour son dénouement. Son plan est souple et large. Il prend une rue avec son va-et-vient, une vie avec ses traverses quotidiennes, les mille rencontres de tous les jours, l'enchevêtrement des existences, et comme tout cela est vécu, les personnages les plus épisodiques sont de chair et d'os. L'art est bien alors, comme Diderot le définissait, « *de l'eau de ruisseau jetée sur la toile.* »

Fermez les yeux, et vous les reverrez tous ces habitants de la maison-caserne, aux mille fenêtres, rue Goutte d'Or, depuis le nez fûté et les lèvres mauvaises de Lorilleux jusqu'à Gervaise, grasse et blonde, aux narines sensuelles, aux grosses lèvres rouges, traînant nonchalamment dans son atelier ses savates lâches. On dit un Lantier, comme on dit un Homais, comme on dit un Tartufe. Combien y a-t-il d'écrivains qui aient la bonne fortune de créer des types ?

Et le style, comme il convient au milieu ! les trivialités de l'expression, tant moquées, s'adaptent si bien aux grosses gaietés populaires ! Il y a là l'ouvrier du faubourg avec les crudités de son langage, le pittoresque de ses comparaisons, sa gouaillerie rabelaisienne, ses étonnements et sa crédulité d'enfant, ses préjugés bizarres, et son fond de naïveté charmante, là aussi avec ses indélicatesses non senties, son manque de poésie, son irrespect de la mort et ses grossiers empiffrements. Aucun détail ne nous échappe, tout est traduit, jusqu'aux airs des visages, jusqu'aux plis des vêtements, et nous entendons même, après la bombance, « dans le sommeil écrasé des Coupeau, cuvant la fête, le chat d'une voisine, qui avait profité d'une fenêtre ouverte, croquant les os de l'oie, achevant d'enterrer la bête, avec le petit bruit de ses dents fines. »

Et l'auteur, pas un moment, ne se laisse voir derrière ses héros qu'il contemple froidement, leur laissant toute la scène. — Signe de force, a dit Sainte-Beuve.

Une page d'amour après l'*Assommoir*, c'est, après le gros vin bleu, de saveur faubourienne, une goutte de liqueur exquise. C'est bien réellement une page arrachée au livre d'une vie entière, page, non seulement d'amour, mais aussi de douleur, page de psychologie pénétrante, à la Stendhal. La lente prise de possession du cœur d'Hélène par la passion contre laquelle elle se défend, cette intimité qui chaque jour augmente sans lui laisser la force de s'y dérober ; ces heures de conversation indifférente, avec des tiers, illuminées par des regards qui font voir les âmes jusque dans leurs secrètes profondeurs, exprimant clairement la passion que la lèvre n'avoue pas ; les pas qui prennent, malgré eux, la route par laquelle a passé l'être aimé ; le brusque assouvissement ; les remords, les révoltes, les colères ; — et ce coin d'intérieur illuminé par la lampe du soir et par les lueurs du foyer, tout cela a la discrète senteur d'un sachet d'iris retrouvé dans un tiroir par une main chercheuse, après des années et des années.

Où le poète a-t-il connu les câlineries, les gestes mignons, les jalousies, les yeux noirs dévorant presque le visage, d'une enfant qui doit mourir trop jeune ? La femme trop tôt née dans le corps de la fillette, cette précocité navrante qui fait rêver, les élans étourdis et les brusqueries de l'enfance, coupées par des colères sans cause et par des mélancolies noyées de larmes, le gentil rire de la dixième année interrompu par les accès d'une toux creuse qui déchire le cœur de la mère, fait le silence dans les causeries, et force les assistants à se détourner pour essuyer leurs paupières ; le désordre et le frisson morbide des nuits douloureuses, les exigences égoïstes, inquiètes, soupçonneuses de la maladie, l'acuité des sens augmentée par la souffrance, les terreurs des veilles pleines d'hallucinations et de fièvres, les sentiments les plus ténus, les sensations les plus fugitives sont inoubliablement fixés par le romancier dont tous les nerfs ont vibré.

Une page d'amour d'un autre genre. Dans *Nana*, le romancier a voulu mettre en lumière la toute-puissance du sexe. Nana, c'est la femelle superbe, de chair troublante, qui met les mâles en rut par sa puissante odeur de femme. L'ondulation de ses seins, la tortion voluptueuse de sa hanche, son regard provocant, son sourire canaille, une câlinerie, — et c'est assez.

Le galopin précoce, engoncé dans son uniforme de collégien en rupture de ban, déclare de sa voix, enrouée comme celle d'un jeune coq, qu'elle est « chic ». Et sur sa piste, comme les chiens sur la trace d'une chienne en chaleur, ce ne sont pas seulement des adolescents, troublés par la fièvre des premiers désirs, mais des vieillards comme Steiner, le banquier ventru, ou Bordenave, l'impresario, cynique et rongé par ses vices ; c'est Muffat, jusqu'alors digne et raide, retenu par son éducation jésuitique ; c'est l'ivrogne Foucarmont, encore zigzaguant et les yeux allumés ; c'est l'idiot la Faloise, perdu dans son col monumental et balançant son stick ; c'est le dégoûtant Chouard qui vautre ses membres desséchés et ratatinés de squelette sur le ventre opulent, ouvert à tous, de cette fille, essuyant sa lèvre pendante de crétin à cette peau soyeuse ; c'est Fontan, agitant son museau voluptueusement et donnant à sa face porcine toutes sortes de frémissements lascifs ; toute cette foule enfin, se bousculant, s'écrasant dans sa passion qui se rue à la satisfaction de ses appétits.

> Les hommes se dressaient en la voyant de loin,
> Frissonnant comme on fait quand un désir vous frôle,
> Et semblaient aspirer avec des souffles forts
> La troublante senteur qui venait de son corps,
> Le grand parfum d'amour de cette fleur humaine [1].

[1]. Guy de Maupassant. *Vénus rustique*.

Et la courtisane putréfie tous ceux qu'elle étreint de ses cuisses nerveuses, dans son grand lit d'argent, semblable à un autel; les secrets des familles, leur destinée lui sont livrés; l'ordure et la honte pénètrent dans le foyer domestique. Des fortunes monstrueuses disparaissent, morceau par morceau, englouties dans cet estomac insatiable; elle les croquait « comme elle croquait entre ses repas un sac de pralines posé sur ses genoux. » Et des morts l'environnent : « la mouche, envolée de l'ordure des faubourgs, apportant le ferment des pourritures sociales, avait empoisonné ces hommes, rien qu'à se poser sur eux. »

Tous ces ferments vont mijoter dans la marmite des familles. Dans *Pot-Bouille*, M. Zola étudie toutes les variétés d'adultère qui sévissent dans la bourgeoisie, résultant soit de l'éducation, soit du tempérament. Berthe Josserand, avec son perpétuel flirtage, encouragé par la mère, prend des besoins de luxe au milieu des misères dorées de son adolescence, et, après le mariage, entraînée par sa frivolité, ses goûts et ses habitudes, se jette dans les bras du premier amant venu. A l'étage au-dessus, l'adultère par désœuvrement, par ennui, par bêtise. Plus bas, chez les Vabre, l'adultère hystérique. Et chez les Campardon la corruption des enfants par la domesticité. Puis Duveyrier, le mari qui a un ménage en ville, d'attitude sévère, de propos graves, de mœurs libres.

Allez rue de Choiseul. Je gage que vous verrez le solennel concierge, M. Gourd, qui n'aime pas la racaille ouvrière, planté dans le vestibule, sa calotte de velours sur la tête et gourmandant la pauvre femme de ménage qui est son souffre-douleurs. L'escalier a conservé sa belle apparence honnête et, derrière les portes d'acajou, c'est toujours le même souffle calme. M. Josserand est mort, tué par sa fille; Berthe et son mari sont réconciliés; Duveyrier vient de présider les assises et de condamner une malheureuse infanticide; Marie a trois enfants; son père et sa mère ont positivement déclaré à leur gendre que s'il en survenait un quatrième, ils déshériteraient leur fille. Peut-être les rencontrerez-vous descendant furieux, l'escalier, à moins que Campardon toujours joyeux et gaillard, bien dans ses affaires depuis qu'il travaille pour les prêtres, ne vous retienne sur le palier du troisième pour vous faire admirer sa belle barbe d'artiste. Dans l'égout où s'écoulent les immondices de la maison, vous pourriez entendre les piaillements des domestiques abîmant leurs maîtres. « Toutes les baraques se ressemblent. Au jour d'aujourd'hui, qui a fait l'une a fait l'autre. C'est cochon et compagnie. » Et, comme un écho à cette voix cynique, le médecin qui croise le prêtre sous le vestibule, répond à une exclamation douloureuse de ce confident des misères humaines : « Que voulez-vous ? C'est la vie. »

Il faut secouer le pessimisme qui monte au cerveau à de tels spectacles. La vie a du bon, du très bon. Jetons-nous dans l'étourdissement de la lutte pour oublier et respirer à l'aise. « Un joli rôle, et propre, et intelligent, que de bâiller d'ennui devant le labeur des autres ! »

Le bazar bourdonne de tout un peuple de clientes; les voix piaillantes des femmes et les appels brefs des employés montent et se heurtent dans la nef immense; le fer de la charpente et les pierres de taille des murs vibrent et trépident; le colosse respire puissamment. Dans les escaliers qui tournent et grimpent vers les vitraux tremblotants de la voûte, c'est un flot ruisselant, aux brusques remous, au double courant, des chapeaux à fleurs, des dos et des poitrines de femmes qui s'écrasent. De loin en loin, un commis bien pommadé, le crayon à l'oreille, comme un îlot battu des vagues. Et dans la senteur femelle qui plane, ce sont des yeux allumés de convoitise, des mains fiévreuses qui se crispent sur les étoffes, caressent le velours, cassent la soie, se plongent dans un bain de dentelles.

Du haut d'une passerelle, Mouret égare sur cette foule un sourire fascinateur et dédaigneux ; une de ses idées empile les cachemires de l'Inde sur les lainages d'Amérique ; un de ses regards attire toutes les femmes de Paris, ivres, se bousculant, se battant presque, en proie à l'idée fixe. Et, dans le soir tombant, le tintement de l'argent, du cuivre, de l'or, de la recette que l'on compte, le cri du caissier répercuté par les échos respectueux : un million, deux cent quarante-sept francs quatre-vingt-quinze centimes ! le font soudain penser, avec un battement de cœur, à l'enfant, belle et fière dans sa robe d'uniforme, qui s'obstine à lui dire : non.

Cependant dans le piaffement des chevaux, le claquement des fouets, le roulement des voitures, la foule s'échappe torrentueusement par les vomitoires, les ballons rouges se balancent au bout d'un fil à tous les coins de la ville et le bâtiment démesuré écrase le quartier de son ombre.

On a vu, comme en un kaléidoscope, la physionomie d'ensemble des onze premiers romans de la série. Il est nécessaire d'indiquer, pour qu'on puisse se faire une idée de l'œuvre entière, les sujets que M. Zola se propose de traiter.

1° Une étude de mœurs rurales où l'auteur montrera

de vrais paysans comme il a montré de vrais ouvriers dans l'*Assommoir*. Il les observe et prend des notes depuis plusieurs années; il s'est même fait nommer membre du conseil municipal de Médan pour les regarder de plus près.

2° Une étude psychologique sur la douleur dans le genre d'*Une page d'Amour*. Cette étude, qui a Pauline Quenu pour centre, est commencée. Mais, au lendemain de la mort de sa mère, M. Zola l'abandonna pour ne pas avoir à fouiller au milieu de récents et pénibles souvenirs [1].

3° Un roman sur les chemins de fer, avec Etienne Lantier. C'est une idée que le maître romancier caresse depuis longtemps. Il voudrait un drame très simple. Pour décor des tunnels, des gares avec leurs mille sonneries; les stations marqueraient les chapitres. Le sifflement des machines et le fracas des wagons sur les rails, scanderaient les paragraphes.

4° Étude sur les ouvriers, leur rôle politique, clubs, élections, émeutes.

5° Roman sur l'art avec Claude Lantier. M. Zola interrogera ses nombreux souvenirs, les luttes de sa jeunesse, et même mettra à contribution ses amis. Il étudiera les cas les plus curieux d'impuissance dans le monde des peintres et des littérateurs.

[1]. C'est là le prochain roman de M. Emile Zola, dont la publication commencera dans le *Gil Blas* le 13 novembre, et qui paraîtra en librairie vers le 20 janvier; titre : *La Joie de vivre*. Un drame intime, entre quelques personnages, dans un trou perdu, au bord de la mer. Il n'est fait que d'analyses. En somme, M. Zola incarne, dans une figure centrale de jeune fille, l'énergie vitale, l'abnégation aux autres, qui est la seule joie de vivre; tandis qu'il étudie, chez un jeune homme, le pessimisme actuel, et surtout la peur de la mort. L'œuvre tout entière est dans les épisodes.

6° Un des fils de Lantier donnera lieu à un livre sur le crime. Le monde judiciaire, les malfaiteurs.

7° Une étude sur l'armée avec Jean Macquart. M. Zola exposera franchement notre situation militaire avant 1870. Peut-être criera-t-on au manque de patriotisme. L'écrivain estime que c'est être bon patriote que de dire la vérité et les clameurs ne l'émeuvent pas. La désorganisation aboutira à Sedan. M. Zola se rendra sur les lieux et se fera tout expliquer par un officier supérieur ayant assisté au désastre. Flaubert, dans les dernières années de sa vie, caressait l'intention de montrer Napoléon III dans sa calèche, passant, le front baissé, au milieu des malédictions des soldats. Il prétendait que cet ironique tableau serait une fin de livre superbe. L'auteur des *Rougon-Macquart* utilisera cette idée.

8° Un casier vide laissé à l'imprévu, aux inspirations qui pourront survenir.

9° Un roman scientifique qui sera la conclusion de l'œuvre entière et qui éclairera la série. Le médecin Pascal Rougon, un grand savant, rassemblant et classant ses observations sur sa propre famille. L'ouvrage du docteur Lucas sera mis plus que jamais à contribution.

Mais ce dernier livre est encore bien loin, et neuf ou dix années seront nécessaires à M. Zola pour terminer son œuvre. Au moins, car plus il avance, plus il est exigeant et difficile à satisfaire. Il escompte déjà le moment où il pourra écrire la dernière ligne du roman scientifique.

Aussi parle-t-il quelquefois, d'un air un peu lassé, de son œuvre immense.

— Ah ! dit-il, ces idées de jeunesse, ces rêves vastes, il faudrait s'en défier. Aujourd'hui, je suis captif. Je ne puis me tourner du côté du théâtre, où il y aurait tant à faire. D'autre part, mon cycle est clos à Sedan, si bien que je n'ai pas seulement à regarder autour de moi. Je dois me reporter de dix ou douze ans en arrière. Je suis en perpétuel danger d'anachronismes. Et plus j'irai, plus ma tâche deviendra pénible. On a remarqué que dans certains de mes romans je pressais les événements; Nana, par exemple, accomplit en trois ou quatre années l'œuvre de dix ans. Mais je ne voulais pas sortir de mon cadre. Au reste, ces inconvénients sont rachetés par d'incontestables avantages. Un livre, c'est une pierre, vingt livres, c'est un mur.

J'ai indiqué en deux mots pourquoi la base de ce mur n'a pas toute la solidité désirable. La question importe assez pour arrêter plus longtemps la critique.

On lit dans la préface de *Thérèse Raquin* (15 avril 1868) que l'auteur a « voulu étudier des tempéraments et non des caractères, qu'il a choisi des personnages souverainement dominés par leurs nerfs et leur sang, dépourvus de libre arbitre, entraînés à chaque acte de leur vie par les fatalités de leur chair. Thérèse et Laurent, continue-t-il, sont des brutes humaines, rien de plus..... L'âme est parfaitement absente, j'en conviens aisément, puisque je l'ai voulu ainsi. » En tête de la *Fortune des Rougon* se trouve une déclaration, plus explicite encore.

Ces quelques mots donnent la clef des œuvres de M. Zola. Les qualités ne s'y laissent pas toutes deviner, car l'artiste reste, malgré lui, supérieur au philosophe; les défauts y sont en germe.

Qu'on remarque combien cette conception de l'homme diffère de la conception classique. Dans Corneille, l'homme n'est qu'une intelligence; les sens ne comptent pas; les passions sont tout intellectuelles, et la chair n'y entre pour rien. L'avocat normand éprouve du plaisir à dévider un écheveau de sentiments embrouillés, à expliquer une âme par les raisonnements de ses héros. C'est du choc d'esprits divers et de volontés contraires que jaillissent les situations tragiques : il y a là des *caractères* et non des tempéraments.

Les besoins du corps, *cette guenille*, sont systématiquement dédaignés. La bête ne vaut pas qu'on s'occupe d'elle. Elle n'a pas sur l'esprit d'influence réelle. La philosophie cartésienne, qui imprégnait toutes les pensées, ne se doutait point des théories déterministes. L'unité de l'organisme humain, presque reconnue aujourd'hui, n'était devinée que par les Gassendistes. Aussi demeure-t-on sûr que le devoir aura le dessus, du moment que la lutte n'est qu'entre des idées. Il n'en serait pas de même si les personnages avaient des muscles et du sang.

Chez Racine, on peut se livrer à des observations identiques; l'élément passionnel est moins dédaigné; mais cette passion n'a rien à démêler avec l'ivresse des sens qui paralyse le libre fonctionnement de l'intelligence et qui va, dans sa violence, jusqu'à bouleverser les lois de la raison, à changer, dans un esprit, au moins pour un moment, l'injustice en justice, le mensonge en vérité.

Phèdre criminelle a jusqu'au bout conscience de son crime, elle le raisonne, elle le déplore avec une logique rare dans la réalité. Le cerveau prédomine toujours, il comprend l'égarement des sens, il ressemble à un cavalier, emporté par son cheval, qui voit où ce galop le conduit et qui désespère d'être sauvé. Comment, au contraire, conclut l'expérience? Certes, même au milieu des erreurs de la passion, l'esprit, éclairé par de brusques lueurs, voit parfois où il va. Mais cette impression ne dure pas. Si l'horreur de l'inceste se dressait continuellement devant une Phèdre réelle, il est probable, il est certain que cette horreur tuerait l'amour criminel. Une Phèdre réelle pourra avoir de grands remords, mais elle cherchera à les étouffer, elle s'étourdira en caressant l'image obsédante du plaisir convoité. A chaque réveil de sa conscience, les sens la materont, lui mettront un bâillon : l'intelligence étouffée, la bête dominera souverainement : imaginez un idiot empoigné par l'instinct.

Les écrivains du XVII° siècle sont trop exclusivement psychologues. Certains écrivains de notre temps sont trop exclusivement physiologistes, ils s'inspirent de Bichat et de Claude Bernard plus que de Descartes. Les uns s'attachaient trop spécialement à l'intelligence, les autres ont tort de ne voir en l'homme que les sens.

Ces conceptions premières suivent un écrivain dans les moindres détails de l'exécution. On s'attache aujourd'hui à reproduire exactement les plus petites choses. Nos romanciers déploient pour ces minuties un talent de premier ordre : ils évoquent les objets. Au théâtre, cette tendance éclate. On soigne toutes les parties matérielles d'un drame. Veut-on savoir le dédain des comédiens d'autrefois pour toutes ces vétilles ? Voici la copie d'une pièce tirée des archives de la *Comédie-Française*. « CINNA. — Le théâtre est un palais. Au second acte, il faut un fauteuil et deux tabourets, et au cinquième, il faut un fauteuil et un tabouret à gauche du roi. »

Document significatif. Vraiment, de purs esprits n'ont pas besoin de beaux meubles. Le strict nécessaire, voilà tout. Comparez ce palais idéal aux milieux exacts que M. Chabrillat s'efforça de reproduire lorsqu'il montait à l'*Ambigu*, la pièce de MM. Busnach et Gastineau, extraite de l'*Assommoir*. Peut-être aurez-vous une idée de l'abîme qui sépare l'art antique de l'art actuel. J'ai indiqué ailleurs, sommairement, la délicatesse infinie des transitions qui mènent de l'un à l'autre en passant par Rousseau, Diderot, Chateaubriand, Victor Hugo et Balzac. Il convient de répéter ici que la matière, d'abord absente et représentée seulement par les clartés stellaires qui illuminent le récit de Rodrigue ou par le ciel déguisé en Scaramouche des *Fourberies de Scapin*, s'est taillé peu à peu une place prépondérante, énorme, et a fini dans l'art par écraser tout le reste. Nous avons eu au XVII° siècle une littérature qui idéalisait tout, nous avons maintenant une littérature qui matérialise tout.

Inutile de commenter les déclarations de M. Zola : elles se précisent d'elles-mêmes. L'étiquette, collée à chacun de ses romans : *Histoire naturelle et sociale des Rougon*, annonce à elle seule l'idée d'ensemble. Le romancier *cherche la bête, ne voit même que la bête*, ou plutôt ne devrait voir que la bête, s'il restait toujours d'accord avec lui-même. Il n'en est rien, heureusement. Ainsi que la préoccupation de l'animal se fait quand même une petite place dans les œuvres idéalistes, la préoccupation de l'esprit tient une place dans les romans naturalistes.

Il n'y a qu'un équilibre à établir.

M. Emile Zola a des procédés rigoureux, une méthode excellente d'observation et d'expérimentation. Il se réclame du matérialisme qui ne préjuge rien tout d'abord ; seulement il part d'une exclusion abusive. Ne pas confondre le matérialisme avec le bestialisme systématique [1] qui est un élément d'erreur dans l'étude des phénomènes. Mais même un matérialisme plus rigoureux risque de s'égarer dans la recherche des causes. Un positiviste avouera ne pas savoir s'il a ce que l'on convient d'appeler une âme : « La science, dira-t-il, n'est pas encore assez avancée pour qu'on puisse déterminer tous les éléments dont se compose l'homme. Il reste au fond de la cornue des matières difficiles à analyser. A force de patience nous y parviendrons sans doute un jour. Ne nous hâtons pas de conclure avec des données incomplètes. Certains faits sont acquis. Prenons-en note ; contentons-nous en. » Voilà le seul langage vraiment scientifique. Il ne faut pas se troubler au point de prendre des hypothèses pour des résultats. A la plupart des questions qu'on lui pose sur l'homme, le savant consciencieux ne peut répondre que par des suppositions. Il n'en est qu'à l'analyse. L'espoir d'une synthèse reste lointain. Qui sait ? Nous ne possédons qu'un si petit coin de la vérité universelle, et les progrès sont si lents ! On comprend que beaucoup d'esprits, avides d'une foi quelconque, se rattachent à quelque hypothèse transcendantale capable d'éclairer pour eux ce qui reste obscur. Pourquoi donc un littérateur va-t-il s'enticher d'une conception métaphysique, d'un absolu ? Doit-il nécessairement partir du matérialisme ou du spiritualisme ? Que l'être humain soit matière ou esprit, le romancier n'a qu'à observer, et, pour mieux voir, à modifier, s'il le peut, la production d'un phénomène social. Un homme de science n'émet pas une hypothèse, sans immédiatement la contrôler par une

[1]. Je rappelle le mot de M. Zola : « des brutes humaines, rien de plus. »

expérience. Il craint qu'un seul des anneaux de la chaîne, trop peu résistant, ne réduise à néant tous ses efforts. Si l'idée préconçue ne se vérifie pas dans l'expérience « *pour voir* », le chimiste ou le physiologiste, abandonnant sa première idée, en prend une autre et l'essaie à nouveau. Ainsi de suite jusqu'à un résultat. Eh bien ! en dépit de toutes les hypothèses, personne n'a encore trouvé « le fil qui conduit mathématiquement d'un homme à un autre homme. »

Je crois qu'il y a du vrai dans ces affirmations hardies. On doit évidemment tenir compte de la race, du climat et du tempérament. Les influences extérieures exercent souvent sur l'homme une action prépondérante, mais ces éléments ne sont pas les seuls, et je ne puis trouver l'explication de certains phénomènes que dans la constatation de certaines causes encore indéterminées, mais qui existent, puisque j'en vois l'effet.

Vraiment on serait devin à trop bon marché, si l'on admettait sans restriction les idées du docteur Lucas. Un homme a vécu ; de telle race, traversant tels milieux, avec tel tempérament : ces éléments donnés, je déclare que l'individu a été nécessairement un criminel ou un saint. Eh ! non, voilà les faits qui me donnent un violent démenti. Que penser ? l'hypothèse était fausse, selon toute probabilité. Au travail, et cherchons la lumière.

« La doctrine positiviste, m'écrit M. Zola, la méthode expérimentale, sont aujourd'hui les outils qui trompent le moins. Seulement, dans l'application, il faut admettre l'hypothèse, et c'est par l'hypothèse qu'on marche en avant. Elle reste fatalement notre domaine, à nous autres écrivains. Moi, qui ai écrit l'étude sur le roman expérimental, je ne vais pas si loin que vous ; je crois que, tout en acceptant pour bases les vérités acquises de la science, nous devons aller en avant à la découverte des vérités entrevues ».

Oui, à la condition qu'on ne prenne pas des hypothèses pour des faits constatés. Et n'est-ce pas l'erreur de M. Zola déclarant « tenir tous les fils, » de ses acteurs ?

Le romancier des *Rougon-Macquart* n'excelle que lorsqu'il reste observateur. Dans l'étude des basses classes de la société, j'y insiste, le défaut originel se laisse moins sentir que partout ailleurs. Chez les hommes du peuple de nos jours, les ouvriers des grandes villes en particulier, le manque de culture intellectuelle, l'entassement dans un air vicié et dans des maisons trop étroites, l'abrutissement d'un travail tout mécanique que des raisons d'économie mettent à la mode dans nos usines, enfin l'abus effrayant des boissons alcooliques ont fait de tels ravages que la bête humaine seule finit par subsister. L'instinct domine ; l'homme s'y abandonne mollement.

L'Assommoir, ce premier roman imprégné de « l'odeur du peuple », a fait naître bien des brochures et soulevé bien des polémiques. Une bataille s'est livrée autour du livre, la plus vive bataille littéraire de ces vingt-cinq dernières années. Des chefs-d'œuvre ont seuls l'honneur de ces discussions violentes. Mais on ne contestait pas seulement la forme si originale du roman. Les documents eux-mêmes étaient houspillés comme des ennemis par les journaux qui flagornent le peuple souverain et vivent à ses dépens. Indignation intéressée, malhonnête et comique. M. Le Play dans sa *Réforme sociale*, M. Denis Poulot dans le *Sublime* et M. Othenin d'Haussonville dans ses études sur la *Misère à Pa-*

ris, donnent des faits précis et navrants. Il faudrait être bien pyrrhonien pour les contredire. Voyons jusqu'à quel degré de bestialité peut tomber l'homme dans « le milieu empesté » de nos faubourgs.

« Le hasard, dit M. Othenin d'Haussonville, m'a fait une fois accompagner un contrôleur de l'assistance publique chez une femme qui, ayant perdu un de ses enfants à la suite d'une maladie, avait adressé à l'administration une demande de secours. Cette femme, à laquelle une boiterie permanente rendait tout travail difficile, avait son mari en prison et demeurait avec son père et un second enfant dans une toute petite chambre. L'exiguité du mobilier et certains détails dans lesquels je n'entrerai pas, ne nous laissèrent aucun doute, malgré ses faibles dénégations, sur la nature des relations du père et de la fille. Nous nous renseignâmes sur la conduite habituelle de la femme, et on nous apprit que, le jour où l'employé de la mairie s'était présenté pour constater le décès de son enfant, il l'avait surprise, dans la chambre même où reposait le petit cadavre, en compagnie de deux hommes. Ce qui m'a le plus frappé, c'est que cette femme n'avait l'air ni d'une impudente, ni d'un monstre. Elle semblait prendre assez de soins de l'enfant qui restait, et son aspect humble, presque décent, n'avait rien qui, au premier abord, la distinguât de ses voisines. On sentait que c'était moins la perversité de sa nature que la détresse et l'abandon d'elle-même qui l'avaient précipitée dans cette fange [1]. »

Une observation plus cruelle encore de M. Denis Poulot : « Un vrai sublime forgeron — on nomme *sublime* l'ouvrier fainéant et soiffeur — avait touché cinquante francs pour sa paie de quinzaine ; il aurait très bien pu,

[1]. *Revue des Deux Mondes*, 15 juin 1881.

s'il avait fait ses douze jours, toucher de soixante-dix à quatre-vingts francs. Sa femme était enceinte de sept mois ; il avait deux garçons, l'un de sept ans, l'autre de quatre, et une petite fille de quinze mois. Ils habitaient une mansarde sans air, rue de Meaux : deux petites pièces formaient ce logement, si l'on veut donner ce nom à ce taudis. Pendant la quinzaine, le patron lui avait fait avoir à crédit, en répondant pour lui ; il se gorgeait bien ; quant à sa femme et à ses enfants, il ne s'en occupait pas. La malheureuse allait dans un marché, accompagnée de ses enfants, ramasser dans un sac des feuilles de choux ou quelques autres légumes avariés. L'aîné des enfants recueillait l'avoine que les chevaux laissaient tomber aux stations des voitures de place. Elle obtenait de la compassion d'un boucher et d'un marchand de vin quelques morceaux de vieilles viandes et vivait ainsi. A la sortie de la paie, après force litres, notre sublime rentra à onze heures du soir, à moitié ivre et accompagné d'une prostituée du plus bas étage. Après une lutte, et force coups de poing, il força sa femme et ses enfants à coucher dans la première pièce et lui s'installa dans la deuxième avec son ordure. Le lendemain ils partirent ensemble ; mais pour faire *marronner* sa femme, il remit devant elle vingt francs à la prostituée. Le fait nous a été raconté par la femme elle-même, qui, les yeux tout noirs, et accompagnée de ses enfants, vint nous exposer sa pénible situation » [1].

Pour étudier de tels êtres, je ne dis pas de tels hommes, la physiologie de M. Zola suffit. La bestialité apparaît triomphante dans les pages que je viens de citer. Mais lorsqu'il tient sous son scalpel des êtres plus

1. *Le Sublime. La Femme du travailleur*, p. 200-201.

compliqués, l'incomplet de sa théorie ressort manifestement. Le suicide du jeune Georges Hugon, à la porte de Nana, étonne. Il semble au moins improbable qu'un galopin pousse si loin une passion malheureuse. Le romancier ne lui a pas donné un caractère héroïque ; c'est tout bonnement un collégien lâché dans Paris et satisfaisant à tort et à travers ses sens qui s'éveillent ; sa fin tragique choque comme une fausse note. On aura beau déclarer le fait vrai ; un tel cas demeure exceptionnel, et l'exception est dangereuse dans le roman : « Le drame de la vie moderne, a dit M. Zola lui-même dans *Thérèse Raquin*, est plus souple, moins enfermé dans l'horreur et la folie. » L'analyse du lieu commun reste, malgré tout, la base nécessaire d'une enquête sociale.

Le matérialisme de l'idée première influe sur le style. M. Jules Claretie, dans un article peu aimable, parle de « *coulées de chair*, » sans comprendre la poésie de cette réalité farouche. Mais à propos des Goncourt, j'ai parlé du style « impressionniste. » Je n'y reviendrai pas ici.

Conclusion : il faut se défier des idées préconçues qui gâtent les plus beaux talents. Ne suffit-il pas au romancier d'être un observateur, un analyste, un homme de style ? Entre l'écrivain du XVIIe siècle et l'écrivain du XIXe, il y a un équilibre : entre les excès de coloris des frères de Goncourt et la sécheresse de Voltaire, peut tenir une langue à la fois colorée et simple.

Gardons-nous des extrêmes. Comme, après bien des secousses, un siècle de discordes et de luttes civiles, notre société tend à s'établir sur ses vraies bases de liberté et de sagesse, la littérature française, qui a passé par le romantisme et le naturalisme, qui a flotté des excès de l'idéalisme aux excès du matérialisme, finira par s'asseoir dans une forme nouvelle, facilement accessible à tous, la langue démocratique du xxe siècle.

III

LE LOGICIEN

« Zola travaille géométriquement, comme son père l'ingénieur, dit M. Alphonse Daudet, il creuse des canaux, il trace des rues, il étage des bâtisses. »

L'auteur de l'*Assommoir* édifie-t-il un roman, il se préoccupe avant tout de la solidité des fondations.

D'abord il choisit le milieu. Il connaît depuis longtemps le Rougon ou le Macquart qui doit être le principal personnage du livre. Il le fait évoluer à travers un monde spécial. De la pression des circonstances, combinée avec le tempérament, naissent les modifications de caractère. Quant aux épisodiques, le milieu les fournit.

M. Emile Zola dresse ensuite l'état civil de ses personnages, il indique leur race, leur âge, leurs alliances, leur tempérament et jusqu'à leurs plus secrètes tendances morales; il donne leur manière d'être physique, même leurs tics.

Voici le portrait de Nana tel qu'il se trouve dans les notes de M. Zola : « Née en 1851. — En 1867 (fin d'année, décembre) elle a dix-sept ans, mais elle est très forte, on lui donnerait au moins vingt ans ; blonde, rose, figure parisienne, très éveillée, le nez légèrement retroussé, la bouche petite et rieuse, un petit trou au menton, les yeux bleus très clairs avec des cils d'or. Quelques taches de son qui reviennent l'été, mais très rares, cinq ou six sur chaque tempe comme des parcelles d'or ; la nuque ambrée, avec un *fouillis* de petits cheveux, sentant la femme, très femme. Un duvet léger sur les joues....... Comme caractère moral : bonne fille, c'est ce qui domine tout. Obéissant à sa nature, mais ne faisant jamais le mal pour le mal et s'apitoyant. Tête d'oiseau, cervelle toujours en mouvement avec les caprices les plus baroques. *Demain n'existe pas.* Très rieuse, très gaie. Superstitieuse, avec la peur du bon Dieu. Aimant les bêtes et ses parents. Dans les premiers temps très lâchée, très grossière, puis faisant la dame et s'observant beaucoup. Avec cela finissant par considérer l'homme comme une matière à exploiter, *devenant une force de la nature, un ferment de destruction, mais cela sans le vouloir, par son sexe seul et par sa puissante odeur de femme.* »

N'est-ce pas à la fois un acte de l'état civil, un parfait portrait et une excellente analyse psychologique ? Ouvrez le livre à n'importe quelle page et vous verrez s'agiter l'héroïne telle que l'a décrite le maître peintre. Nous sommes loin des *Filles de marbre*. Le romancier reste dans les régions équilibrées de la vérité.

Ses personnages campés, M. Emile Zola vit pendant quelques mois dans le milieu qu'il veut peindre. Il en rapporte un monceau de notes, des détails minutieux, des fragments de dialogue, des croquis. Il interroge ses connaissances, se fait écrire de longues lettres explicatives, dépouille quantité de livres, groupe tous ces documents.

Les matériaux amoncelés, il s'agit de les ordonner. M. Zola procède soigneusement à cette distribution. Amoureux de la symétrie, il garde de l'harmonie entre les chapitres et se trace des limites avant de se mettre à la besogne. Si pour une partie il a trop de documents, il supprime, abrège ; s'il n'en a pas assez, il se donne la tâche d'allonger.

Reste à trouver l'intrigue. Travail pénible pour M. Zola. Il y emploie le raisonnement, sachant que l'imagination le servirait mal. Tel personnage a telles tendances. En telle occasion, telle conduite. Et cet acte réagira de telle façon sur tel autre acteur. Ainsi de suite. C'est le système d'Edgard Poë, ce fantaisiste aux inventions mathématiques. Le romancier se livre à l'enquête d'un juge d'instruction. Quelquefois il est des trois ou quatre jours sans trouver la suite de son roman, mais, brusquement, la lumière éclate au moment où il y pense le moins.

Le fil en main, M. Zola s'avance lentement ; avant d'aborder un chapitre, il en refait le plan en détail. Puis il se met à l'œuvre, écrivant régulièrement trois pages d'impression par jour. Chaque phrase se bâtit dans sa pensée, comme les vers d'un poète, avant qu'il ne la fixe sur le papier. Les trouvailles de la route, non utilisées sur-le-champ, s'entassent sur l'appui-main qui, dépouillé, enrichit les autres chapitres : le plan demeure ouvert. Souvent un effet, préparé dès les premières pages, ne se manifeste que dans les dernières. Marche régulière et sûre. Les romans de M. Zola ont une charpente solide que, seul, le consciencieux Flaubert se donnait la peine d'établir.

Dans le grand cabinet de Médan. Les notes du *Bonheur des Dames* sont étalées.

« Voici l'Ébauche. Je mets là tout ce qui me passe par la tête, aucun souci d'art, ni même d'orthographe. Tous mes livres ont un centre, une idée générale, ce qu'Alexis nomme très bien un *thème mélodique*. Ce thème s'indique dans l'ébauche.

» Je veux écrire un roman où je montrerai la force de l'activité et de l'ordre. J'exposerai le grossissement continu d'une maison qui devient colossale. Trois étapes, le petit commerce, le commerce moyen, le grand commerce. Pour bien faire éclater ce débordement de puissance, j'abandonnerai tout pessimisme; au contraire, je célébrerai le labeur infini du siècle.

» Le dossier des personnages : chacun a son casier judiciaire ; ainsi, une note qui m'a déjà servi pour *Pot-Bouille* : Octave Mouret, marié à telle époque, sous tel régime. J'ai consulté mon avoué et feuilleté le code pour plus de précision.

» Maintenant les notes : j'en ai réuni des quantités. Comment parler des grands magasins sans posséder à fond leur organisation compliquée ? Ici, je ne pourrai, comme dans *Pot-Bouille* abandonner le genre descriptif ; la description s'impose.

» Voici un ensemble de renseignements recueillis au Bon Marché. Ces messieurs se sont montrés fort obligeants.

» Des états de vente, des estimations et une consultation de dame sur les étoffes. Tout cela semble insignifiant et me sert beaucoup.

» Viennent d'autres notes du même genre ramassées au Louvre. Puis deux plans, celui du magasin qui se trouve dans *Pot-Bouille*, l'embryon de mon colosse, et celui du *Bonheur des dames*, à son plus haut degré d'extension.

» Trois ou quatre autres cahiers sur le monde des employés, hommes et femmes : Notes de M. A. du Bon Marché. — Je l'ai invité à déjeuner et je l'ai interrogé. Notes de M. B. du Louvre. Notes de mademoiselle X.

» Je répartis en quatorze chapitres de longueur à peu près égale. Je cherche mon intrigue, patiemment, à coups de logique, et j'écris un sommaire, chapitre par chapitre, très bref encore. Ce n'est qu'avant d'aborder un chapitre que j'en fais un résumé assez développé.

» Je travaille trois heures et demie ou quatre heures tous les matins, posément. Voyez le manuscrit de *Pot-Bouille* : peu de ratures. Je puis dire l'époque où j'aurai fini un livre. »

La véritable inspiratrice de M. Emile Zola, c'est la logique qui lui donnait dès le collège une vraie supériorité dans les sciences ; elle lui a nui souvent, et l'a conduit à substituer la déduction à l'observation.

A cette tendance nous devons *la Faute de l'abbé Mouret*. L'auteur couvre à tort la pure fantaisie du nom de réalité poétique. On peut appeler réalité poétique les tableaux de la vie qui nous inspirent quelque sentiment tendre, mélancolique ou grand, car les choses contiennent une poésie latente : c'est à nous de la découvrir. Mais la seconde partie de l'*abbé Mouret* ne correspond à rien d'existant ; cela peut être de la poésie, mais ce n'est assurément pas du réel.

A côté de ces écarts poétiques, il y en a d'autres également attribuables à un excès de logique.

On a vu par quelles séries de déductions l'auteur de l'*Assommoir* relie entre eux les épisodes de ses livres. Il est certain qu'un romancier ne saurait tout voir et qu'un aspect d'un être ou d'une chose doit lui suffire pour deviner le reste.

Il y a en lui un certain flair comme chez le policier, et ce « flair » est le dieu. Mais cet instinct a besoin de contrôle.

Le meilleur nageur, s'il s'écarte trop du rivage, court le risque d'être emporté par les tourbillons de la haute mer.

Autrement dit, l'hypothèse faite, il devient urgent de la vérifier immédiatement si l'on ne veut chevaucher dans l'absolu. Vérification délicate, je l'avoue, dans une étude sociale, mais non impossible, tant s'en faut.

La presse nous renseigne sur tout.

Les tribunaux livrent aux romanciers des documents précieux. Comme l'écrit M. Zola : *un procès est un roman expérimental qui se déroule devant le public.*

Supposons d'abord qu'on choisira et qu'on ne s'adressera pas aux cas pathologiques exceptionnels. Prenons, non des faits isolés et monstrueux, mais des cas fréquents. Qu'y a t-il de plus commun que les procès en séparation ? Ils jettent une vive lumière sur la question des rapports de l'homme et de la femme, dans nos sociétés avancées. Examinez les unes après les autres ces affaires où l'être est livré dans sa nudité, où toutes sortes de choses intimes sont dévoilées, et vous rencontrerez, au milieu de quelques dissemblances de détail, des analogies nombreuses d'où vous pourrez tirer une règle générale. Une jeune fille élevée de telle façon et mariée dans de telles conditions ne peut être qu'une mauvaise épouse et même une mauvaise mère. C'est presque mathématique. Ainsi le chimiste dit : Deux corps mélangés dans telles proportions formeront un troisième corps qui aura telles propriétés. Les problèmes sociaux sont moins faciles à résoudre que les problèmes des chimistes et des physiologistes. Il y a des éléments inconnus, quelquefois très importants, qui déconcertent toutes les suppositions. Mais on a plus souvent en face de soi des individualités médiocres et inertes, en proie au caprice des événements, que des individualités douées d'activité et de résistance. Pour les premières la méthode du logicien conduit à des résultats étonnants d'exactitude. Il n'a qu'à calculer les forces qui ont agi sur le patient.

Le contrôle, c'est à peu près la seule expérience possible dans les sciences sociales, à moins qu'on n'expérimente directement sur soi. « Expérimenter sur Coupeau, dit M. Brunetière, ce serait se procurer un Coupeau qu'on tiendrait en chartre privée, qu'on enivrerait quotidiennement à dose déterminée, que d'ailleurs on empêcherait de rien faire qui risquât d'interrompre ou de détourner le cours de l'expérience et qu'on ouvrirait sur la table de dissection aussitôt qu'il présenterait un cas d'alcoolisme nettement caractérisé. »

M. Brunetière n'a pas compris. Expérimenter sur Coupeau, c'est, partant d'une idée préconçue, étudier le cas d'un certain nombre de Coupeau, déduire de la comparaison les suites ordinaires de l'alcoolisme et modifier l'idée première, s'il y a lieu.

Le contrôle devient de plus en plus difficile, à mesure que l'on s'élève sur l'échelle des êtres ; tel homme est un exemplaire unique, sur lequel on ne se renseigne pas par analogie.

Heureusement M. Zola prend surtout pour modèles des personnages de nature moyenne. L'impulsion reçue sera déterminante. Ces êtres sont gâtés par les désordres de leur tempérament, ou par le *milieu où ils vivent*.

Mais là aussi le défaut : le logicien descend directement du matérialiste incomplet. Adoptant une conception du monde extrêmement simple, il veut faire triompher la simplicité partout, sans se préoccuper outre mesure des démentis de l'expérience. M. H. Taine écrivait récemment : « Je n'ai encore qu'une certitude, c'est qu'une société est une chose vaste et compliquée[1]. » Devant certains problèmes psychologiques d'une infinie variété, qui empêchent de ramener l'homme à quelques éléments essentiels, à un mécanisme simple agissant logiquement, on est tenté d'appliquer à la cellule ce qui est dit de l'organisme tout entier.

M. Zola ne semble pas se douter de cette complication : sûr de lui, il ne vérifie pas assez ses hypothèses à mon gré.

Il avoue, du reste, que dans ses romans il n'appliquera jamais radicalement ses théories. Il est né et a grandi en plein romantisme. Jusqu'à sa vingt-cinquième année, il s'est nourri des poètes de 1830, et leurs virtuosités lyriques l'ont tellement imprégné que si, pour obéir à sa raison, il se contraint, comme dans *Pot-Bouille*, à un style sobre et sévère, il est mécontent de lui-même, et revient vite à la phrase panachée de Chateaubriand et de Flaubert.

Il ne sacrifiera pas à la réalité ses équilibres savants. Il calcule tous ses effets, ses épisodes gravitent régulièrement autour du personnage principal; ses romans sont des systèmes planétaires. Il est un constructeur, il aime à bâtir des édifices cyclopéens, des halles, ou de grands bazars; voilà sa force et son ori-

---

1. Préface de la *Conquête Jacobine*.

ginalité. Certes, il travaille dans la vie, mais la vie de ses livres est de la vie arrangée par un artiste ; de là, des excès de concentration, un symbolisme trop accusé. Nana, par exemple, tourne au type ; ce n'est plus telle courtisane : c'est la courtisane. Il est rare, que dans un roman de M. Zola, il n'y ait pas à côté des personnages observés un ou deux personnages de fantaisie. Dans l'*Assommoir* même, plusieurs épisodes sont d'imagination pure. La scène où Gervaise va supplier Bazouge de l'emporter est pathétique, shakspearienne, mais point vécue, et ne supporte pas l'examen. M. Zola n'a conservé ces pages que par un reste de romantisme.

Néanmoins, l'auteur de l'étude sur le *Roman expérimental* prévoit une simplification. Les nouveaux venus, préoccupés seulement de livrer de l'humanité saignante à une société positive, en arriveront peut-être à dédaigner tout artifice comme les romanciers russes. Et M. Zola a peur pour la composition et pour le style.

IV

LE POLÉMISTE

Charles Nodier, se gaussant de la restitution des orthographes germaniques dans l'histoire, engageait Augustin Thierry à traduire son nom en celui de Théodorik, et partait de là pour faire spirituellement le procès de la lettre K, « cette perpendiculaire maussade armée de deux pointes obliques et divergentes. » Si le K ressemble à un guerrier scandinave, lance en arrêt, la lettre Z a un aspect plus agressif encore ; on dirait un homme qui, pour se débarrasser de l'ennemi, donne à la fois un coup de poing en avant, un coup de pied en arrière.

Léon Gozlan écrivait des noms : « les uns sont pleins sous leur enveloppe de mauvais instincts, les autres exhalent par tous les pores le musc de l'honnêteté et de la vertu. » Examinez ce vocable exotique : Zola ; il donne l'idée d'un homme décidé, d'un dédaigneux, d'un rude jouteur.

Jusque dans l'écriture du romancier, grosse, ronde, ferme, appuyée, sans ratures, découpant à l'emporte-pièce une idée nette, jusque dans la ponctuation soignée, on trouve l'empreinte d'un caractère. Qui aurait en main les manuscrits originaux de M. Emile Zola, découvrirait bien des choses qui nous échappent. L'écriture d'un poète est, en quelque sorte, la photographie de son esprit.

Or les hommes carrés, qui vont de l'avant, et, pour se faire place dans la cohue, jouent des coudes et marchent sur les pieds de leurs voisins, peuvent être sûrs d'avoir contre eux la coalition de tous les froissés.

Ouvrez les journaux :

« Il faut bien parler de M. Zola, puisqu'on a joué l'*Assommoir*, mais ce n'est pas de bon gré que je m'y résigne. Le tapage qui se fait autour de lui depuis quelque temps, est si hors de toute proportion avec son talent, qu'on craint, en y mêlant une note même hostile, de se faire dupe ou complice d'une immense mystification. J'ai peu hanté les romans de M. Zola, sa littérature étant inhabitable pour moi. J'ai lu de lui, ou pour mieux dire, feuilleté le *Ventre de Paris* et la *Faute de l'abbé Mouret*. Cette semaine, par corvée de métier, j'ai ouvert, pour la première fois, le soupirail qui mène à l'*Assommoir*.

Voici le trou, voici l'échelle, descendez!

Je suis descendu ; j'ai parcouru, à travers un ennui noir et une répugnance écœurante, cet égout collecteur des mœurs et de la langue, enjambant à chaque pas des ruisseaux fangeux, des tas de linge sale humés avec ivresse par leurs ignobles brasseuses,

Et ce que Bec-Salé vomit sur son chemin.

» L'impression que j'ai rapportée de ces trois lectures est celle d'un écrivain sans aucune originalité, né disciple, foncièrement élève, rapin de Balzac qu'il parodie, de MM. Flaubert et de Goncourt, qu'il caricature cruellement. Outrer l'outrance et violenter la violence, défigurer la grimace et ravaler l'avilissement, tel est le procédé exclusif de cet esprit attelé, quoiqu'il rue dans son attelage, et qui croit creuser des sillons en défonçant des ornières. » (PAUL DE SAINT-VICTOR.)

« ... Les auteurs de la pièce [1], dont un M. Busnach qui est très parisien et connaît le théâtre pour s'y être fait maintes fois applaudir, ont jugé prudent de décrasser les personnages, volontairement repoussants, ignobles ou bêtes, que M. Zola nous a présentés comme l'incarnation du peuple.

» ... A l'encontre de ce personnage des contes de fées, qui changeait en or tout ce qu'il touchait, M. Zola change en boue tout ce qu'il manie. Une odeur de bestialité se dégage de toutes ses œuvres ; ses livres sentent la boue. Ce priapisme morbide qui n'est autre après tout que celui des romans de Marc de Montifaud, se retrouve, chez lui, dans ce style qu'il a pris, absolument pris aux frères de Goncourt...

» Il est tellement secoué de cette lubricité littéraire que les sentiments naturels deviennent avec lui hideux, comme dans *Une page d'amour*, qu'il ne peut décrire une poupée, une pauvre petite poupée d'enfant, gisant à terre, les jambes écartées, sans éveiller, sans chercher à éveiller aussitôt des idées sensuelles...

» Ah ! que de papes aujourd'hui, et que de moutardiers du pape, qui se croient impeccables ! Nous la raillons, l'infaillibilité du pape, et il y a dans les lettres, dans les arts, un certain nombre de vaniteux, qui se posent à eux-mêmes la tiare sur la tête, et ne souffrent pas qu'on les discute. La tiare de M. Zola est faite, d'ailleurs, du linge sale de Gervaise...

» ... La main, chez lui, comme chez certains peintres, est extraordinaire de facture et de pâte. Le cerveau manque. M. Zola est le chef d'une école que je crains bien de voir grandir outre mesure : *l'école de l'assurance et de l'ignorance.* »
(JULES CLARETIE) Feuilleton de la *Presse*, 20 janvier 1879).

« ... Emile n'était pas très mièvre, ni très éveillé ; mais ce qui chagrinait sa famille, c'était une certaine paresse de langue, non pas un bégaiement caractérisé, mais de la difficulté à articuler certaines consonnes. Ainsi, par exemple, au lieu de saucisson, il disait *tautitton*. Un jour pourtant, vers quatre

---

[1] *L'Assommoir.*

ans et demi, dans un moment de colère, il proféra un superbe *cochon* : Le père fut si ravi qu'il donna cent sous à Emile. Cela n'est-il pas curieux en effet que le premier mot qu'il prononce nettement soit un mot réaliste, un gros mot, un mot gras, et ce mot lui rapporte immédiatement.

» Voyons, de bonne foi, n'y-a-t-il pas là un avertissement d'en haut : *Hoc verbo vinces ?* Oui, un présage, un symbole, comme une marque de prédestination ! Evidemment, cette pièce de cinq francs gagnée d'un seul mot, M. Zola se l'est un beau jour rappelée au temps où les choses décentes qu'il écrivait ne faisaient pas venir un centime à la caisse. Une révélation, ce souvenir se réveillant brusquement ! Et alors il se sera écrié : Eh bien, au fait, et les mots à cent sous ! Alors, de même qu'en son jeune âge, ils lui ont porté bonheur, et, comme tout, dans l'intervalle avait renchéri, on les lui a payés dix francs, aujourd'hui vingt ou trente, que sais-je ? Enfin, ce qu'il veut. »

(Maxime Gaucher). *Revue politique et littéraire.* 11 février 1883.

« ... *Trahit sua quemque voluptas*. On assure que Louis XIV aimait l'odeur des commodités. M. Zola, lui aussi, se plaît aux choses qui ne sentent pas bon. Personne ne songe à lui disputer ses jouissances : nous voudrions seulement un peu de tolérance pour ceux qui ont le nez fait autrement que le sien...

» ... Que M. Zola prenne plaisir aux découvertes que son expérience et sa sagacité peuvent faire dans les bas-fonds de l'animalité, cela le regarde.

» Qu'en cultivant ce genre de littérature, il crée à la fois, et satisfasse des appétits malsains : les amis du bon sens, du bon goût et des bonnes mœurs peuvent s'en plaindre, mais il reste, après tout, dans son droit personnel. La seule chose que nous lui demandions, c'est de ne pas exiger que tout le monde soit aussi déniaisé que lui-même, c'est de ne pas accabler d'un si féroce mépris quiconque a encore par hasard le préjugé de la raison et de la décence.

» M. Zola a supprimé de la littérature le fond et la forme, la pensée et le talent. Il a l'air d'écrire avec une pointe de corne sur des feuilles de plomb...

» ... Il y a déjà eu des phases de littérature libidineuse, des époques où l'on se croyait très neuf et très fort, parce qu'on osait tout. Mais ces époques-là n'ont pas de lendemains, et les livres auxquels je fais allusion ont toujours constitué une classe à part, peu honorable et peu honorée. »

(EDMOND SCHÉRER — *Le Temps*, 25 mai 1881).

« ... Une littérature infecte, s'est produite à la faveur des triomphes de la démocratie et du radicalisme comme ces couches d'insectes puants et malfaisants qui pullulent dans la vase, et en augmentent la pestilence, après les débordements ».
(*Gazette de France*, ARMAND DE PONTMARTIN.)

« ... On s'entretient depuis huit jours de l'article de M. E. Zola à l'usage de la Russie, dans lequel il prétend administrer le knout aux romanciers français, en exceptant toutefois les confrères de la librairie Charpentier.

» Pour mon compte, je ne suis pas surpris. Une enquête, sérieuse, polie, des principes clairs, des définitions exactes, m'eussent étonné davantage. Je trouve M. Zola dans la logique de son talent comme dans la plénitude de son droit. On sait qu'il a l'épiderme aussi chatouilleux qu'il a le poing épais, et ses dédains sont des représailles.

» Je n'avais pas attendu sa pitié méprisante pour dire mon sentiment il y a bientôt dix ans sur la *littérature putride*; je suis presque confus, désappointé d'être si peu injurié. M. Zola accorde une réalité approximative aux peintures de province que j'ai faites dans mon roman *Monsieur et madame Fernel*. Il est bien bon, il est trop bon, je ne veux pas de ses ménagements. Thérèse Raquin et Gervaise doivent plus de gros mots à Madame Fernel. Elles ne se vengeront jamais assez.

» Je sais bien que M. Zola m'avait déjà pardonné mon indignation sincère, quand il daignait, par exemple, me demander de le prendre pour collaborateur au journal *la Cloche*.

» Je fus heureux de lui donner les moyens de faire une besogne décente, bien qu'il fût obligé de rendre compte de l'Assemblée de Versailles. J'eus plusieurs fois à corriger, à assainir, à supprimer des passages scabreux, et j'ai des lettres où il se plaint de ma pudeur.

» ... Il se souvient, à la fin, de mon accueil confraternel, quand il ne m'assomme qu'à moitié, et de mes critiques, quand il me jette en dehors de la critique actuelle. Il a bien tort, s'il est un peu reconnaissant. Je ne lui demande pas plus d'égards que ses héros n'ont de conscience, je serai toujours très honoré de sa rancune...

» ... Je me souviens d'avoir lu dans *Thérèse Raquin* avec la description d'un cadavre de femme en décomposition : « C'est à la Morgue que les voyous ont leur première maîtresse. » Je voudrais que les écrivains de mon temps ne bornassent pas leurs amours éternelles aux premières amours des voyous. »

(*Revue politique et littéraire*. — 28 décembre 1878.)

« ... M. Zola trouve inutile et dangereux de remettre *Pot-Bouille* sous les yeux des magistrats. Ce n'est pas pour qu'il soit discuté au palais que ce roman est écrit. Un adoucissement général paraît d'ailleurs se produire dans la manière de l'auteur. Il y a quelques jours, les mots crus particulièrement affectionnés par M. Zola, ont été remplacés par des points. C'est un premier accès de pudeur, qui en amènera d'autres. Les points seront remplacés par des euphémismes, et Cambronne finira par dire, pour tout de bon : *La garde meurt et ne se rend pas :* ce sera plus propre.

» Ainsi nettoyé, le roman, qui s'écoule dans le *Gaulois*, s'il ennuie autant, donnera des nausées moins violentes.

» ... Dans *Pot-Bouille*, M. Zola, qui a une vieille rancune contre Lamartine, dont la muse sereine paraît une insulte à la boue, a soin de faire, de la plus ignoble commère, une lectrice assidue de *Jocelyn*, et une pauvre petite femme lymphatique ne prend un amant que parce qu'elle a lu *André*, de George Sand! »

(*Revue politique et littéraire*. — 18 février 1882.)

« ... On avait essayé une fois ou deux le système des points pour remplacer les vilenies; maintenant on en retranche autant qu'on peut. On n'a plus qu'une vague odeur de papier nettoyé. »

(*Revue politique et littéraire*, 4 mai 1882.)

« ... Il faut constater une répulsion unanime.

» On s'est demandé souvent pourquoi il n'y avait jamais un personnage spirituel dans les romans de M. Zola. Tout le monde y est bête, cela n'est pas naturel, l'auteur a trop de parti pris.

» On s'est demandé aussi pourquoi tout le monde y est sale.

» On a cherché encore pourquoi l'amour, avec ses exigences ses petitesses, ses infirmités, mais avec toutes ses illusions nécessaires, avec ses grandeurs natives, était toujours traité comme un sujet horrible. Il n'y a pas, dans toute l'œuvre de M. Zola, l'accord de deux imaginations (si le mot âme lui répugne) lors de l'accouplement de deux êtres. On dirait un malthusien enragé, doublé d'un moine, qui proscrit l'amour comme l'impureté la plus funeste, et un moyen scandaleux de propagation de l'espèce.

» Si M. Zola avait encore sa mère, il n'eût pas osé, sans doute, lui laisser lire ce chapitre immonde de l'accouchement d'Adèle.

» On n'a pas besoin d'avoir été père pour ne pas parler avec cette acrimonie ignoble, de ce qu'il y a de plus mystérieux, de plus grand, de plus divin, en somme, dans l'humanité...

» Je ne sais pas la femelle qui pourrait se reconnaître dans les immondices du récit de *Pot-Bouille*...

» Cette fois l'extravagance de la grossièreté a dépassé toute limite. Ce n'est plus ni de l'observation, ni de la littérature, ni quoi que ce soit qui vaille la peine d'être discuté et d'être lu, c'est du gâtisme.

» Comment fera M. Busnach, pour décanter *Pot-Bouille* et en extraire l'essence d'un drame ?

» Il fera bien d'aller s'informer des procédés à Nanterre, non pas, bien entendu, auprès du comité des Rosières, mais à l'usine.

(*Revue politique et littéraire*, 29 avril 1883.)
(Louis ULBACH.)

Ces pages méritaient d'être citées tout au long. Elles ont leur éloquence, montrent l'acrimonie de la critique courante, à l'égard des romanciers naturalistes, « troupe galeuse qui perce les abcès purulents de la société, et dont les romans font un vomissement dans notre littérature[1]. » Un jour, probablement lorsqu'il aura terminé la série des *Rougon-Macquart*, M. Emile Zola se propose de prendre des ciseaux, et de faire un curieux découpage

---

[1]. *La jeune France*.

dans tout ce qui a été fulminé contre lui. Il écrira une préface sereine et publiera le volume sous ce titre : *Leurs injures*. Et devant ce chapitre d'histoire, les esprits apaisés du siècle prochain se demanderont si toutes les basses passions littéraires, la vengeance et l'envie, y ont plus collaboré que l'ignorance, ou l'ignorance que la mauvaise foi.

Ni Giboyer, ni Nachette ne sont morts, certes. Pourtant on se refuse à croire aux vilenies absolues, on aime mieux dire : Ils jugent sans avoir lu. Sur cent personnes connaissant l'*Assommoir* ou *Nana*, il y en a quatre-vingt-dix qui n'ont pas ouvert les autres romans de la série. Même des critiques, surtout des critiques.

La *Conquête de Plassans* a eu un article, la *Faute de l'abbé Mouret* deux ; il y avait autour des premiers *Rougon-Macquart*, un parti pris de silence. On a vu l'aveu de Paul de Saint-Victor.

Somme toute, ces griefs violemment formulés se résument en deux principaux : l'éternelle accusation de plagiat, et le reproche d'immoralité.

Passons sur le plagiat : on l'a lancé dans les jambes de Molière. S'il est vrai, par exemple, comme le prétend M. Brunetière, que M. Zola ait trouvé dans l'*Histoire de la littérature anglaise* l'embryon de la scène où Muffat aboie et marche à quatre pattes pour obéir à un caprice de Nana, on ne saurait reprocher au romancier français d'avoir utilisé l'idée d'Otway. Le dialogue si amoureux et si poétique de Dona Sol et d'Hernani, le soir des noces, n'est-il pas un ressouvenir du *Marchand de Venise*, où se trouve le même décor, la même tendresse épandue dans les rayons lunaires ? De tels exemples foisonnent, ce qui n'empêchera pas demain un Paul Perret quelconque d'écrire : « Quel besoin ce puissant et sinistre charivarique (M. Zola) avait-il besoin de se parer, lui et les siens, des plumes du premier de tous les harmonieux ? » Le premier des harmonieux, c'est Rousseau. Le critique de la *Revue de France* ferait sagement d'étudier la phrase de Rousseau.

Mais ce qui a fait le plus de tapage, ce sont les clameurs de pudibonderie : elles ont été une bonne fortune pour le romancier, ont contribué au succès de l'*Assommoir*. Il y a des gens qui achètent M. Zola comme Rabelais, pour y chercher les scènes osées et les mots crus.

Il serait pourtant temps, comme dit la chanson, de la couler à fond cette question rabâchée de la moralité dans l'art. Notre siècle, écrivait M. Léon Cladel dans la préface des *Va-nu-pieds*, est un siècle hypocrite. Une sorte de puritanisme de surface est de bon genre au même titre que l'habit noir ou le chapeau de haute forme. De nos jours Aristophane ferait de temps en temps six mois de prison pour intempérance de langue, Rabelais serait mis à l'index comme un lépreux, et la bonne compagnie s'effaroucherait de la verve franche de Molière. Les mères n'osent pas conduire leurs filles au *Théâtre-Français*, quand on joue les pièces de ce polisson. Ah! nous valons mieux que les Athéniens du temps de Périclès, que les Italiens du siècle de Léon X et que les Français du siècle de Louis XIV : c'étaient des êtres grossiers, de rire épais, et nous nous trouvons le palais bien plus délicat.

On est stupéfié parfois de voir où cette délicatesse va se nicher. M. Jules Claretie a fait connaître un arrêté interdisant *Diane de Lys*, qui, rapproché de la signature de son auteur, est incroyable, homérique.

10 janvier 1853.

« Ce drame..... quand la passion n'y prêche pas l'adultère, le vice élégant y raconte son immoralité.

» Les dangers que pourrait présenter à la scène un ouvrage de cette nature nous ont paru de trois sortes ; il atteint la famille en attaquant les devoirs du mariage ; en peignant sous de fausses couleurs les passions du grand monde, il fournit un texte aux déclamations contre les classes élevées de la société ; il fait revivre sur la scène des théories corruptrices qui avaient envahi le drame et le roman après 1830. En conséquence et à l'unanimité, nous ne croyons pas pouvoir proposer l'autorisation de cet ouvrage. »

Approuvé : F. DE PERSIGNY.

M. Alexandre Dumas fils, ce terrible prêcheur, faisant rougir le candide Fialin. Quel comble ! La leçon est rude pour l'auteur du *Demi-monde*, pour l'homme à qui M. d'Haussonville disait malignement en le recevant à l'Académie : « Vous, immoral ? Allons donc ! Vous avez bien raison de vous défendre, monsieur. Je vous trouve très moral, trop moral. Viennent les imitateurs, et je craindrais de les entendre me dire comme dans la satire de Boileau :

Aimez-vous la morale ? on en a mis partout. »

C'est de l'autre côté du détroit qu'on met la morale à toutes les sauces. La race anglo-saxonne, et généralement toutes les races protestantes, sont d'un rigorisme dont nous nous faisons à peine l'idée. Miss Rhoda Broughton, une romancière frêle et maniérée, a scandalisé ses compatriotes pour avoir prêté à l'une de ses héroïnes cette opinion que « le mariage décidément était une chose haïssable. » On enferme soigneusement, loin de l'œil des enfants *Joanna* ou *Fraîche comme une rose*.

Pensez donc ! « Ternir la pureté d'Athalie, corrompre Napoléon ! [1] »

Je ne suis pas bien assuré qu'il n'entre pas quelque jalousie dans cette coalition des mistress. Les femmes des ministres protestants, et là-bas toutes sont un peu femmes de ministres, ne peuvent garder pour elles leurs épanchements intimes. L'habitude de remplir de plaintes et d'aspirations les pages blanches de la bible familiale leur donne l'envie de parvenir au public. Il n'en est pas une qui n'ait noirci, presque toujours sans succès, plusieurs rames de papier. On a vu se former toute une littérature femelle, prêcheuse et idiote, qui se distingue par sa fécondité. Il est de ces mistress qui pondent un livre tous les trois mois.

En Amérique, c'est la même chose, le même respect du cant s'affiche. Le diable ne doit rien y perdre. Lorsqu'un critique s'occupe d'un écrivain quelconque, la première question qu'il se pose est celle-ci : est-il moral ? Si oui, il a du talent, si non, il faut jeter ses œuvres au feu. Tout dernièrement nous parvenait un livre d'un certain M. Mathews sur les auteurs dramatiques français. L'auteur a beau avoir habité longtemps la France, il juge en Américain. M. O. Feuillet lui-même, le romancier musqué qui a tant de succès dans le faubourg Saint-Germain, est formellement condamné comme un corrupteur. Les Américains renchérissent encore sur M. de Persigny.

Ce qui a glacé notre vieux sang gaulois, ce sont ces mœurs gourmées, quasi protestantes, introduites par nos modernes doctrinaires.

Ces messieurs ont perdu leur toute-puissance, mais ils restent les piliers de la *Revue des Deux Mondes* et de

1. *Madame Bovary*, p. 276.

la Sorbonne, et même ils essaient de revenir, à la faveur du régime parlementaire, aux situations souveraines qu'occupa si souvent et si longtemps Guizot, leur patron.

En face de ces tartufes qui se voilent devant la gorge nue de Dorine, adorent la grisaille et haïssent la description franche, maintenons hardiment les droits illimités de l'écrivain. La liberté, nous l'avons conquise. Nous avons eu notre 89 littéraire, et ce ne sont pas quelques gravités et quelques pudeurs, cachant sans doute bien du vide, qui nous empêcheront de marcher en avant. La nature dans toutes ses manifestations, l'homme, et tout l'homme, nous appartiennent. Pourquoi ne pas défendre au chimiste ou au physiologiste d'expérimenter sur la vie puisqu'on voudrait interdire au romancier de fouiller les profondeurs humaines ? Quelle contradiction ! l'anatomie permise et l'analyse morale prohibée.

Qui donc oserait tracer les limites de l'art ?

Sur ce terrain mouvant, faut-il aller jusque-là, plus loin ou plus près ? Un homme de génie, qui aurait passé sa vie à étudier cette haute question, ne saurait la résoudre. Et par qui la fait-on trancher d'ordinaire ? Par des juges, par des hommes qui n'ont étudié que le Digeste, qui sont capables de préférer un article du Code à un vers de Victor Hugo. C'est trop compter sur les lumières d'en-haut. La sagesse ne descend pas du ciel sur les bonnets carrés ; la toge n'est pas infaillible. Le plus souvent vulgaire, très incapable de donner un avis original en matière d'art, digne de se mirer dans l'arrêt condamnant *Madame Bovary :* voilà l'arbitre.

Je suis navré lorsque je vois traduire devant les tribunaux certaines feuilles aussi mal écrites qu'ordurières. En les condamnant on crée des précédents fâcheux. Il peut arriver qu'une œuvre forte, mais audacieuse, éveille l'attention de la justice : sera-t-on capable d'établir une différence entre l'art et la spéculation ? L'expérience du passé prouve que non. Des juges prévenus condamneront les *Fleurs du mal* aussi bien qu'une saleté quelconque. De par le code il sera permis de décrire certaines scènes et non certaines autres. Qu'on imagine un tribunal défendant aux peintres d'employer du rouge. En 1876, l'*Assommoir* soumis à l'appréciation de juges aurait été condamné certainement ; on ne se serait pas douté — je ne dis pas de la haute valeur littéraire de l'œuvre — mais de sa moralité profonde.

Tout livre, par cela même qu'il est vrai, porte dans ses entrailles un germe utile. Le romancier naturaliste fait la besogne du greffier qui résume une instruction, étale, et avec quel cynisme parfait ! les résultats d'une enquête. De même qu'on exige d'un témoin toute la vérité, de même l'historien social se croit tenu en conscience à ne cacher aucune plaie. Il racontera : J'ai vu les promiscuités de nos faubourgs. Dans l'entassement des maisons ouvrières, les enfants, mâles et femelles, gîtent pêle-mêle, ont sans cesse sous les yeux l'ivresse des parents ou la bestialité de leurs accouplements. Les petits comprennent trop tôt, se communiquent des vices et des maladies. Dès sa première communion, la fille qu'on envoie faire les commissions coudoie les cynismes de la rue, s'initie aux obscénités des capitales ; bientôt, à peine nubile, sentant s'éveiller en elle la coquetterie de la femme, lasse des reproches et des coups, elle abandonne la caserne où souffle « un vent de crevaison » — et voilà une courtisane de plus.

L'œuvre du poète est achevée, l'œuvre du législateur

commence. L'un a divulgué le mal ; à l'autre de trouver le remède, de porter la pioche dans l'infection des taudis, de procurer aux poumons des pauvres gens un peu d'air pur, à leurs pieds un peu d'espace, à leurs yeux un peu de soleil, à leurs misères physiques et morales un peu d'allégement. Lorsqu'un médecin connaît bien une maladie, il y a mille chances pour qu'il la combatte avec succès ; nos documents équivalent à un diagnostic précis.

Tous les romans de M. Zola n'ont pas assurément la portée sociale de l'*Assommoir*, mais de tous se dégage son enseignement. Dans *Nana*, l'écrivain a jeté à bas de son piédestal la poétique *Dame aux camélias*, il l'a montrée accomplissant son œuvre « de ruine et de mort » avec l'inconscience d'un élément. Dans *Pot-Bouille*, il a touché le vice des traditions bourgeoises, il a détaillé les multiples causes de l'adultère femme, l'hystérie des vieilles races, le culte forcené du veau d'or et la bêtise des éducations mystiques. Il a même fait voir hardiment l'accouchement louche, plein de tentations criminelles de la pauvre fille séduite, les dégoûts du plaisir, les rachats du vice et les terribles responsabilités de l'homme sans cœur.

Si vous condamnez l'*Assommoir* et *Pot-Bouille*, condamnez La Fontaine et ses fables que vous mettez entre les mains de vos enfants. Vous leur laissez lire que dans la vie le droit du plus fort est toujours le meilleur, et que l'homme est pire que le serpent ? Sous la bonhomie résignée de ces leçons profondément humaines, n'en distinguez-vous pas la cruauté et l'amertume ? Pour des enfants toutes ces duretés, mais pour des hommes on veut l'illusion, la fantaisie des poètes. Un vaillant esprit arrache-t-il les draperies et les oripeaux, s'écrie-t-il : Vous vous êtes trop longtemps grisés d'idéal ; rester au dehors du réel est dangereux, il faut redescendre dans ce monde moderne que vous ne connaissez pas, je vous le montrerai.

Toutes les bouches dégorgent d'injures. Le sommeil était si doux ; le réveil est si brusque. Comment ! vous découvrez tous ces ulcères, cyniquement ! vous êtes ordurier, vous êtes infâme, vous vivez dans la boue !

Abandonnant aux bourgeois les palinodies morales, quelques artistes parlent du goût comme d'une personne de leur famille. Décrire une bataille de blanchisseuses, une fessée dans un lavoir ! Fi ! Cynique ! Quel tableau réprouvé du bon goût ! soit. Sacrifions au goût. Mais il serait urgent de le définir ; d'abord, s'il y a autant de goûts que d'individus, je ne vois pas de quel droit on prétend m'imposer le goût des autres ; j'aime les navets ; Charles les exècre, et ne peut sentir que la pomme de terre ; si Charles veut absolument m'étouffer avec son légume, je protesterai.

Aristophane peut à peine se traduire en français ; Rabelais emplit de honte La Bruyère et M. Taine ; Shakspeare ou un de ses contemporains, — la paternité de la pièce est discutable — place dans un bordel les premiers actes de son *Périclès* ; Saint-Simon, non content de faire sentir à son lecteur jusqu'à des odeurs de latrine, montre la duchesse de Bourgogne prenant son clystère dans la chambre du roi, en plein siècle pompeux ; Molière égaie avec les coliques d'Argan comme Shakspeare avec le pot de chambre de Falstaff ; Voltaire ricane la *Pucelle* ; Balzac cisèle les *Contes drôlatiques* ; Régnier exhibe Margot dans la plus étrange posture :

Par je ne sais quel trou je lui vis jusqu'à l'âme.

Et il nous serait défendu, à nous, « la jeune et sérieuse école du roman moderne, de penser, d'analyser, de décrire tout ce qu'il est permis aux autres de mettre dans un volume qui porte sur sa couverture : *Etude* ou tout autre intitulé grave [1]. »

Ces droits de l'écrivain, M. Emile Zola les a revendiqués dans la presse pendant quinze ans. Dès 1866, lorsqu'il était encore employé à la maison Hachette, il esquissait dans le *Salut Public* de Lyon les idées appuyées plus tard au *Figaro*. Le style, d'abord périodique et oratoire, a tendu de plus en plus à une robuste simplicité, mais le fond est resté le même.

« Voilà les pièces du procès, disait M. Zola, en livrant au public le dernier et septième volume de ses œuvres critiques, on m'a reproché ma passion. C'est vrai, je suis un passionné, et j'ai dû être injuste souvent. Ma faute est là, même si ma passion est haute, dégagée de toutes les vilenies qu'on lui prête. »

Le critique militant du *roman expérimental* ne regarde que par son étroite lucarne, et, par conséquent, ne saisit qu'un coin de l'horizon. Beaucoup plus radical en théorie qu'en pratique, il n'a pas l'éclectisme raisonné et si hospitalier d'un lettré comme Sainte-Beuve. Celui-là était en littérature un gourmet ; il savait tout apprécier, sans cacher pourtant ses préférences, et cette large ouverture d'esprit ne tenait pas seulement à une culture immense, à une érudition voisine du prodige, mais surtout à la situation désintéressée de l'écrivain, placé en dehors des rencontres quotidiennes, et, du fond de son cabinet de travail, jugeant curieusement les coups. Sainte-Beuve avait l'ambition de jouer dans notre siècle le rôle de Boileau ; il s'abusait, car Boileau fut toute sa vie un batailleur.

1. Edmond de Goncourt. Préface de la *Fille Elisa.*

M. Zola, lancé très jeune dans la lutte, a acquis son savoir très réel un peu à bâtons rompus, entre deux combats pour le pain de chaque jour; de là quelque chose d'incomplet. Et puis M. Zola n'a rien moins que le cerveau d'un lettré. Il ne faut pas oublier que l'œuvre critique reste une annexe des études sociales du romancier, et que ses essais ne sont guère que des justifications de ses romans, des exposés de sa doctrine, plus ou moins clairs et appuyés sur des exemples plus ou moins bien choisis.

Le titre du premier volume : *Mes Haines*, et le ton de la préface contrastent avec la modération générale. « La haine est sainte, s'écrie M. Zola. Elle est l'indignation des cœurs forts et puissants, le dédain militant de ceux que fâchent la médiocrité et la sottise. Haïr, c'est aimer, c'est sentir son âme chaude et généreuse, c'est vivre largement du mépris des choses honteuses et bêtes.

M. Zola est loin d'avoir dans les articles de *Mes Haines* la carrure et la liberté de jugement qu'il déploiera plus tard. Il ménage encore la chèvre et le chou, et le titre ne se justifie qu'appliqué au salon de 1866, joint par l'éditeur à la dernière édition. Dans *Mes Haines* le style a des allures majestueuses à la Chateaubriand. Défaut de jeunesse: sous ces draperies, on trouve les idées aujourd'hui si contestées. L'étude sur M. Taine renferme l'excellente définition d'une œuvre d'art : un coin de nature vu à travers un tempérament, traduction libre de l'expression baconienne : *homo additus naturæ*. La nécessité de l'observation s'affirme dans ce passage : « Lorsque les œuvres sont trop personnelles, elles se reproduisent fatalement; l'œil du visionnaire s'emplit toujours de la même vision, et le dessinateur adopte certaines formes dont il ne peut plus se débarrasser. La réalité, au contraire, est une bonne mère qui nourrit ses enfants d'aliments toujours nouveaux ; elle leur offre, à chaque heure, des faces différentes ; elle se présente à eux, profonde, infinie, pleine d'une réalité sans cesse renaissante. » — Extrait d'une étude sur Gustave Doré. — M. Zola saisit parfaitement la double face de ce talent trop subjectif, passant brusquement des lumières éblouissantes aux ombres noires et tirant des contrastes ses plus puissants effets. La remarque s'applique à bien des poètes, et particulièrement à Victor Hugo et à la *Légende des Siècles* que Doré aurait si bien illustrée. Elle vise les romanciers idéalistes, ces ennemis nés de M. Zola ; mais ne mérite-t-il pas lui-même le reproche qu'il a adressé à la Rochefoucauld ? « Il se plaît à ne montrer qu'un côté de la vérité, et ce côté étant vrai, il nous abuse à force d'art et nous fait accepter, comme certitude entière, une moitié, un tiers seulement de certitude ».

Le germe de toutes les œuvres de M. Zola, de ses romans aussi bien que de ses œuvres critiques, se cache dans les lignes qu'il écrivait à vingt-cinq ans. La vie d'un artiste est consacrée à exécuter des conceptions de jeunesse.

Le salon de 1866, dans le *Figaro*, occasionna la première bataille de l'auteur des *Contes à Ninon*. L'affaire fut chaude, les peintres ayant l'épiderme sensible, plus sensible que les écrivains. La série des articles interrompus par la cabale parut en brochure sous un titre où s'affirme la personnalité de l'auteur : *Mon Salon*.

Rien d'étonnant que M. Zola ait crié du comptoir d'Hachette à qui voulait l'entendre : Je suis une force ! Si le mot n'a pas été prononcé, il semble implicitement contenu dans maints passages de *Mon Salon* et de *Mes Haines*. Avoir la haine des médiocres, réclamer pour eux la guillotine, choisir des titres où le moi s'affirme, en dépit de toutes les observations de La Bruyère, déclarer par exemple : « Il me plaît d'étaler une seconde fois mes idées. Je crois en elles, je sais que dans quelques années j'aurai raison pour tout le monde. Je ne crains pas qu'on me les jette à la face plus tard », c'est dire carrément : je suis un fort ; c'est renoncer à tout masque conventionnel ; c'est montrer qu'on a de soi haute opinion. Et pourquoi pas ? Je trouve pour ma part bien plus offensante une feinte modestie que cette personnalité franchement affirmée. Il y a dans l'emploi du nous qu'affectionne Th. Gautier ou dans la troisième personne d'Hugo une certaine hypocrisie ; lorsqu'on se sent les reins solides, il ne me déplaît pas qu'on le crie sur les toits. « Le monde, a dit Sainte-Beuve, en littérature comme en tout, est à ceux qui frappent fort. Heureux le monde, si ces puissants et ces forts frappent juste en même temps. [1] »

M. Zola a conservé la religion de la force. Il plaint peu les victimes de la grande bataille humaine, aime surtout les poings puissants et les épaules solides. Il a lu Darwin et accepté délibérément les lois fatales de la lutte.

A propos du Salon de 1866, les appréciations de M. Zola sont contestables. Il eut le mérite de deviner le grand avenir de l'école impressionniste qui renouvelle la peinture comme l'école naturaliste renouvelle la littérature ; cependant n'exagère-t-il pas la valeur de

---

[1]. *Nouveaux Lundis.*

Manet, fécond inventeur, artiste original assurément, mais incomplet ? La peinture japonaise — c'est le terme qui caractérise le plus justement la manière du chef de l'école — a toujours été goûtée de M. Zola. Les décorations de son habitation de Médan le prouvent.

Mes Haines, voilà l'œuvre critique du jeune homme. Les articles du *Bien public* et les essais du *Messager de l'Europe* accentueront les indications précédentes.

M. Zola revient à la tradition dont les lyriques s'échappèrent pour voguer en pleine fantaisie : l'art est l'imitation de la nature. Mais là où les classiques imposent une sorte d'éclectisme, M. Zola demande une reproduction littérale. Toute élimination constitue pour lui un élément d'erreur ; ne voir un édifice que sous une face, ce n'est pas connaître cet édifice. Tout détail caractéristique mérite donc d'être noté, qu'il soit gracieux ou disgracieux, fait pour plaire ou pour déplaire. Ce qu'on nomme le goût est « une drôlerie inventée par les philosophes pour la plus grande hilarité des artistes. » L'art doit reposer sur une base plus solide ; cette base, c'est la nature telle quelle. De cette façon, la littérature pourra devenir un auxiliaire utile des sciences, ou plutôt deviendra elle-même une science sociale. Le roman est l'histoire de ceux qui n'ont pas d'histoire. Il suffit de jeter la sonde dans le milieu qu'on veut reproduire pour rapporter des empreintes exactes. Le collationnement des documents, l'observation *de visu* et puis la fonte de tous les matériaux sont donc nécessaires pour qui ne se contente pas de raconter un songe comme font les poètes lyriques, mais prétend donner une image du monde. Ce qui n'est pas livré par l'observation peut être donné par l'expérimentation : en changeant les conditions dans lesquelles se produit un phénomène, on arrive jusqu'à la cause du phénomène. L'induction et la déduction sont de mise dans les sciences naturelles. Le raisonnement complète les données de l'observation. Dans l'exécution, M. Zola pense que le romancier fait bien de conserver l'impassibilité du greffier qui se contente d'enregistrer les événements et de les présenter en bon ordre. Les choses sont par elles-mêmes assez éloquentes.

Si dans la pratique l'écrivain ne se conforme pas toujours aux strictes et bonnes indications de la théorie, la pratique aussi corrige quelquefois ce que la théorie a de trop absolu. M. Zola reconnaît ses hésitations. « Il s'agit, dit-il, de sortir peu à peu et avec les tâtonnements nécessaires de l'obscurité où nous sommes sur nous-mêmes, heureux lorsque au milieu de tant d'erreurs nous pouvons fixer une vérité. » — Je voudrais avoir assez de place pour citer des pages entières, sobres, nettes, un peu sévères, pleines d'aperçus nouveaux. L'étude sur le roman expérimental condense en cinquante pages la méthode des romanciers contemporains. C'est la préface de Cromwel du naturalisme ; cinq volumes ne feront que la mettre à la portée de tous, l'éclaircir, la développer.

On peut relever dans cet essai bien des idées appuyées plus tard. Le naturalisme n'est pas une école, écrit M. Zola[1]; soit, si l'on prend école au sens étroit du mot, si l'on considère les disciples comme les imitateurs serviles d'un maître, calquant tous ses procédés ; il n'est pas dit qu'une école doive s'incarner *dans le génie d'un homme ou dans le coup de folie d'un groupe*. Un fonds commun et l'emploi d'outils analogues distin-

---

1. *Le Roman expérimental.*

guent les naturalistes des idéalistes, et, par là, groupent nos écrivains en deux écoles subdivisées elles-mêmes. Brizeux qui ne ressemble guère à Victor Hugo ne doit-il donc pas être mis au nombre des romantiques ?

Je remarque quelques contradictions. Le romancier critique déclare : « Toute la nature et tout l'homme nous appartiennent, non seulement dans leurs phénomènes, mais dans les causes de ces phénomènes. Je sais bien que c'est là un champ immense dont on a voulu nous barrer l'entrée, mais nous avons rompu les barrières et nous y triomphons maintenant. » Pourquoi deux pages plus haut donner son approbation à la phrase suivante de Claude Bernard :

« La nature de notre esprit nous porte à chercher l'essence ou le pourquoi des choses. En cela, nous visons plus loin que le but qu'il nous est donné d'atteindre, car l'expérience nous apprend bientôt que nous ne devons pas aller au delà du comment, c'est-à-dire au delà de la cause prochaine ou des conditions d'existence des phénomènes. »

Du roman M. Zola est parti à la conquête du théâtre ; aucun de ses essais dramatiques personnels n'a réussi. Je crois que la bataille n'a encore été livrée sur son terrain véritable que par M. Henry Becque, mais M. Zola ne désespère pas ; un jour ou l'autre nous verrons sur une de nos scènes un drame signé de lui seul [1].

Je ne signale ici que des théories.

Le théâtre, si brillant en France au xviie siècle, est tombé aussi bas que possible. Scribe a été le principal artisan de cet abaissement; on ne fait plus guère aujourd'hui que de la besogne commerciale avec toutes

---

1. Écrit avant *Pot-Bouille*.

les ficelles connues; une pièce est un mécanisme très ingénieux, mais l'observation et le style en sont généralement exilés. Lorsqu'on se permet un bout d'observation amère, il faut racheter cette audace par des concessions, et, pour une scène hardie et un personnage vrai, donner trois scènes conventionnelles, des poncifs accueillis par de sûrs applaudissements, trois ou quatre personnages sympathiques taillés sur le patron voulu. D'aucuns défigurent leurs drames par l'exposé de théories sociales. En vrais fils de Diderot, ils font de chaque pièce une thèse, et cela se déroule avec force parfois, mais avec la grâce d'un théorème de géométrie se dévidant devant le public. Jeter bas les échafaudages antiques, faire du drame une simple étude de psychologie, révélée par des *mots dramatiques*, tailler largement dans la nature, sans souci de ces intrigues compliquées qui font des pièces à la mode les sœurs des romans d'Eugène Sue; s'occuper autant de l'exactitude du décor et du costume que de la vérité des passions, car on ne peut abstraire l'homme de son milieu; aller aussi loin que possible dans la peinture de ces passions, aussi loin que Shakspeare et ses contemporains, en un mot réaliser sur la scène ce qu'on réalise dans le roman; substituer Balzac à Bouchardy; — voilà ce que rêve l'auteur des *Rougon*, voilà ce qu'il n'a cessé de répéter plusieurs années, au *Bien public* et au *Voltaire*.

Toutes ces théories ont été reprises par M. Zola, de 1880 à 1881, dans ses articles hebdomadaires du *Figaro*. Articles courts, de forme vive, très différents des graves études du *Messager de l'Europe* : à un public lettré et sérieux succédait un public frivole. Les obligations du critique changeaient; la prose à l'usage de Saint-Pétersbourg ne convenait pas au boulevard des Italiens.

Pourquoi nos écrivains naturalistes sont-ils si goûtés en Russie? Ne serait-ce point parce que le public russe, plus primitif, plus rustre, il faut dire le mot, que le public parisien, n'a pas de ces dégoûts de raffinés qui caractérisent les nations avancées. Des mets robustes conviennent à des estomacs jeunes; les Russes ne sont pas mièvres; Rabelais et ses grosses gaillardises ne leur déplaisent point, parce qu'ils sont encore XVIe siècle; aux dépravés il faut des sucreries. Ce n'est pas seulement pour M. Zola que la Russie s'est montrée hospitalière, mais aussi pour notre grand Balzac.

Dans les articles de M. Zola au *Figaro* éclate un esprit trop contesté, point parisien, ni capable de sautiller sur des pointes d'aiguille, tudesque, si l'on veut. Lisez l'article intitulé : *M. le Comte* : c'est un peu la malice de Gœthe.

Dans cette campagne d'une année, M. Zola a abordé les questions politiques. Il s'était déjà amèrement plaint de l'indifférence gouvernementale à l'égard des lettres dans son étude : *la République et la littérature*. Il y déclare un peu paradoxalement, parodiant un mot célèbre : La République sera naturaliste ou elle ne sera pas. C'est-à-dire que nos hommes politiques devront se régler sur les circonstances beaucoup plus que sur des théories préconçues, faire, en un mot, de la politique expérimentale. Ce qui m'étonne de M. Zola, c'est qu'il s'indigne contre un tas d'imbéciles et de médiocres, sans comprendre qu'entre les mains d'un véritable homme d'État, les imbéciles et les médiocres ont leur utilité. Cris, tumulte dans le camp des médiocres, clameurs des républicains doctrinaires, point tendres pour le républicain qui trouve ridicules des gestes inutiles et des déclamations de commis-voyageurs.

M. Zola est mal avec la secte. Ses appréciations sur Floquet et sur Ranc ont achevé de tout brouiller; on ne le nommera plus sous-préfet à Castel-Sarrazin.

Flaubert a communiqué à ses amis une grande indifférence en matière politique. Ecoutez-le parler dans la bouche de M. Emile Zola et de M. Alphonse Daudet. « Ah! je la hais cette politique! s'écrie M. Zola. Je la hais pour le tapage vide dont elle nous assourdit, et pour les petits hommes qu'elle nous impose!... C'est comme une écume d'ignorance et de vanité que le suffrage universel pousse dans Paris. »

Et M. Alphonse Daudet à la fin de *Robert Helmont* : « O politique, je te hais!

» Je te hais parce que tu es grossière, injuste, haineuse, criarde et bavarde;

» Parce que tu es l'ennemie de l'art et du travail;

» Je te hais surtout, ô politique, parce que tu en es arrivée à tuer dans nos cœurs le sentiment, l'idée de la patrie... »

J'ai envie de chercher chicane aux deux romanciers. Certes je trouve déplorable comme eux le tapage improductif des impuissants, mais est-ce l'étouffer que de se retirer *égoïstement dans son coin* comme le recommande M. Emile Zola? Si ceux qui pensent et qui peuvent se dérobent, n'est-il pas simple que le champ reste libre aux nullités? L'indifférence des artistes, pour paraître de nature plus élevée que l'indifférence des bourgeois, n'en est pas moins condamnable parce qu'elle détourne des affaires publiques les forces vives de la nation. Dans les époques de décadence, comme le remarque M. Paul Bourget, l'individu s'isole, l'égoïsme aveugle s'accroît. Je dis aveugle, parce que les désastres publics rejaillissent toujours sur l'individu qui s'arrange pour vivre tranquille. En sommes-nous donc là ? Le moyen de contraindre les bavards au silence, c'est de parler plus haut qu'eux et de dire des choses justes. Que si, malgré tout, on préfère l'incapacité, pourquoi ne pas lutter, lutter jusqu'au bout. Un écrivain, un poète ne se diminue pas en restant un citoyen. Victor Hugo est surtout grand depuis les *Châtiments*. Toutes les fortes pensées se meuvent à l'aise dans les cerveaux larges. Et soyez sûrs que la littérature n'en souffrira pas. Il serait idiot d'atteler un écrivain aux menues besognes d'un ministère, mais il est bon qu'il ait une place dans les chambres, pour parler de loin en loin, au besoin, dans les circonstances graves, avec l'autorité que donne l'isolement et l'habitude de la réflexion désintéressée.

Il y a des heures où la plume doit le céder à la parole, où le bruit des assemblées doit succéder au silence du cabinet de travail.

Ne soyons pas aussi dédaigneux pour les pensées revêtues d'une forme malheureuse. Les écrivains regardent trop le monde du haut de leur art : ils ont la vue bornée par leurs horizons familiers ; une parole sans éclat peut être d'un grand politique ; les expressions souvent prud'hommesques de Thiers ne gâtaient pas son génie lucide. Chez lui, l'homme d'étude était secondaire, l'homme d'action dominait ; il y a bien des gens utiles qui ne sont pas des artistes.

Les œuvres critiques de M. Zola ont été accueillies comme les *Rougon-Macquart*, par des cris indignés. Cette atmosphère d'orage ne déplaît pas au romancier, il aime à enfoncer son idée « à coups de marteau dans la tête des gens. » — « L'action contient en elle sa récompense. Agir, créer, se battre contre les faits, les vaincre ou être vaincu par eux, toute la joie et toute la santé humaines sont là [1] » C'est Octave Mouret qui parle à Vallagnosc et il ajoute : « Tu verras quelle machine je bâtirai..... cela sera superbe quand même..... » Toujours l'ambition géante avouée dans la préface des *Nouveaux Contes à Ninon* : « Je voudrais coucher l'humanité sur une page blanche, toutes les choses, tous les êtres, une œuvre qui serait l'arche immense. »

En dépit des rancunes, les livres s'entassent, l'édifice monte, s'impose.

La première bataille s'est livrée parmi les spécialistes : toute originalité a chance de retenir l'attention de ce public restreint, le plus intelligent, le plus passionné aussi. Mais il y a bien des poètes et des romanciers qui sont restés confinés dans ce cercle de connaisseurs.

Pour pénétrer jusqu'à la foule, il faut percer un second public bourgeois, couche inepte et prétentieuse d'enrichis qui jugent à travers leur journal. L'*Assommoir* a eu la bonne fortune d'ameuter les prud'hommes et c'est grâce à ce tapage que M. Zola est arrivé aux lecteurs naïfs, gobe-mouches et d'impressions franches.

La gloire, c'est l'édition populaire, l'édition à deux sous.

1. *Au bonheur des dames.*

LIVRE V

LES POÈTES

Les tendresses de Victor Hugo pour les sonorités de la forme ont amené ses disciples au pur travail du rhythme et au mépris de l'idée. Mais des *Bousingots* de 1830 aux *Impassibles* de 1865, on compte bien des étapes.

Théophile Gautier d'abord donne à la forme romantique une solidité marmoréenne ; sa prose et ses vers ont les grands plis, la dureté éclatante d'un paros taillé par une main grecque. Les allures tourmentées de l'âge précédent se classifient et s'immobilisent. Il y a du Gœthe dans Théophile Gautier ; il prône l'impassibilité artistique, substitue le culte de la couleur et de la ligne à la confusion grandiose de l'époque lyrique. La poésie rejette l'inspiration des Lamartine et des Musset, peu soucieux de grammaire et attendant le souffle divin pour chanter aux étoiles ; l'art, toujours maître de lui, sera l'initiateur des générations nouvelles. A l'ivresse des enthousiastes succède le calcul des raffinés ; le lyrisme gèle. La poésie française offre alors la contradiction d'une forme lyrique et de pensées tout artificielles.

Le lyrisme, c'est l'emportement juvénil, le tourbillonnement tempétueux des images et des idées. Musset a fait le portrait du poète lyrique, son propre portrait :

> Celui qui ne sait pas, durant les nuits brûlantes
> Qui font pâlir d'amour l'étoile de Vénus,
> Se lever en sursaut, sans raison, les pieds nus,
> Marcher, prier, pleurer des larmes ruisselantes,
> Et devant l'infini joindre des mains tremblantes,
> Le cœur plein de pitié pour des maux inconnus ;
>
> Que celui-là rature et barbouille à son aise,
> Il peut, tant qu'il voudra, rimer à tour de bras,
> Ravauder l'oripeau qu'on appelle antithèse,
> Et s'en aller ainsi jusqu'au Père-Lachaise,
> Traînant à ses talons tous les sots d'ici-bas ;
> Grand homme, si l'on veut ; mais poète, non pas.

Au contraire, la nouvelle poésie bâtarde affiche ce programme :

> Je hais le mouvement qui déplace les lignes,
> Et jamais je ne pleure, et jamais je ne ris.

Pose bien plus choquante que la pose débraillée des premiers romantiques. L'apathie est à la mode. Aussi va-t-on s'égarer, à court d'inspiration et d'art, dans les mièvreries à la Gautier et les étrangetés à la Baudelaire. Ces deux poètes sont les maîtres de la génération grandissante.

Le ciseau de Gautier donne des finesses d'orfèvrerie à la moindre chose. Le travail vaut mieux que la matière. Dans toutes les poésies des dernières années, réunies sous le titre d'*Emaux et Camées*, cet art léché triomphe. Pas de bavures, mais aussi pas d'inspirations remuantes ; de la poésie en miniature.

L'influence de Baudelaire, plus sensible encore, ne

s'est exercée que plus tard. Il a saisi les jeunes gens par son intense personnalité et par les hardiesses de sa poésie décadente. Il y a du Delacroix dans Baudelaire; plus de dessin, mais les mêmes tons violacés et verdâtres.

I

LE PARNASSE

En 1865, M. Catulle Mendès, avec son activité méridionale, groupait un essaim de jeunes poètes affectant tous plus ou moins la haine des grands cris, et remplaçant le passionnisme par l'impassibilité.

> Dédaignant la douleur vulgaire
> Qui pousse des cris importuns,[1]

Ces nouveaux venus condamnaient le négligé du vers et la pauvreté des rimes. A défaut de Baudelaire malade et de Gautier condamné au feuilleton perpétuel, ils mettaient à leur tête M. Leconte de Lisle. Mais il est facile de trouver un drapeau et un chef. Les Parnassiens eurent la chance, inouïe pour des poètes, de dénicher un éditeur, M. Alphonse Lemerre. Et le *Parnasse contemporain* donna au groupe le nom qu'il a conservé.

Au sommet du Parnasse, le front dominateur de

[1]. François Coppée, *Le Reliquaire*.

M. Leconte de Lisle. Tête superbe, et massive, portée comme un saint sacrement, aux longs cheveux rejetés en arrière, des yeux calmes et froids, un nez fort mais régulier, une bouche mince, un peu dure, expressivement plissée, un menton énergique, imberbe comme la lèvre supérieure, une taille haute, des membres harmonieux, solidement attachés, une attitude olympienne. Créole, originaire de l'île Bourbon, il se plaît à égarer sa rêverie dans les forêts inextricables de l'Inde, il s'enchevêtre dans les lianes, aime à suivre de l'œil le glissement des boas ou à entendre le barrissement des éléphants, il s'abandonne au pesant repos des plaines endormies sous le soleil des tropiques, et, dans l'écrasante lumière, rêve au néant divin. Les voluptés rouges du suicide, le continuel désir de l'immobilité de la mort hantent cet esprit grandiose, amoureux du *Nirvanâ* de l'Inde. L'auteur des *Poèmes barbares* a le mépris de notre civilisation moderne, de notre mercantilisme et de nos petitesses. Il préfère les sauvageries d'autrefois et fuit dans le passé comme les générations chrétiennes dans le souvenir d'un Paradis Perdu.

> Hommes, tueurs de Dieu, les temps ne sont pas loin,
> Où, sur un gros tas d'or vautrés dans quelque coin,
> . . . .
> Vous mourrez bêtement en emplissant vos poches.

Illusion éternelle qui dore les temps évanouis d'une rose lueur de crépuscule ! On a beau, comme M. Leconte de Lisle, fouiller l'histoire et traduire les grandes œuvres de l'esprit humain, les livres qui sont des monuments, l'érudit se laisse prendre ainsi que le poète. Il ne se dit pas :

> . . . . Jamais l'homme ne change :
> Toujours ou victime ou bourreau [1].

[1]. Lamartine. *Harmonies*.

mais, en haine des platitudes contemporaines, se laisse bercer par les siècles morts, hante les cimetières comme Michelet, « *passe à côté du monde, prend l'histoire pour la vie* »[1].

> Où sont les dieux promis, les formes idéales,
> Les grands cultes de pourpre et de gloire vêtus,
> Et dans les cieux ouvrant ses ailes triomphales
> La blanche ascension des sereines vertus?

Les vers de M. Leconte de Lisle ont une sonorité merveilleuse, mais l'idée se perd souvent dans ce fracas de bronze.

Autre sérénité :

M. Théodore de Banville.

M. de Banville plane dans des régions inaccessibles au vulgaire, d'un vol si égal et si sûr qu'on ne craint pas de le voir briser ses ailes. Il refuse de sortir de sa sphère idéale ; l'humanité n'existe pas pour lui. Il est content lorsqu'il parvient à accoupler des rimes riches. Je comprends peu cette poésie laborieuse. Pourtant, les *Odes funambulesques*, amusante parodie des *Orientales*, comptent dans la poésie contemporaine.

M. de Banville a des disciples : en première ligne, M. Armand Silvestre, un conteur très gaulois, très rabelaisien, qui, de temps en temps, donne un coup d'aile et s'envole plus loin encore du monde moderne que son maître. Voir les *Gloires du souvenir* et le *Pays des roses*.

M. Armand Silvestre est un panthéiste, un hiérophante. Nul mieux que lui n'a chanté l'âme des choses et n'a enveloppé la nature d'une mélancolie sacrée ; il flotte dans ses poèmes une lumière diffuse, grise et mystérieuse qui noie les arrière-plans dans le vague

---

1. Michelet. *Histoire de France*. — Préface de 1869.

et donne aux formes entrevues des blancheurs surnaturelles. Un Henner.

M. Joséphin Soulary est, par excellence, l'artiste du sonnet, le maître du genre. Un puriste, enragé de concision, parfois obscur, logeant toujours une pensée dans ses quatorze vers qu'il compare à une robe de bal, étroite et craquante. Mais comme l'étoffe colle à la chair et en moule bien les rondeurs voluptueuses ! Tel sonnet de M. Soulary vaut mieux qu'un long poème.

M. Catulle Mendès a longtemps eu pour spécialité la poésie hyperboréenne. Les tourmentes de neige, le ciel bas et froid, les horizons morts, aux symétries désolantes, lui inspirent des rimes embrumées et glaciales qui donnent le frisson. Un voyageur poète pourrait découvrir une poésie inexplorée dans la nouveauté des cieux barbares, [1] mais je soupçonne fort M. Catulle Mendès de n'avoir jamais quitté le coin de son feu.

La nouvelle poésie cosmopolite sera peut-être une des singularités du xx° siècle. Les Lesseps, les Roudaire, les Stanley, les Brazza ayant accompli leur œuvre et percé de voies ferrées l'incivilisation des terres vierges, les peintres et les poètes occidentaux iront boire le thé et fumer l'opium dans une jonque, sur le Fleuve Jaune, au milieu de la pluie rose des fleurs de pêchers et du peinturlurage des horizons de porcelaine; d'autres planteront leur tente au bord des cataractes du Congo parmi les jeunes peuples d'ébène ; il y aura l'école africaine et l'école du Japon, comme il y a l'école de Rome et l'école d'Athènes.

Mais je dois me borner aux noms principaux. Ce n'est pas que les poètes manquent, Dieu merci. Leur

---

[1]. Je pense au très original et très aveuglant coloriste, Pierre Loti.

essaim obscurcit le soleil. Quelques abeilles, beaucoup de frelons.

La tête battue par ce bourdonnement, on voit bleu, jaune, rouge, vert, des éléphants, des lotus et des brahmanes, des nymphes et des Dieux, Jupiter et Robespierre, le brouillard du pôle et l'ensoleillement tropical. On repose sur le sein de la lune, on monte de rayon en rayon jusqu'aux plus lointaines étoiles.

Et la poésie de nos campagnes, de nos rues, de nos places publiques, de nos chemins de fer ? Parmi tant d'esprits qui montent si haut, qui s'égarent si loin, qui s'attendrissent sur les petites fleurs d'antan, qui éprouvent le besoin de raconter au public leurs effusions d'amour idéal, ne trouve-t-on pas un observateur sincère ? Baudelaire et son école, M. François Coppée et M. Sully-Prudhomme représentent seuls les essais modernistes en poésie.

Suivons d'abord le jongleur dont les tortionnements stupéfient la foule.

II

BAUDELAIRE ET LES BAUDELAIRIENS

Baudelaire est un sphinx qui attire les jeunes gens par le mystère de ses yeux de velours, par la sensualité de ses lèvres charnues et de son nez aux larges narines aspiratrices, par l'ombre de son grand front coupé d'un inquiétant pli droit, par la câlinerie féline de son demi-sourire ; sa poésie ressemble à ces parfums concentrés qui suffoquent d'abord, auxquels on s'habitue peu à peu, et dont bientôt on ne peut plus se passer ; ses pensées enlacent, ses rhythmes obsèdent.

Un tel poète ne naît que dans les civilisations avancées. Il exprime des nuances d'idées et de sensations d'une variété et d'une complexité extrêmes. L'odeur des pourritures et des boues remuées s'unit dans son œuvre à des senteurs de musc et de benjoin, à de molles émanations de chair mûre. Baudelaire trouve des expressions pour les sentiments troubles, inavoués, inexprimés, qui grouillent au fond de l'homme. L'indécision de certains états psychologiques le fascine comme le clair obscur des nuits traversées de lune. Sur le monstrueux de quelque désir vague, la fièvre hallucinante et la terreur des insomnies, le poète projette « *on ne sait quel rayon macabre.* » Victor Hugo lui écrivait : « *Vous avez doté le ciel de l'art d'un frisson nouveau.* »

Cette sensibilité maladive marquait ici la place de Baudelaire ; il a raffiné sur la poésie romantique un peu comme les Goncourt sur la prose. Dans la plupart des poètes contemporains, qui inclinent davantage vers la robustesse naturaliste, on retrouve la touche frissonnante des *Fleurs du mal.*

Il est donc nécessaire de décomposer cette influence, d'analyser l'homme et le livre. Etude d'une difficulté attachante. On y éprouve la volupté du mathématicien détaillant fil à fil l'écheveau embrouillé d'un problème délicat.

Charles Baudelaire est parisien. Né le 21 avril 1820, il avait quatorze ans lorsque sa mère se remaria avec le colonel Aupick. Immédiatement, lutte contre le beau-père. La raideur militaire du colonel, loin de briser l'enfant, lui donnait une nouvelle énergie de résistance.

Le futur poète des *Litanies de Satan* poussait dans le terrain qui convenait le mieux au développement de son imagination révoltée. Dès son adolescence, il se montre, comme plus tard, d'une extravagance sans égale. M. Maxime Du Camp a raconté la scène violente qui amena une rupture définitive entre le colonel et son beau-fils. Un soir, à table, Baudelaire, se mêlant à la conversation, lançait à dessein quelque paradoxe brutal pour horripiler l'assistance bourgeoise. Le colonel, impatienté, haussa les épaules et rabroua vertement l'importun. Baudelaire, pâle de colère, se lève et va se camper devant M. Aupick : « Vous m'insultez devant les gens de votre caste qui, pour vous faire plaisir, rient à mes dépens. Cela ne peut se passer ainsi, je vais vous étrangler. » Et il joint le geste aux paroles. Le colonel Aupick a beaucoup de peine à se délivrer de cet énergumène, lui applique une paire de soufflets, le fait emporter par les domestiques et consigner dans sa chambre. Quelques jours après, on achète au jeune homme une pacotille et on l'embarque pour les Indes. Baudelaire, à dix-sept ans, était lancé à travers le monde.

Ils n'apparaissent pas clairement dans l'œuvre du poète

> Ces pays parfumés que le soleil caresse.

On n'a qu'une vague vision de palmes fraîches et d'esclaves noirs. Peut-être ce dormeur éveillé n'a-t-il pas bien vu, et cependant, jusque sur nos quais et nos boulevards, il retrouvait dans ses souvenirs les âcres parfums des régions tropicales ; au Cap, il s'éprit d'une négresse, *bizarre déité, brune comme les nuits*, dont l'image troublante revient sans cesse dans les *Fleurs du mal*.

> Je t'adore à l'égal de la voûte nocturne,
> O vase de tristesse, ô grande taciturne,
> Et t'aime d'autant plus, belle, que tu me fuis,
> Et que tu me parais, ornement de mes nuits,
> Plus ironiquement accumuler les lieues
> Qui séparent mes bras des immensités bleues.

Pour cet esprit qu'attire l'extraordinaire, la Vénus hottentote a plus d'attrait que la Vénus de Milo. Une liaison banale laisse froid ce poète aux nerfs maladifs ; il trouve exquis le rare, se complaît seulement dans les voluptés raffinées. Recherche morbide qui imprègne aussi le style.

A son retour, Baudelaire se trouva mêlé aux fils directs des écrivains de 1830, Théophile Gautier, Gérard de Nerval, M. Arsène Houssaye, M. Maxime Du Camp, M. Théodore de Banville.

Les premières années de l'écrivain expliquent l'amertume de son inspiration et dissipent l'obscurité de certains poèmes, la sombre *Bénédiction*, par exemple.

> Ma jeunesse ne fut qu'un ténébreux orage
> Traversé çà et là par de brillants soleils.

Mais les ciselures de la forme baudelairienne témoignent du premier milieu.

C'est l'école de l'art pour l'art qui a communiqué au poète son purisme et son amour des sonorités. « Baudelaire, dit M. Léon Cladel, dans une dédicace qui a l'air d'une apothéose, l'emporta sur tous par sa probité littéraire. Un mot le préoccupait au point de l'empêcher de dormir pendant huit nuits consécutives, une phrase le persécutait un mois durant, telle page des années ; et c'est ainsi qu'au prix des plus cruels sacrifices il forma vers à vers sa poésie, ligne à ligne sa prose [1] ». Avec ces tendances, il ne pouvait tomber mieux que dans le cercle où Théophile Gautier régnait, professeur savant de style, « *parfait magicien ès-lettres françaises* », parvenant au moyen des mots à rendre la couleur et même l'odeur des choses, mais écrivain de décadence malgré ses belles facultés ou plutôt à cause de ces facultés mêmes. L'esprit quintessencié de Baudelaire où toute sensation simple se compliquait, où tout sentiment s'alambiquait, qui raffinait sur l'étrange

---

[1]. *La Fête votive.*

et pétrarquisait [1] sur l'horrible, devait se plaire dans la compagnie de ces esprits similaires, lâchés dans le paradoxe et la fantaisie, tout fêlés par ce coup de folie lyrique, la gloire mais aussi la faiblesse de trois ou quatre générations successives, qui, dans ce déclin de siècle, réduit les derniers romantiques aux avortements et à l'impuissance finale.

Dans ce cercle de bohèmes pleins de talent, le mépris et la haine du bourgeois étaient de rigueur. Gautier mettait un costume arabe pour continuer le carnaval de 1830, Gérard de Nerval avait besoin d'une tente pour y dormir à l'aise, Baudelaire affectait une mise grossière, portait des chemises de toile écrue et des paletots sacs, aimait à se faire passer pour un ivrogne aux yeux des profanes, ou, en plein salon officiel, qualifiait les femmes d'animaux qu'il faut enfermer, battre et bien nourrir. C'était là le genre du groupe. Les initiés se réunissaient à l'hôtel Pimodan pour manger du haschich et trouver dans les rêveries bizarres de l'opium des inspirations que le spectacle de la vie grondante autour d'eux ne parvenait pas à leur donner. Baudelaire prit dans ce cénacle son allure d'halluciné, garnit sa palette des tons violâtres et verdâtres de cadavres en décomposition [2] ; il se passionna pour des écrivains rares tels qu'Aloysius Bertrand, l'auteur de *Gaspard de la nuit*, ou que le grand américain Edgard Poë. Plus tard il a traduit magistralement les *Histoires extraordinaires* et s'est identifié avec son modèle. Esprit laborieux, du reste, incapable d'écrire des poèmes de longue haleine, devant plus à l'art qu'à l'inspiration, il avait trente-cinq ans déjà lorsque, en 1856, il publia

1. Th. Gautier.
2. Th. Gautier.

son unique volume de vers, les *Fleurs du mal*. On sait quel fut l'accueil du public et comme quoi un procès bête donna à Charles Baudelaire, du jour au lendemain, une réputation immense et méritée.

Les *Fleurs du mal*, émondées par la justice, inepte comme elle l'est toujours en matière littéraire, révélaient une originalité vraie, quoique trop voulue.

Je n'ai point l'intention d'écrire ici une étude complète des œuvres de Charles Baudelaire. Pour expliquer l'influence du poète sur les jeunes générations, il suffit d'esquisser son profil étrange, aux yeux attirants. Négligeant donc la traduction des *Histoires extraordinaires* et les petits poèmes en prose, bijoux ciselés trop laborieusement à mon gré, je veux dégager le génie de Baudelaire des seules *Fleurs du mal :* il est là tout entier. De quelques exemples ressortira la bizarrerie de l'inspiration.

Ces *Fleurs du mal*, on les voit et on les respire d'avance.

Le livre

Ne dit-il pas d'abord tout ce qu'il porte au ventre[1] ?

C'est un ensemble de poésies, assez arbitrairement groupées, mais d'un effet saisissant. Baudelaire a la prétention de donner une image du monde moderne ou plutôt d'une partie du monde moderne. En réalité, son livre, d'un bout à l'autre, produit l'effet d'un cauchemar puissant. Doué d'une vision si étrange que les choses les plus simples se transforment et prennent pour lui des apparences monstrueuses, le poète n'a rien moins que le sens du réel. On ne comprend pas comment certains critiques, M. J-J. Weiss, entre autres, ont

---

1. Emile Deschamps.

pu mettre dans le même groupe les *Fleurs du mal* et leur contemporaine, *Madame Bovary*, deux mondes parfaitement distincts, le romantisme à l'agonie et le naturalisme naissant. Au spectacle de Paris, toujours fumant et haletant d'un labeur éternel, Baudelaire s'écrie :

> Fourmillante cité, cité pleine de rêves,
> Où le spectre en plein jour raccroche le passant !
> Les mystères partout coulent comme des sèves
> Dans les canaux étroits du colosse puissant.

Où nous voyons rouler des omnibus et se heurter des passants, Baudelaire voit « *couler des mystères* » ; il ne peut faire trois pas sans que sur lui s'abatte l'essaim « *des mauvais anges.* » En voulez-vous encore des preuves ? Lisez cette étonnante pièce intitulée : *Une martyre*, où le rêveur montre, étendue sur un lit, une femme mystérieusement égorgée :

> Un cadavre sans tête épanche, comme un fleuve,
>   Sur l'oreiller désaltéré
> Un sang rouge et vivant, dont la toile s'abreuve
>   Avec l'avidité d'un pré.

Cette fois, c'est du Poë, c'est une hallucination sanglante.

Et pourtant il serait imprudent de prétendre qu'il n'a pas rendu d'une façon saisissante des détails très particuliers de la vie moderne. Contradiction apparente: Baudelaire a toujours la fièvre ; il semble communiquer cette fièvre aux objets et aux êtres qu'il décrit. Ce procédé dénature complètement telle ou telle scène. Peignez fiévreusement un intérieur paisible et tout grimacera, car vous avez introduit de force votre propre surexcitation, toute subjective, parmi des êtres qui éprouvent par eux-mêmes une sensation diamétralement opposée. Baudelaire ressemble à ces gens qui n'ont pas le sens du vert, du rouge ou de toute autre couleur. Placez-les en face d'un tableau où il n'y a pas de vert ou pas de rouge, ils jugeront aussi nettement que vous; dans le cas contraire, ils déraisonneront. Baudelaire reste amer et triste, même devant le soleil qui est gaîté; par conséquent il ne sera pas bon peintre du soleil et réservera ses traits les meilleurs pour les mélancolies lunaires. Il laisse glisser sur de belles pièces un rayon tombé des étoiles. Il rend avec puissance et variété les heures troubles du crépuscule ; sa tristesse et son spleen sont dans la nature à ces heures-là; il ne les met pas où ils n'ont que faire.

A-t-on jamais mieux montré l'ensommeillement las et morbide du matin ?

> Les femmes de plaisir, la paupière livide,
> Bouche ouverte, dormaient de leur sommeil stupide.

Ces deux vers révèlent des expériences auxquelles a dû se complaire la bizarrerie du poète. Baudelaire a passé bien des nuits de hasard dans le lit des femmes plâtrées, à sentir frissonner contre sa chair une chair vendue.

> Et l'amour n'est pour moi qu'un matelas d'aiguilles,
> Fait pour donner à boire à ces cruelles filles !

Mais qu'importe, puisque l'œuvre rayonne et qu'une dizaine de pièces des *Fleurs du mal* vivront autant que la langue française !

La *Charogne* restera comme une merveille descriptive : c'est la seule poésie spiritualiste du livre.

Cependant ce sceptique avait conservé d'une première éducation catholique une adoration mystique pour je ne sais quelle madone et surtout une robuste terreur de Satan :

C'est le diable qui tient les fils qui nous remuent.

Mais l'étrangeté de Baudelaire éclate plus encore dans la forme que dans les idées.

Il a des comparaisons absolument stupéfiantes. Il marivaude dans l'horrible.

> Sur l'oreiller du mal c'est Satan Trismégiste
> Qui berce longuement notre esprit enchanté,
> Et le riche métal de notre volonté
> Est tout vaporisé par ce savant chimiste.

De telles images abondent :

> Le ciel, couvercle noir de la grande marmite
> Où bout l'imperceptible et vaste Humanité.

Encore mieux :

> Et de longs corbillards, sans tambours ni musique
> Défilent lentement dans mon âme ; l'espoir,
> Vaincu, pleure, et l'angoisse atroce, despotique,
> Sur mon crâne incliné plante son drapeau noir.

Voyez-vous l'angoisse planter son drapeau noir sur le crâne de Baudelaire ? Comme ce despotique est amené pour la rime ! Car ce vrai poète, qu'on nous représente comme un versificateur savant, cheville continuellement.

Il y a des défauts plus graves, une obscurité souvent complète, et M. Renan, seul, déclare que l'obscurité devient une beauté chez un poète. Voici un passage, où Baudelaire, se souvenant de ce qu'il a souffert, représente le poète comme un paria véritable :

> Pourtant sous la tutelle invisible d'un ange
> L'enfant déshérité s'enivre de soleil,
> Et dans tout ce qu'il boit et dans tout ce qu'il mange
> Retrouve l'ambroisie et le nectar vermeil.
>
> Il joue avec le vent, cause avec le nuage
> *Et s'enivre en chantant du chemin de la croix;*
> Et l'esprit qui le suit dans son pèlerinage
> Pleure de le voir gai comme un oiseau des bois.

Que signifie ce vers ?

> Et s'enivre en chantant du chemin de la croix.

C'est, j'imagine, un souvenir des douleurs du Christ portant sa croix ; l'enfant monte inconsciemment au Calvaire ; il rit et va sans défiance s'offrir au bourreau. On est obligé de réfléchir cinq minutes pour découvrir la pensée de Baudelaire. Les poètes arabes avaient l'habitude d'écrire un commentaire de leurs œuvres ; on raconte même que l'un d'eux, ayant attendu trop longtemps pour rédiger ces notes explicatives, se vit forcé de renoncer à ce travail, car il ne se comprenait plus lui-même. L'auteur des *Fleurs du mal* aurait dû prendre la sage précaution des Orientaux.

Défaut rare, du reste, non moins que les qualités du livre. Alfred de Vigny seul, dans notre poésie française, a écrit des vers d'une concision aussi puissante, a ramassé en quelques mots des visions aussi amples. C'est un don que de plus grands écrivains, des hommes de génie, n'ont pas eu au même degré.

Baudelaire, comme tous les amants de la nuit, comme son maître Théophile Gautier, a la passion des chats. Leurs caresses silencieuses lui plaisent ; ils sont les amis de son travail solitaire.

> Ils prennent en songeant les nobles attitudes
> Des grands sphinx allongés au fond des solitudes.

Ce dernier vers n'ouvre-t-il pas des perspectives immenses, de grandes allées de sphinx au milieu des sables déserts, sous la vaste solitude du ciel pur ? Fermez les yeux, devant vous immédiatement,

> Les grands pays muets longuement s'étendront[1].

Les cahots d'une voiture sur le pavé de Paris, dans

---

[1]. Alfred de Vigny. *La maison du Berger*.

le calme du petit jour, résonnent-ils mieux au premier chapitre du *Ventre de Paris* que dans ce vers massif ?

> Le faubourg secoué par de lourds tombereaux.

L'impassibilité de la statue du Commandeur et la fierté dédaigneuse de Don Juan descendant aux enfers inspirent à Baudelaire des vers de marbre, aux larges plis et aux cassures sculpturales.

> Tout droit dans son armure, un grand homme de pierre
> Se tenait à la barre et coupait le flot noir;
> Mais le calme héros, courbé sur sa rapière,
> Regardait le sillage et ne daignait rien voir.

Du milieu des bizarreries de chaque page on entend s'envoler des strophes sonores. L'expression a la grandeur de l'idée.

Baudelaire est l'un des rares poètes français qui aient communiqué au sonnet, ce poème de forme étroite, une ampleur dont on ne l'aurait pas cru capable. Exemple :

> Je te donne ces vers, afin que si mon nom
> Aborde heureusement aux époques lointaines
> Et fait rêver un soir les cervelles humaines,
> Vaisseau favorisé par un grand aquilon,
>
> Ta mémoire, pareille aux fables incertaines,
> Fatigue le lecteur ainsi qu'un tympanon,
> Et par un fraternel et mystique chaînon
> Reste comme pendue à mes rimes hautaines.
>
> Etre maudit à qui, de l'abîme profond
> Jusqu'au plus haut du ciel, rien, hors moi, ne répond,
> O toi qui, comme une ombre à la trace éphémère,
>
> Foules d'un pied léger et d'un regard serein
> Les stupides mortels qui t'ont jugée amère,
> Statue aux yeux de jais, grand ange au front d'airain.

Seul, M. Leconte de Lisle a écrit des sonnets aussi grandioses. Quatorze vers disposés dans un certain ordre rigoureusement indiqué ne donnent pas l'hospitalité qu'à une idée gracieuse ou ingénieuse ; la pensée la plus vaste se meut à l'aise dans ce cadre ; les poètes de haut vol peuvent faire des sonnets sans déchoir.

Mais ces questions de forme n'intéressent que les gens du métier. Ce qui donne au public la mesure d'un écrivain, c'est l'influence de ses livres sur la littérature de son temps.

La génération nouvelle sait par cœur les *Fleurs du mal :* elle se grise de Baudelaire de même que ses aînées se sont grisées de Musset.

Et, comme les défauts se communiquent plus aisément que les qualités, c'est surtout son maniérisme qu'on emprunte au poète de la *Charogne*.

Il y a là un véritable danger pour le génie français fait, avant tout, de clarté et de bon sens. Les ultra raffinent encore sur le maître. Et cependant Baudelaire semblait s'être enfoncé aussi loin que possible dans l'étrange. Jugez où l'on aboutit. Lorsque l'art sort de l'imitation franche de la nature, lorsqu'il se laisse égarer dans le cauchemar, il entre dans une impasse. Baudelaire mourut à l'âge de quarante-six ans, au seuil de la folie.

Le plus robuste des disciples de Baudelaire est, à coup sûr, M. Jean Richepin. Si les autres sont schopenhauéristes, poitrinaires et lugubres, celui-ci, au moins, de belle humeur et de poumons solides, fait plaisir à entendre, même lorsqu'il s'enroue. M. Richepin vient de l'Ecole Normale. M. Edmond About doit renier ce parent hirsute et mal appris qui s'enivre de gros vin bleu et parle le langage des rues. La vieille Université, comme une poule qui a couvé un canard, s'effare de ce fils inouï et met ses bésicles pour l'examiner soigneusement quand il passe.

La *Chanson des Gueux,* qui a fait emprisonner l'auteur

pour outrage à la morale publique, est un essai très curieux de poésie moderniste. M. Richepin a des tendresses pour les va-nu-pieds de Paris. Je lui reproche de les idéaliser beaucoup trop, d'accrocher dans leurs loques trop de rayons de soleil. La population flottante des barrières, les vagabonds, les souteneurs et les filles ne méritent pas cette compassion du poète. Ils sont plus abjects, et l'arsouille n'a guère d'attendrissements lyriques devant la nature. Il est vrai que pour racheter ses complaisances, M. Richepin frappe quelquefois trop fort, s'épuise en audaces inutiles. Il est de ceux qui prennent la brutalité pour la vérité. Certes, l'école nouvelle a montré qu'elle ne reculait pas devant les hardiesses. Mais il faut savoir les employer à propos. Dans les tableaux triviaux de M. Richepin, il y a infiniment de fantaisie. Faites de chic et non résultat de l'observation, les pièces écrites entièrement en argot semblent composées à coups de dictionnaire. L'auteur, avec sa verve railleuse et gasconne, ne se moque-t-il pas de ses lecteurs lorsqu'il leur affirme qu'il parle l'argot couramment ? Le ton gouailleur de la préface permet de le soupçonner. Le poète ne s'est pas dit : Je vais livrer au public une étude de mœurs exacte. Dans presque tous ses vers on sent le désir d'ameuter la foule, de faire du tapage au moyen de quelques expressions nues et de quelques tableaux violents. C'est le coup de pistolet romantique encore, et non la simplicité sévère et froide de l'écrivain naturaliste. Dans une très belle pièce dédiée a M. Maurice Bouchor :

> Tu sais, frère, combien je t'aime ;
> C'est pourquoi je veux t'épargner,
> En t'avertissant, le baptême
> De l'expérience à gagner. . . . . . .

M. Jean Richepin montre le bout de l'oreille ; il a voulu épater le bourgeois, l'amener à prendre des vessies

> Pour des lanternes, sacrebleu !

Dans tous les cas, il n'a pas su abandonner les vieux rhythmes lyriques. Les strophes hugolesques, excellentes pour l'ode, merveilleuses d'envolement, nuisent à la poésie d'observation, à la poésie épique contemporaine. La forme et le fond diffèrent trop. Imaginez un versificateur mettant en rondeaux tout l'ancien testament ! Il ne s'agit plus de faire des tours de force poétiques à la Théodore de Banville, de ressusciter des formes artificielles, d'équilibrer une sextine ou une ballade. Il n'y a rien de plus agaçant, je le répète, que le faux lyrisme, et le novateur puissant qui nous délivrera de cette plaie sera le bienvenu.

> J'ai disloqué ce grand niais d'alexandrin,

criait Victor Hugo. Si bien disloqué, en effet, qu'il est assez large et assez souple pour charrier toutes les idées modernes.

M. Richepin tient aussi des romantiques son personnalisme. Le moi apparaît sans cesse dans la *Chanson des Gueux*. Le poète, malgré ses affectations brutales, n'est pas assez fort pour s'abstenir soigneusement.

Il a parfois des accents de flûte d'une douceur antique qui font songer à André Chénier. Voyez *la Vieille statue* ou *le Bouc aux enfants*; ce dernier poème paraît sculpté dans l'ivoire par un fin miniaturiste ; ailleurs le vers s'emplit d'une mélancolie vague et profonde. Je préfère la pièce intitulée : *Tristesse des bêtes*, cette rêverie bercée par le lent cheminement d'un troupeau, dans la vapeur poussiéreuse et dorée du soir tombant, à bien des coups de gueule, à bien des cynismes affectés.

Mais la vraie originalité de M. Richepin réside plus dans sa prose que dans ses vers. Pour la foule, il est resté l'auteur de la *Chanson des Gueux*; son succès de 1876 barre la route à ses romans. Pourtant, la phrase ramassée, nerveuse et puissante de *la Glu*, dans son raccourci pittoresque, inaugure un faire qui finira par triompher des développements sans bornes de l'école Flaubert. Deux générations ont vécu de l'énumération infinie; le moule s'épuise. Qui imposera une nouvelle formule nette, brève, forte? Peut-être M. Richepin, s'il voulait rester observateur, s'abstenir du caricatural et du romanesque.

Comme le poète des *Gueux*, M. Paul Bourget, son ami, vaut surtout par la prose.

Lui aussi, le théoricien de l'école Baudelairienne, il a suivi le maître dans les boudoirs troubles, pleins de parfums énervants. Mais il n'arrive pas à lancer des blasphèmes au ciel avec une bouche de cuivre. Sa voix a des harmonies amoureusement vagues; Baudelaire finit en Shelley. L'auteur des *Aveux* compare son âme à un jardin dont les allées

> Se peuplent chaque soir de formes long voilées
> Qui frissonnent devant un ciel rose et glacé.

Et c'est bien l'image de cette poésie qui se plaît à voguer aux clartés pâles de la lune sur les lacs écossais ou à entendre la brise gémir dans les bruyères. Des paysages calmes, aux tons doux, un peu froids.

> O nuit, ô douce nuit d'été qui viens à nous
> Parmi les foins coupés et sous la lune rose,
> Tu dis aux amoureux de se mettre à genoux,
> Et sur leurs fronts brûlants ton souffle frais se pose.

Il y a dans ces beaux vers une tendresse enlaçante et voilée.

M. Paul Bourget est souvent nébuleux et de souffle court. Il se complait dans une désespérance philosophique qu'il savoure voluptueusement.

On n'entend plus, dans ce concert de décadents, la note de M. Verlaine. Le poète *Saturnien* a trouvé, paraît-il, son chemin de Damas, en marchant de trop près sur les traces de Baudelaire. Il a troublé sa vie et brisé sa lyre. M. Verlaine fut pourtant pendant longtemps l'un des espoirs du Parnasse. Il partageait avec M. Coppée les sympathies naissantes du public. Mais il n'a plus maintenant que des cantiques sacrés.

Des jeunes remplacent ce vétéran du Baudelairisme. Tout récemment M. Albert Wolff nous a présenté une recrue de talent, M. Maurice Rollinat.

Chez M. Rollinat, l'inspiration de Baudelaire est plus apparente encore que chez ses aînés : elle ne se manifeste pas seulement dans le choix des sujets et des rhythmes, mais jusque dans l'expression.

M. Rollinat a divisé ses *Névroses* comme le maître avait divisé les *Fleurs du Mal*. Dès le début, l'obsession de l'infirmité humaine, le regard découragé sur les hommes et sur les choses On dirait un ascète, dévoré par l'inquiétude des jours solitaires, luttant contre ses passions comprimées, toujours terrifié par l'œil de Satan, crachant au monde son dégoût.

Pourquoi l'instinct du mal est-il si fort en nous?

. . . .
>
> Le meurtre, le viol, le vol, le parricide
> Passent dans mon esprit comme un farouche éclair.

Ne croit-on pas entendre Baudelaire :

> Si le viol, le poison, le poignard, l'incendie
> N'ont pas encor brodé de leurs plaisants desseins

Le canevas banal de nos piteux destins,
C'est que notre âme, hélas ! n'est pas assez hardie.

M. Rollinat est si profondément imprégné de cette poésie quintessenciée et charmeuse, qu'elle semble devenue sienne ; il n'a pas cette gêne qu'on éprouve à porter les habits d'un autre. Le goût des scènes étranges et des perversions le ramène sans cesse à la pensée de la mort et son œuvre finit dans des visions de spectres, au milieu des ténèbres.

O mort, vieux capitaine, il est temps, levons l'ancre,
Ce pays nous ennuie, ô mort, appareillons.

Est-ce M. Maurice Rollinat qui parle ? Non, c'est Baudelaire.

Et qui chante en fermant son livre ?

Vive la mort ! vive la mort !

Est-ce Baudelaire ? non, c'est M. Rollinat. Pourtant, je crois remarquer dans le fils un sentiment qui manque chez l'ancêtre : Baudelaire, plein de réminiscences catholiques, croit à Satan plus qu'à Dieu ; M. Rollinat, lui, laisse échapper un cri de lassitude.

Soupir parlé des deuils intimes,
Vieux refrain des vieilles victimes :
Mon Dieu !

Mélange d'hystérie et de mysticisme, religiosité malsaine à la Barbey d'Aurevilly.

Mais les rapprochements menacent de ne pas finir.

Comme Baudelaire, M. Rollinat adore les chats pour leur mystère et leur câlinerie voluptueuse, il est un dévot d'Egard Poë,

De ce grand ténébreux qu'on lit en frissonnant ;

Les tons violacés de Delacroix, l'ensorcellement mystérieux, inquiétant, diabolique de la Joconde, le frisson funèbre des ifs et des sapins le remuent délicieusement ; il aime les rhythmes berceurs, le retour obsédant des mêmes vers qui endort ainsi qu'un ronronnement. Il a un sens de la femme très moderne, une voluptuosité maladive, une recherche dans l'amour qui est bien d'un sensitif de décadence ; et en même temps qu'il se livre à ces débauches d'imagination, qu'il traduit

> La vie épidermique avec tous ses frissons,

il a des rêves de blancheurs idéales, immaculées, rayonnantes.

Ce n'est assurément ni l'affectation des formes vieillies, ni la bizarrerie cherchée, ni l'invention de mots inutiles et lourds tels que *fantomaliser*, *envertiginer*, *incurieux* ou *monotoniser*, ni l'excessif de certaines comparaisons qui peuvent immortaliser M. Rollinat.

Le dégoût n'a jamais semblé à personne un *mystérieux recors*. Et je m'étonne que la langue d'une fromagère *emparadisante* puisse *trouer une chair de volupté*. Cette fromagère montre tout bonnement que le poète a lu *Les Rougon Macquart*, comme la vigoureuse et belle pièce : l'*Enterré vif* témoigne qu'il a étudié la *Charogne*, et s'en est approprié, non moins que la forme, la brutalité et la hauteur de verbe empoignantes.

Que dites-vous du *vitriol des noires hypothèses*? cela ne rappelle-t-il pas le *riche métal de notre volonté*?

Le *soliloque de Troppmann*, visiblement né du *vin de l'assassin* a des allures de complainte:

> Je fus les attendre à la gare,
> Dans la nuit froide, sans manteau;
> J'avais à la bouche un cigare
> Et dans ma poche un long couteau,

C'est le prud'hommes que dans l'atroce. Quant au *Chat hydrophobe*, il fera crever de rire nos petits-neveux ; les générations futures se demanderont avec stupeur si cette poésie charentonesque ne cache pas une mystification.

Il faut dégager de ce fatras baudelairien la note propre au poète. Les *Névroses* ne sont pas un livre décisif, et M. Rollinat aurait dû garder son portrait, sa belle tête souffrante et fatale, pour un autre recueil.

Je ne veux citer que quatre ou cinq pièces typiques : *Les Agonies lentes, les Petits Fauteuils, le Val des marguerites, l'Allée des Peupliers* et *la Baigneuse*.

Elle est poignante, cette poésie du mourant qui se sent mourir, et qui s'en va, par les beaux soleils, humer un peu d'air pur, sans cesse coudoyé

Par la santé publique avec ses ironies.

Victime de l'obsession de la mort, il entend la terre tomber sur son cercueil pelletée par pelletée ; il se dessèche, il voit l'huile manquer, la lampe défaillir, et pourtant l'herbe fleurit, et dans les forêts la sève monte.

Le mot qui revient avec le plus de persistance dans les vers de M. Rollinat, c'est le mot *frisson*, l'auteur y laisse entrevoir son originalité ; il a une touche frissonnante, plus frissonnante que la touche de Baudelaire.

Que ce soit le frisson des moribonds, le grelottement des peupliers trembleurs qui murmurent des pieds à la cime sous le déchaînement de la tempête, ou l'infini tremblotement de la rivière susurrante, M. Rollinat excelle à rendre ces agitations imperceptibles.

Il a le sens de la nature, daigne observer quelquefois. Délivrée de quelques banalités prétentieuses, sa *Vache au taureau* serait un tableau rural d'une simplicité et d'une beauté vraie. Le poète conserve dans un

coin secret, et quoiqu'il veuille se faire passer pour un
« *amant du sombre et du hideux,* » des délicatesses exquises.

Voyez les deux bébés :

> Auprès du minet grave et doux comme un apôtre,
> Côte à côte ils sont là, les jumeaux ébaubis,
> Tous deux si ressemblants de visage et d'habits
> Que leur mère s'y trompe et les prend l'un pour l'autre.
>
> . . . .
>
> Tout ravis quand leurs yeux rencontrent par hasard
> La mouche qui bourdonne et qui fait la navette,
> On les voit se pâmer, rire, et sur leur bavette
> Saliver de bonheur à l'aspect d'un lézard.
>
> . . . .
>
> La poule, sans jeter un gloussement d'alarme,
> Regarde ses poussins se risquer autour d'eux,
> Et le chien accroupi les surveille tous deux
> D'un œil mélancolique où tremblote une larme.

Quel bon chien merveilleusement campé ! Quel charme donne à ces vers l'exactitude du rendu. La bavette ensalivée, les bottinettes bleues et l'attitude pensive du minet renferment plus de poésie que toutes les hallucinations du monde. On veut absolument que poésie soit synonyme de fantaisie, lorsque de tels exemples prouvent que si la fantaisie est parfois poétique, le réel peut l'être bien davantage. Il suffit de redescendre du cinquième ciel où nous ont emportés les romantiques et de savoir regarder et comprendre. Je préfère la *Baigneuse* de M. Rollinat, dans sa prosaïque baignoire, avec son élégance moderne et ses odeurs capiteuses, aux nymphes de M. Armand Silvestre qui mettent des blancheurs vagues dans les bois assombris. Pourtant ne soyons pas trop sévères pour les paysages de rêve.

M. Rollinat en a de fort beaux, entre autres ce *Val des Marguerites* où la lune resplendit à travers des *houx lumineusement verts.* Ce vallon discret, vaporeux, d'une lumière idéale, plaqué de touches vertes et de tons d'argent devait plaire à Sarah Bernhardt : c'est un peu le décor du cinquième acte d'*Hernani*. Dommage que

> L'horreur des alentours en ferme les approches.

Pourquoi M. Rollinat a-t-il des chutes si brusques. Chez lui l'excellent coudoie le pire : les chevilles sont très mal placées, crèvent les yeux, et la richesse habituelle des rimes ne supplée pas à cet inconvénient, comme on le pense au Parnasse. J'ai dit plus haut mon sentiment sur la versification de Baudelaire, très laborieuse et souvent malhabile. Les disciples feraient bien de se défier de l'opinion vulgaire, qui, sur la foi de Gautier, veut voir dans les *Fleurs du mal* une suite de poèmes impeccables. Si, du moins, M. Rollinat avait la sonorité superbe du maître ; mais l'ampleur est ce qui lui manque le plus : ce ne sont pas des majuscules pédantes et des métaphores vieillies qui peuvent la remplacer.

Il semble, au point où en est la poésie, et malgré les infiltrations naturalistes, qu'il faille se torturer la cervelle lorsqu'on écrit en vers, pour exprimer emphatiquement une idée simple. Si la poésie n'était qu'une école de rhétorique et d'artifices, elle mériterait le mépris de Pascal. On ne devient pas grand poète en tourmentant l'idée et la phrase, mais en exprimant aussi nettement que possible les impressions ou les sentiments de l'homme. Molière gagne aux ressources du rhythme, mais se tient généralement très voisin de la prose. Et c'est seulement quand il veut trop hausser le ton qu'il devient ridicule.

> . . . . . Allons couronner en Valère
> La flamme d'un amant généreux et sincère.

La nouvelle poésie naturaliste, elle aussi, devra être très simple, dédaigneuse des inversions, des clichés et des enflures, plus soucieuse de la vérité du fond et de la solidité de la forme que des faux brillants.

III

M. SULLY PRUDHOMME ET M. FRANÇOIS COPPÉE

M. Sully Prudhomme a fait des études plus scientifiques que littéraires. Il se préparait à l'Ecole polytechnique lorsqu'une ophthalmie le contraignit à revenir au droit et à la littérature. A cette époque, il étudia passionnément la philosophie. Ce modeste, toujours replié sur lui-même, au front penché, aux yeux perdus dans une rêverie intérieure, artiste sensitif et délicat, dédaigneux des grosses popularités, indiquait, dès 1866, dans les *Stances et Poèmes*, la route nouvelle que de plus robustes élargiront. Il répudiait *les deuils voluptueux des vaincus sans combat*, affirmait ses juvéniles croyances au progrès, chantait la science et ses prodiges, opposait au scepticisme des blasés le résumé des conquêtes de l'homme sur la nature ; sa foi positiviste ressemblait à la foi d'un Littré, s'appuyant sur les vérités découvertes pour aller à la recherche des vérités lointaines ; son stoïcisme était celui du savant, certain que l'individu avec ses douleurs et ses joies tient peu de place dans l'organisme universel. M. Sully Prudhomme gardait encore l'éblouissement des forges du Creusot, la vision des gigantesques machines, admirées pendant un an de séjour, et ces images de la puissance humaine influaient sur sa conception philosophique si virile. Ajoutez la lecture assidue de Lucrèce, le grand maître du poète qui traduisait alors le premier livre du *De naturâ rerum*. Homme de science, s'intéressant à notre vie actuelle, aimant son temps, mais porté par son érudition même à se satisfaire difficilement M. Sully Prudhomme semble un phénomène presque unique aujourd'hui. Il doute de lui. Et cette défiance extrême, ce besoin de concision — la concision étant la perfection — le stérilise à la lettre. Plus il va, plus il s'enfonce dans l'idée pure, par haine de la phraséologie banale. Plus l'air dont il vit devient irrespirable pour la majorité des hommes. C'est des Parnassiens que M. Sully Prudhomme apprit le mécanisme du vers moderne et les ressources que la pensée trouve dans la solidité de la forme. Mais, dédaigneux du vide sonore, l'auteur des *Épreuves* ramasse bien des idées dans la brièveté énergique d'un sonnet. On a de lui plusieurs chefs-d'œuvre en ce genre. Il faut mesurer ce qui différencie ces brèves esquisses, sortes de notes d'un philosophe, des développements sans limites de Lamartine et de Victor Hugo, pour constater combien la fin du xixᵉ siècle ressemble peu au commencement : aux élans vagues et bruyants a succédé une précision discrète ; à la langue trop ample d'autrefois, une langue qui colle étroitement à la pensée ; à l'idéal intangible un idéal « visible et limité »[1]. Pour Lamartine et Hugo il y a dans

---

[1] Emmanuel des Essarts.

l'avenir un absolu de justice et de fraternité ; les hommes deviennent bons ;

Le courant roule à Jéhovah ;

Les peuples affranchis et intelligents se tendent les mains. Pour M. Sully Prudhomme, le progrès marche à petits pas, affaiblit les rivalités immédiates sans combler les frontières, promet l'homme meilleur sans assurer l'homme excellent. Souvent même ce cœur de poète qui désire croire, à la vue du mal universel toujours étalé sur le monde, est pris d'une tristesse et d'un découragement noir. Et jusqu'à ses lèvres monte un chant de mort.

> Quand je vois des vivants la multitude croître
> Sur ce globe mauvais, de fléaux infesté,
> Parfois je m'abandonne à des pensers de cloître
> Et j'ose prononcer des vœux de chasteté.
>
> . . . .
>
> Demeure dans l'empire innommé du possible,
> O fils le plus aimé qui ne naîtra jamais !
> Mieux sauvé que les morts et plus inaccessible,
> Tu ne sortiras pas de l'ombre où je dormais !
>
> Le zélé recruteur des larmes par la joie,
> L'amour, guette en mon sang une postérité.
> Je fais vœu d'arracher au malheur cette proie ;
> Nul n'aura de mon cœur faible et sombre hérité.

Puis le poète chasse ces idées ; il veut qu'après tout la vie soit bonne ; il se condamne à un optimisme forcé.

> Quel homme, une heure au moins, n'est heureux à son tour !
> Une heure de soleil fait bénir tout le jour.

Mais la vanité même de ce bonheur l'oblige à songer. Dans les plus violents spasmes d'amour, l'homme n'étreint qu'un corps. Deux âmes ne peuvent jamais s'embrasser, jamais le désir ne se satisfait pleinement. La conception de l'amour chez M. Sully Prudhomme est plus terre à terre, plus charnelle, plus profonde aussi que la vieille conception idéaliste. Victor Hugo, Lamartine et Vigny enveloppent la femme aimée dans une auréole vague, s'égarent en rêveries sentimentales ; M. Sully Prudhomme précise, creuse sa pensée, l'interroge et se répond. Il est le poète solitaire du foyer, tandis que ses aînés, poètes du forum, criaient sur les places publiques jusqu'à leurs misères de cœur. Musset, aux plaintes si pénétrantes, n'aurait peut-être pas compris les larmes de ce passionné moderne qui craindrait de profaner son amour en l'étalant et se contente d'essuyer au bord des paupière une larme furtive. Tempéraments bien opposés. Si le poète des *Nuits*, grâce à son génie, force l'admiration et la pitié pour ses douleurs de Don Juan non satisfait, nous sympathisons mieux avec les sentiments voilés de M. Sully Prudhomme. Le demi-jour convient aux effusions intimes.

Comme Musset, M. Sully Prudhomme a souffert de la femme ; il y a dans son cœur, il l'a raconté lui-même dans une pièce célèbre, une fine fêlure. Loin de se jeter de désespoir dans de nouvelles expériences, l'auteur des *Vaines tendresses* espère parvenir à l'apathie stoïcienne, il escompte l'âge sauveur où, ses sens enfin domptés, sa soif de science apaisée, il pourra s'adonner au calme d'une vie végétative :

Ni l'amour ni les dieux ; ce double mal nous tue.

Et ce sensitif que la moindre meurtrissure ensanglante, ce vase que le moindre coup d'éventail brise, ce poète de décadence, perdu dans tous les raffinements de la pensée moderne, et chez qui, par suite, la faculté de jouir et de souffrir est décuplée, aspire à devenir un terme où le liseron s'enroulera : voilà le suprême bonheur.

En attendant, les inquiétudes des sens se doublent des inquiétudes de l'esprit ; et, comme dans notre Univers les chances de douleur l'emportent sur les chances de joie, ce nerveux sera plus atteint qu'un autre.

M. Sully Prudhomme promène sa philosophie sur les choses. Personne n'a rendu avec plus de charme et de profondeur la mystérieuse poésie des objets familiers. L'herbe qui se nourrit sur les tombes de la poussière des générations mortes, et les vieilles maisons dont les lézardes sont des souvenirs le font rêver.

Et toujours, et partout, ainsi que dans un parc dont les allées aboutissent au même carrefour, les questions sur la destinée de l'homme. Le poète, plein d'illusions, se trouve froissé dès son entrée dans la vie. Comme M. Sully Prudhomme, il cherche dans le monde la Justice sans la trouver. Navré du doute, voulant à tout prix une solution, il saute par-dessus les faits pour atteindre son but. Le poème de la *Justice*, dans un rhythme compliqué où sonnets et quatrains alternent, est à la fois un tour de force philosophique et un tour de force poétique. La logique, de même que l'imagination, est une maîtresse d'erreur. Grâce à elle, presque tous les philosophes, partis d'une vérité, aboutissent par d'insensibles déviations aux plus singulières et contradictoires conséquences. M. Sully Prudhomme n'a pas échappé à la règle. Au lieu de chercher la justice sans idée préconçue, il est probable qu'en écrivant le premier vers du poème, il avait déjà dans l'esprit le stoïcisme, son dernier mot. Même sentiment dans les *Stances et Poèmes*. Les nuances seules diffèrent.

Il y a de l'ardeur, un juvénil espoir, de l'éclat, dans les vers sur Musset ; le lyrisme s'éteint au contraire, le vers prend une allure triste et grave dans l'invocation à Chénier ; se heurtant à des abstractions hostiles à la poésie, ces papillons que M. Sully Prudhomme se plaît à étendre,

> Une épingle au cœur, deux à deux,

perdent leur moire. Sous le vêtement insuffisant apparaît la pensée forte, mais un peu âpre. Ce défaut, de plus en plus sensible, explique le peu d'enthousiasme du public pour les derniers poèmes de M. Sully Prudhomme. L'auteur des *Vaines tendresses* se console : il sait les délicats seuls capables d'apprécier ses délicatesses de pensée et les penseurs seuls aptes à le pénétrer. Toutefois il continue à croire la forme poétique hospitalière aussi bien à toutes les idées qu'à toutes les sensations.

Il est étroit, le cercle des « amis inconnus, » du poète de ceux

> . . . Dont les cœurs au *sien* sont librement venus.

Mais la sympathie des esprits d'élite et des cœurs vibrants console des popularités absentes.

Le meilleur titre de M. Sully Prudhomme près de ces juges, plus sévères que l'Académie, me paraît être ses essais de poésie scientifique. En ce genre, lisez le poème sur la catastrophe du *Zénith*. L'auteur accompagne les explorateurs aériens et mesure

> L'audace du voyage au déclin du mercure.

Un peu plus de hardiesse, l'emploi des termes précis, au lieu de périphrases qui trop souvent obscurcissent la phrase et embarrassent la lecture, auraient donné à cette œuvre estimable plus d'originalité et plus d'attrait.

Déjà M. Sully Prudhomme n'avait trouvé pour définir la locomotive que cette périphrase énigmatique :

. . . . Un génie
Qui fume, haletant d'un utile courroux,
Et dans l'oppression d'une ardente agonie,
Attache au vol du temps l'homme pensif et doux.

La poésie du xx⁰ siècle, renouvelée par la science, devra se délivrer de telles entraves et se résigner à appeler les choses par leur nom, tout bonnement.

M. Sully Prudhomme cherche dans ses vers à donner l'idée des choses, oubliant sans doute que la poésie n'a pas à lutter avec l'explication technique des livres de science, et que sa seule tâche est de donner une image fidèle des objets. L'image entraîne l'idée à sa suite.

Plutôt que d'expliquer les découvertes modernes, que ne montrez-vous leur appareil stupéfiant ?

M. Maxime Du Camp eut cette idée vers 1855, mais ses forces trahirent l'ouvrier de la régénération poétique. Toutes les vieilleries des antiques traînent dans ses vers. Je crois même qu'il donne la parole au chloroforme personnifié, avec un grand C. M. Sully Prudhomme, sans tomber dans ces puérilités, reste trop abstrait. Il commet, en outre, cette faute d'intervenir à tort et à travers par des réflexions obstruantes. L'impersonnalité du roman contemporain me semble désirable en poésie. De même il serait bon d'abandonner dans la poésie scientifique la pure description. Le plus beau décor ne peut faire oublier l'homme. Tout devient froid et terne quand les souffrances et les bonheurs de notre vie ne se mêlent pas aux choses ; le poème, autrement conçu, rappellerait l'abbé Delille : un Delille flamboyant.

Prenons donc les drames très simples et très poignants de l'humanité avec les milieux qui les encadrent. La respiration des soufflets de forge, le frou-frou soyeux des ballons qui s'envolent, les coups de pics dans les galeries de mines pointillées de lueurs jaunes et semées d'ombres mouvantes, le fourmillement et le brouhaha d'une gare, le roulis, la cohue et les jurons d'un paquebot en partance, toutes ces rumeurs modernes accompagnent superbement les éclats de rire et les sanglots éternels de l'homme.

Une autre poésie, la poésie familière, a été inaugurée par M. François Coppée.

Pâle sous ses longs cheveux noirs, le poète avait dans sa jeunesse le profil accusé de Bonaparte, premier consul. Même maigreur, même courbure de nez, mêmes pommettes saillantes. Un ensemble osseux d'une beauté romantique.

M. Coppée s'est développé dans le petit groupe parnassien.

Dès ses premiers vers, perce la note originale, fraîche et pénétrante, un peu frêle. En 1869, un acte aimable joué à l'Odéon, *le Passant*, mit brusquement le poète en lumière. Mais, à mon sens, M. Coppée vaut moins par ses fantaisies gracieuses que par ses essais populaires.

Là, comme dans toute poésie contemporaine, Victor Hugo a été l'initiateur. Au milieu du livre qui est le centre et le point culminant de l'œuvre, *les Châtiments*, à côté d'une page qu'on dirait arrachée à la *Légende des siècles*, *l'Expiation*, germe la poésie naturaliste commençante avec *le Souvenir de la nuit du 4*. Le géant oublie de claironner ses grands vers épiques ; son emphase espagnole et sa profonde rêverie allemande cèdent le pas à d'adorables simplicités d'expression.

Du *Souvenir de la nuit du 4* dérivent *les Humbles*.

Pourquoi M. Zola écrit-il donc mélancoliquement ?

« Pour exprimer le monde moderne il faudrait

créer une nouvelle langue poétique. » Flaubert a-t-il créé une langue? n'a-t-il pas simplement élargi le moule de Chateaubriand?

La langue poétique actuelle, née du génie de Victor Hugo, raffinée encore par les orfèvres du Parnasse, est un si merveilleux outil, qu'au dire de M. Théodore de Banville, l'homme le moins doué peut, grâce à elle, mettre sur leurs pieds des vers lisibles. La césure mobile, le rejet et surtout la rime riche ne donnent pas seulement d'étonnantes sonorités, mais, et cela vaut mieux, moulent exactement les circonvolutions de la pensée. La place des mots leur ajoute une puissance évocante dont, jusqu'au XIX° siècle, notre poésie ne se doutait pas. Si de grands poètes tels que Lamartine ou Musset n'ont pas formé école comme Hugo, c'est que leur génie n'avait pas les mêmes ressources techniques, car ce sont les procédés transmis qui engendrent les écoles.

Supposez maintenant un large esprit, ouvert à l'observation et dans lequel s'impriment des visions modernes. Les *gaufriers* [1] de Victor Hugo sont aptes à recevoir ses idées, et s'il a une réelle originalité, il peut laisser de notre monde un tableau dont l'exactitude n'exclura pas la grandeur.

Œuvre trop vaste et trop dure pour M. François Coppée.

L'inspiration souffreteuse du *Reliquaire* et des *Intimités*, un peu teintée de baudelairisme, le poursuit obstinément.

Ce qu'on remarque tout d'abord chez lui, c'est un sentiment très spécial de l'amour, une sorte d'abandon voluptueux, de passivité féminine. Il se compare dans

1. Mot de Gautier.

la première pièce des *Intimités* à un page blotti muettement dans les jupes d'une reine, restant tout le jour, ses yeux adorateurs fixés sur le visage de sa maîtresse.

Ailleurs, dans le *Passant*, il s'incarne dans Zanetto, le doux coureur d'avril. Comme lui, il porte mandoline en bandoulière, prêt à risquer un air pour une gorge blanche, pour un œil rêveur à peine entrevu. M. François Coppée est assurément un féminin. Il a des délicatesses exquises et des pitiés de femme pour les petits, les souffrants, les déshérités, les humbles.

Dès le premier recueil, cette tendance s'indique dans le poème intitulé : *Une sainte*. Parenté entre M. François Coppée et M. Alphonse Daudet, quoique le romancier soit d'une sensibilité moins banale que le poète, plus profonde et plus vibrante. Mais n'est-il pas curieux que moins de trente ans après *Indiana* et *Antony*, le public, dédaignant les héros poseurs aux attitudes fatales, reporte toute son attention et son intérêt sur les individualités écrasées par nos civilisations impitoyables aux faibles, odieusement clémentes aux forts?

Pour traduire en vers ces malheurs et ces joies contemporaines, il fallait posséder un outil poétique d'une rare souplesse. Nous avons été tellement grisés de lyrisme que nous pouvons à peine concevoir la poésie familière. On ne se sert plus de périphrases, mais, quoiqu'en ait dit Hugo, il y a encore bien des mots qu'on ne sait comment introduire dans la poésie. M. François Coppée a réussi à rendre simplement des sentiments simples et vrais.

Parisien parisiennant, il a grandi dans une famille de modestes employés, il a connu les heures de privation, les logements étroits et sans soleil. Il a dû subir les corvées de la bureaucratie, a gardé de son passage à travers le monde des cartons verts une attitude et des idées un peu bourgeoises. Le goût du détail intime est la caractéristique de son originalité.

Il y a dans les discrétions du « home » bien clos, dans les joyeuses flambées dont les crépitements répondent aux bruits extérieurs, dans le froufrou soyeux d'une robe aimée, dans les bouillonnements de la théière sur les cendres chaudes, dans le ron-ron du chat câlin aux prunelles d'or, dans le mouvement lent d'un berceau de dentelles, et jusque dans la fumée de la pipe qui monte en spirales et se perd avec la rêverie, une poésie encore inexprimée chez nous, et dont M. François Coppée a eu l'intuition.

> Je suis heureux : j'en ai quelquefois pour des heures
> A me bercer alors d'espérances meilleures,
> A rêver d'un doux nid, d'un amour de mon choix
> Et d'un bonheur très long, très calme et très bourgeois.
> J'imagine déjà la saveur indicible
> Du livre qu'on ferait près du foyer paisible,
> Tandis qu'une adorée, aux cheveux blonds ou noirs,
> Promènerait les flots neigeux de ses peignoirs
> Par la chambre à coucher étroite et familière....

Nous voilà loin des frénésies de l'amour romantique et des poursuites de Don Juan, chassant devant lui l'insaisissable idéal. La poésie s'humanise, descend des hauteurs où plane l'ode hugolesque, s'attarde avec M. Sully Prudhomme dans la contemplation des vieilles demeures, avec M. François Coppée dans le rêve des existences simples.

> N'est-ce pas ? ce serait un bonheur peu vulgaire
> D'être, non pas curé, mais seulement vicaire
> Dans un viel évêché de province, très loin,
> Et d'avoir, tout au fond de la nef, dans un coin,
> Un confessionnal recherché des dévotes.

> On recevrait des fruits glacés et des compotes;
> On serait latiniste et gourmand achevé;
> Et, par la rue où l'herbe encadre le pavé,
> On viendrait tous les jours une heure à Notre-Dame
> Faire un somme, bercé d'un murmure de femme.

Ailleurs c'est la vieille marchande de journaux, son petit-fils aux yeux doux de poitrinaire, c'est l'é[pi]cier de Montrouge, refoulant les soupirs de ses rêv[es] avortés, essayant de tromper la monotonie de ses jou[rs] sans soleil, c'est l'enfant de la balle, fleur artificielle de [la] rampe, tête trop tôt surmenée que la méningite empor[te].

Apitoiements légitimes. Mais n'y a-t-il dans notre s[o]ciété que ces maladifs qui soient dignes de captiver [le] poète? M. François Coppée expose une sorte de galer[ie] des souffrants, il exploite les attendrissements facil[es] pour les mères désolées et les enfants pâles. Notre v[ie] est plus variée, plus large. Les coudoiements effarés [du] monde contemporain, des cyniques d'en bas et des c[y]niques d'en haut, courtisane, banquier ventru, mar[in] faubourien, voyou blagueur et vicieux, grande da[me] élégante, ramasseur de bouts de cigares, gueux sans asi[le], prêtre sans église, petit boutiquier satisfait, misè[res] vraies, misères feintes, la vie de Paris avec ses i[ro]nies, demandent une main plus souple et plus for[te] que celle de M. Coppée.

Mais qui, au même degré que lui, a le sens des horiz[ons] parisiens de ce ciel d'un bleu pâle où se dé[ta]chent comme dans un lavis quelques nuages fins dentelés. L'omnibus, couvert de têtes, qui secoue [les] rues, le cahot d'un fiacre sur le pavé inégal, les m[ai]gres frondaisons et la nudité des banlieues, l'encomb[re]ment endimanché des jours de printemps où la verd[ure] pointe et où des souffles tièdes passent, le clapotem[ent] régulier du bateau mouche dans l'eau jaune et s[ale]

qui écume aux arches des ponts inspirent au poète
« une amitié malsaine. » Il perd le goût de la franche
nature dans cette civilisation concentrée et préfère

. . . . devant le port Saint-Nicolas
Un vieil arbre isolé qui montre ses racines,

à l'immobilité de la lande et au voltigement des
mouettes sur le cap Fréhel.

Les paysages préférés expliquent un homme. M. Zola
se fixe à Médan où il trouve une plantureuse nature,
toute débordante de sève; Victor Hugo choisit pour exil
l'île de Guernesey, âpre comme son génie, perpétuellement battue par les vents du large et retentissante des
coups de la mer. Le talent de M. François Coppée a
des tons gris et des nettetés d'eau-forte comme les découpures de toits et d'arbres dans le bleuissement du
ciel de Paris.

L'exubérance des poètes de la précédente génération,
les Lamartine et les Hugo, vieux arbres enfoncés dans
la terre, et qui poussaient

. . . . dans tous les sens
La robuste fraîcheur de leurs rameaux puissants

cède la place à la précision de l'observateur. Adieu les
tirades à perte de vue, l'amoncellement kaléidoscopique des images et des épithètes. Lorsque M. François
Coppée essaie de s'envoler sur la strophe lyrique d'Hugo,
les ailes lui manquent, il retombe essoufflé.

Poésie de transition entre le lyrisme de 1830 et la
puissante épopée moderne. L'échevèlement des formes
romantiques est remplacé presque de toutes parts par
la souplesse et la gravité narrative de l'alexandrin. Peu
à peu le chant devient récit. Et c'est cette transformation qui donne à l'œuvre de M. François Coppée son ca-

ractère indécis. Le poète se débat entre son éducation romantique et les velléités naturalistes de son tempérament. A l'instant où il s'engage, loin du drapeau de ses chefs, dans la mêlée contemporaine, le cor d'Hernani le rappelle en arrière. Assurément l'auteur des *Humbles* n'a conscience ni de sa vraie place dans notre littérature, ni de l'œuvre qui l'immortaliserait. Le tohu-bohu de ses derniers recueils est inexprimable. Les pièces s'étalent sans aucun souci de composition. Une ballade à M. de Banville et un sonnet moyen-âge côtoient *l'Enfant de la balle* et des poèmes de circonstance. On exige de l'unité pour un roman ou pour un drame, mais non pour un volume de vers. Les fantaisies les plus dissemblables, une fois rimées, acquièrent le droit de se coudoyer sous une vague étiquette d'ensemble. Tendance très nuisible à l'œuvre. Le succès des *Fleurs du mal* est dû autant à l'harmonie du livre qu'aux vues si personnelles et si étranges de Charles Baudelaire. Au théâtre, M. François Coppée n'a pas retrouvé l'inspiration heureuse du *Passant*. Ces succès de fraîcheur, de velouté, de grâce, ne se cueillent qu'au printemps. Le poète ne désespère pas cependant, il s'ingénie à donner à des costumes Louis XIV ou Renaissance un langage fleuri en alexandrins élégants. Mieux vaudrait encore rimer des ballades que de se condamner à ces perpétuels avortements. Le public ne mordra pas à l'hameçon, car le public, inconsciemment, a pris le goût du réel, d'un réel atténué, il est vrai, mitigé par l'habile M. Dumas fils ou par l'ingénieux M. Sardou, mais qui prépare les esprits à des vérités cruelles. [1]

---

1. Le récent succès de M. Coppée, réactionnaire et, par conséquent, factice, ne modifie aucunement mon opinion. Toutes les vieilleries en cinq actes : antithèses de *Ruy Blas*, récit de *Lucrèce Borgia*, guitare de *Marie Tudor*, poignard et poison. Un

M. Coppée est dans la force de l'âge et du talent. Cependant on peut craindre qu'il ne se renouvelle pas et vive sur le passé. Il ne faut compter que sur des poètes plus jeunes.

En 1880, un volume crânement intitulé : *Des vers*, surprit et charma les lettrés. Le livre, lancé à l'impromptu, sans réclames, eut deux ou trois éditions. L'auteur, M. Guy de Maupassant, déjà connu pour une nouvelle, *Boule de suif*, qui révélait un observateur et un artiste, soucieux de composition et de style, venait de bonne école. Disciple, et, en quelque sorte, fils adoptif de Gustave Flaubert, c'est de l'auteur de *Madame Bovary* qu'il avait appris l'harmonie de la période et la justesse de l'expression. Le grand styliste se plaisait à revoir ses essais, lui faisait raturer impitoyablement les phrases peu sonores. Et lorsque, le dimanche, les amis de Flaubert se réunissaient, ils trouvaient M. de Maupassant déjà établi près du maître. Dans cette atmosphère intellectuelle, les rares qualités du jeune homme se développaient. Dès les premiers vers, dédiés « au paternel ami que j'aime de toute ma tendresse, à l'irréprochable maître que j'admire avant tous. » M. Guy de Maupassant fut regardé comme un des écrivains de l'avenir, une des espérances de la génération grandissante.

Le poète est un panthéiste, un *naturaliste* entre les naturalistes. L'homme, souverainement dominé par les choses, reste bien au premier plan, mais l'arbre et la bête s'élèvent presque à son niveau. Il y a là une juvénile exubérance de Normand.

universitaire, enthousiaste de *Severo Torelli*, (ô 1830 !) en a fait la plus cruelle critique : c'est presque une tragédie. Entre le lyrisme assagi de M. Coppée et le lyrisme fou de M. Richepin, j'avoue mes préférences : mieux vaut tomber avec *les Burgraves* qu'aller aux nues avec *Lucrèce*.

Ce que j'admire dans les vers de M. Guy de Maupassant c'est leur allure entraînante, leur emportement puissant. Ce large flot balaie les constructions laborieuses des Parnassiens.

Écoutez et voyez les oies sauvages :

> Comme un double ruban la caravane ondoie,
> Bruit étrangement et par le ciel déploie
> Son grand triangle ailé qui va s'élargissant.
> . . . .
> Mais leurs frères captifs répandus dans la plaine,
> Engourdis par le froid, cheminent gravement;
> Un enfant en haillons en sifflant les promène,
> Comme de lourds vaisseaux balancés lentement.
> Ils entendent le cri de la tribu qui passe ;
> Ils érigent leur tête, et regardant s'enfuir
> Les libres voyageurs au travers de l'espace,
> Les captifs tout à coup se lèvent pour partir.
> Ils agitent en vain leurs ailes impuissantes,
> Et, dressés sur leurs pieds, sentent confusément,
> A cet appel errant, se lever grandissantes
> La liberté première au fond du cœur dormant,
> La fièvre de l'espace et des tièdes rivages.
> Dans les champs pleins de neige ils courent effarés,
> Et, poussant par le ciel des cris désespérés,
> Ils répondent longtemps à leurs frères sauvages.

Comme voilà bien l'élargissement triangulaire d'un troupe bruissante de voyageurs, et l'allure pesante engourdie, ballottante des captifs ; et leur sursaut ; leur battements d'ailes, l'aspiration de leurs cous tendus de leurs cris ! Quels vers grandioses, harmoniques ! L'auteur connaît les moindres bruits des champs, il aime les frissons et les souffles fécondants du plein air. Il traduit jusqu'au cri strident des grillons qui s'égosillent dans la fraîcheur, le gris et l'apaisement du crépuscule. Dans cette poésie, les sensations les plus ténues des hommes se confondent avec leurs sentiments.

Plus qu'aucun écrivain de notre temps, M. de Maupassant a le sens de la passion matérielle. Une griserie d senteurs fauves s'exhale de ses vers. Il est le poète de la bestialité amoureuse. Les plantes mêmes suent l'amour et vivent grassement. Un rut emplit *Au bord de l'eau* et *la Vénus rustique*, grandes fresques, si hardiment colorées, si géniales, que l'imperfection du détail disparaît dans l'ensemble.

Et l'originalité des images! Tel paysage lunaire se rapproche sans désavantage de la scène où Rodolphe et Emma, au milieu de la nuit, contemplent la lune se mirant dans le tremblement de l'eau.

> On voyait s'élever comme un feu dans les branches
> La lune, énorme et rouge, à travers les sapins.
> Et puis elle surgit au faîte, toute ronde,
> Et monta, solitaire, au fond des cieux lointains
> Comme une face pâle errant autour du monde.

M. Guy de Maupassant tient à cet effet; il l'a répété dans deux ou trois de ses nouvelles.

Ailleurs, il montre dans un vers pittoresque et concis :

> . . . . Deux moissonneurs rivaux
> Debout dans le soleil se battre à coups de faux.

On croit voir les deux silhouettes se démener comme des ombres chinoises dans les flambées du couchant.

Souvent l'étrangeté quintessenciée de certains rapprochements fait songer à Flaubert.

> Un souffle froid, tombé du ciel criblé de feux,
> Apportait jusqu'à nous comme une odeur d'étoiles.

Plus loin, des femmes,

> Ayant toutes un peu de clair de lune à l'âme,

se promènent pendant que « *les brises charriaient des langueurs de péchés.* »

Encore mieux. Il s'agit d'une lavandière :

> Les coups de son battoir me tombaient sur le cœur.

La simultanéité trop cherchée de la sensation et du sentiment rend de telles phrases bizarres. Mais c'est peu de chose.

Quel dommage que M. Guy de Maupassant ait sacrifié si complètement la poésie au roman ! Il semblait né pour devenir le poète naturaliste que nous attendons.

LIVRE VI

LE THÉATRE

I

LES CONVENTIONS ET LE PUBLIC

Pas de théâtre sans conventions, répète M. Sarcey. Et, pour démontrer ce théorème, le critique du *Temps* établit que le gaz de la rampe mettra toujours une barrière entre les acteurs et le public, que l'on aura toujours besoin des trompe-l'œil du décor. Impossible de lever le rideau sur un coin de réalité ; l'auteur dramatique ne sert à son public que des réalités arrangées. Il y a même mieux ; pour être homme de théâtre, il faut avoir une vision particulière, déformatrice, un cerveau qui accommode les hommes et les choses à l'optique de la scène. Partant de là, M. Sarcey estime que l'on devrait médiocrement se soucier de l'exactitude des reproductions matérielles. Un drame est bon, vraisemblable ou non, lorsqu'il empoigne le public.

Un homme, planté en face d'un tableau, conteste la vérité du paysage en mesurant les arbres peints avec le manche de son parapluie. Est-ce qu'on a jamais vu un peuplier de cette taille-là? Tout au plus une asperge. Et ce bœuf, est-il assez ridicule? Et ce paysan qui pousse sa charrue? grand comme un joujou de deux sous. Du reste, avec des couleurs, impossible de donner l'image de la vie. Le découpage frêle, et le frisson, et la moire des feuilles ne sauraient être rendus.

Ce raisonneur-là, c'est M. Sarcey.

Et pourtant, si l'on met deux toiles en regard, l'une de Corot, l'autre de Courbet, un vaporeux paysage, peuplé de nymphes, et la lumineuse *Remise des Chevreuils* où l'eau semble courir sur le roc et le soleil danser dans les feuillages, le plus inexpérimenté dira : cette toile-ci reproduit les choses plus exactement que celle-là.

Avec les mêmes moyens, on peut donner une impression plus ou moins stricte de la vie. Mais il est évident qu'il y a toujours interprétation. M. Sarcey joue sur la définition même de l'art.

Pas de théâtre sans conventions, ça veut dire : pas possible de peindre sans couleurs ou d'écrire un roman sans plume, sans encre et sans papier.

Les naturalistes pensent que plus on donne la sensation de la vie, plus on fait œuvre d'artiste, et qu'on ne donne cette sensation qu'en étudiant la nature et l'homme, et en les reproduisant dans leur intégrité. Pour eux les mots : conventions théâtrales, représentent les trucs familiers à nos dramaturges contemporains, et sans lesquels, au dire de M. Sarcey, on n'entend rien au théâtre. Ils haïssent les scènes conventionnelles, rabâchées depuis un quart de siècle, et surtout les personnages convenus, sans nuances et tout d'une pièce, façonnés par des adroits à la mesure des esprits médiocres, c'est-à-dire de la majorité des esprits.

Voici le véritable point du débat. L'auteur doit-il tailler dans le vrai sans s'inquiéter du monde? Doit-il, au contraire, se plier aux exigences de son public? M. Sarcey va au théâtre pour s'amuser et veut qu'on l'amuse; les écrivains naturalistes prétendent faire du drame comme du roman un procédé d'histoire sociale.

Si le roman est plus souple, n'abandonne pas le décor à un metteur en scène plus ou moins habile, l'action à des acteurs plus ou moins intelligents, si le roman fait son chemin lui-même, conquiert lentement les esprits, sans frapper inutilement à la porte des directeurs, sans avoir à vaincre d'un coup les préjugés du public, le drame, grâce à sa concentration, a une puissance plus immédiate, plus décisive. Chaque mot a dans la foule le retentissement d'un coup de clairon.

« Laissez le livre, prenez le théâtre : c'est le livre renversé. Le public vous tenait, vous tenez le public. Vous lui sautez aux oreilles, aux yeux, aux larmes, au cœur, au rire, aux sens. Vous avez devant vous une foule, une masse ; vous avez la chance qu'un peuple soit moins bête qu'un homme... Le livre, on le lit à jeun, quand il pleut, quand on attend, quand on tuerait des mouches pour tuer le temps ! La pièce vous empoigne, vous caresse, après un bon dîner, et la robe de votre maîtresse dans les jambes [1]... »

Malheureusement, les réalités sont loin d'être réjouissantes, et les bourgeois, pas plus que le critique, ne veulent être troublés dans leur digestion. Pourquoi rendre à ces braves gens le spectacle laid qu'ils ont eu sous les yeux toute la journée ? Ne vaut-il pas mieux les en distraire ? L'auteur dramatique équivaut au pres-

[1]. *Charles Demailly*, p. 132.

tidigitateur dont les muscades procurent une heure d'oubli.

Soit. Mais il faut condamner *Tartufe*. Il faut condamner *Mercadet*. Il faut condamner le *Chandelier*. Il faut condamner ce sévère *Théâtre-Français*. Les changements à vue du *Pied de Mouton* et les ballets du *Tour du Monde* sont beaucoup plus hygiéniques. L'esprit n'a pas besoin de se torturer pendant la digestion ; une aimable récréation de la vue prédispose bien mieux au sommeil.

Du moment qu'à la question du théâtre se mêle une question d'hygiène, comme la critique avait raison de s'emporter contre l'abrutissement des féeries et l'idiotisme des cafés-concerts !

Si l'on accepte l'observation au théâtre, comment doserait-on la vérité? Il est très ridicule de dire : Voilà une limite qu'on ne franchira pas. Les gros bonnets de la critique eux-mêmes ne s'entendraient point. Et quant aux préférences du public, s'en soucier serait renouveler la sottise du Meunier et de ses fils:

. . . . . . Est bien fou du cerveau
Qui prétend contenter tout le monde et son père.

Au théâtre, la simplicité de la forme s'impose: on n'a pas à craindre les excès de virtuosité; on est sûr d'être compris de la masse. La communication s'établit de plain-pied entre la foule et le poète, et si la foule se révolte, tant pis. Le suffrage universel, inepte en politique, ne me semble pas moins inepte en littérature.

Mais je viens de prononcer là un mot qui, au dire des habiles, n'a rien à démêler avec l'art dramatique. La littérature est une chose, le théâtre une autre chose. Une pièce bien faite peut être très mal écrite.

Qu'est-ce donc qu'une pièce bien faite ?

Allons demander la formule à M. d'Ennery. Une bonne pièce tourne sur elle-même comme une toupie. Tout d'abord l'artiste qui va opérer attire l'attention du public sur les ficelles, toujours les mêmes, qu'il s'agit d'enchevêtrer. Puis il noue le tout. Le difficile est de serrer ce nœud assez étroitement pour que personne dans la salle, devinant le reste, n'ait l'envie de gagner le vestiaire après le troisième acte, le point culminant d'une pièce en cinq actes, l'endroit où se trouve la scène que ne ratent pas les expérimentés, la scène à faire. Procédé des feuilletonistes, tirant l'abonné à la remorque, de numéro en numéro, par d'habiles suspensions, comme le pêcheur entraîne un poisson trop lourd que sa ligne craint de soulever. On laisse un bon quart d'heure l'auditoire en suspens; puis au moment précis, avec grâce, sans effort apparent, on daigne tirer d'inquiétude les bons bourgeois. Dans la salle court un soupir de satisfaction; chacun s'écrie : comme c'est simple, comme c'est naïf! Et les éventails battent des ailes sur les faces allumées.

Les deux parties qui encadrent la scène à faire doivent être rapides; pour le reste : pur remplissage. Mais il y a bien des façons de combler les vides. Certaines recettes, vingt fois employées, réussissent toujours. Elles ont bâti bien des fortunes et bien des réputations. Elles en bâtiront bien d'autres encore. Prenez, par exemple, une pensionnaire, toute fraîche échappée du couvent, d'une naïveté d'ange, étourdie, rieuse, papillonnante. Toutes les cocottes s'essuieront les yeux, et le banquier qui croque tous les matins une douzaine de boursiers, s'avouera délicieusement attendri. Pas mal non plus d'introduire, à peu de frais, un raisonneur chargé de lancer les réflexions du chœur antique, aggravées de quelques saillies boulevardières. Ce personnage a pour fonction de parler au public, de l'éduquer ou de le forcer à rire. On fera infailliblement bon accueil à cette vieille connaissance. Instituer encore, et dès le début, en vue du dénouement, une statue du commandeur, un Clarkson quelconque dont la seule fonction soit de détruire les vibrions. Voilà quelques personnages sympathiques. Mais la victoire se changera en triomphe si l'homme de théâtre a soin de présenter aux spectateurs un bon jeune homme, un personnage comme l'artilleur de *l'abbé Constantin*, avec quelques défauts si légers qu'il faut un microscope pour les apercevoir, franc, loyal, une conscience mécanique où toutes les âmes délicates se retrouveront. A la dernière scène, que l'artilleur en question épouse l'ingénue déjà mentionnée... Voulez-vous, — c'est du superflu, de la dentelle, n'importe, cela fait bien, — voulez-vous donner à votre œuvre certaine *saveur littéraire*? Saupoudrez-la de phrases à facettes. Mais il ne faut pas abuser de ce clinquant; si l'on franchissait une fois les bornes permises, ce seraient des gouailleries montant des loges au poulailler.

Je vois à sa table de travail un débutant qui rêve la gloire du théâtre. Il relit des phrases comme celle-ci: « C'est sur tes petits doigts roses, c'est sur la soie d'or de tes cheveux d'enfant que mon cœur ignorant a épelé ses premiers baisers... » Peut-on savoir le sujet de votre pièce, nourrisson de Scribe? — Une situation très intéressante et dramatique au premier chef. D'une maîtresse abandonnée le banquier X a un fils; de sa femme légitime, une fille. Mais il y a beau jour que l'honnête financier a perdu de vue son fils, lorsque tombe dans la maison le jeune Y, un enfant naturel dont mademoiselle X s'éprend. On passe sur l'irrégularité de la naissance. Nous voici au soir des noces. La mère de Y lui a laissé en mourant un pli cacheté qu'il doit ouvrir seulement après son mariage, — vous entendez bien, un pli cacheté où se trouve le nom du père. Or, ce père, c'est précisément le banquier X. Y a épousé sa sœur. Vous voyez d'ici la scène. L'amoureuse fait le siège du pauvre X épouvanté, elle le croit malade, fou : on vient au bruit ; révélations. Comment sortir de là ? Je suis resté longtemps prisonnier dans cette tour dont je n'avais pas la clef. Rassurez-vous, j'ai trouvé. Madame X n'a pas été bien fidèle. Elle se sacrifie, apprend au banquier son cocuage, lui prouve clair comme midi que l'épousée est la fille d'un de ses amis intimes. Des lettres arrivent à l'appui. Et grâce aux services anciens de l'ami intime, tout se trouve réparé. Sauvés, mon Dieu ! Quelle joie dans la salle ! le lustre croule.

Cette compote s'appelle : le *Mariage d'André*. C'est à qui s'en pourléchera les babines. Essayez donc un peu de détrôner des cuisiniers pareils à MM. H. Lemaire et de Rouvre.

Toute pièce conçue en dehors de la recette ordinaire est certaine de tomber. Et rien de plus curieux que l'attitude du public devant un caractère nuancé, une situation humaine ou un mot de nature. Des : oh ! pudibonds se répercutent des banquettes à la voûte, des éventails, indignés, frissonnent à l'avant-scène, couvrant et découvrant des mines scandalisées.

Si les sifflets partent, les auteurs qui ont passé une année sur leur pièce, retouchant chaque phrase amoureusement, ajoutant des becquets, n'ont qu'à recommencer. Un drame est tué le premier soir. Après la foule vient la critique qui achève les blessés.

Des foules une hypocrisie se dégage. Lorsqu'ils se sentent les coudes, les hommes n'osent pas se dévêtir moralement. Ils tiennent à honneur de s'envelopper dans leurs préjugés sociaux. Au théâtre tous ces préjugés flottent entre la scène et la salle, font comme un brouillard qui altère la liberté des jugements. Le romancier entraîne son lecteur dans un coin et, dans la liberté du tête-à-tête, le force à reconnaître que dans la société les malhonnêtes gens abondent et s'étalent triomphalement, qu'au fond de tout homme il y a une brute avide d'assouvir ses instincts, et que les meilleurs sentent grouiller en eux à certaines heures toutes sortes de sentiments obscurs et inavoués. Voilà le succès du roman naturaliste : il attire comme un miroir. Au théâtre, au contraire, la sincérité répugne. On s'est fardé, pommadé, attifé et l'on refuse de se reconnaître dans les portraits d'un peintre peu flatteur. Peut-être dans sa chambre à coucher ferez-vous reconnaître à madame qu'elle touche la quarantaine ; dans son salon elle a toujours trente ans.

Tartufe s'avouera difficilement que Molière l'a voulu peindre. Mais devant les autres, il se fâchera tout rouge. Quelles imaginations sombres et dépravées ! Il y a des gens qui travestissent les sentiments les plus purs et qui incriminent les moindres peccadilles ! Tartufe réel ! Mais c'est une caricature ! Montrez-moi Tartufe vivant ! Je veux voir Tartufe ! Et comme le dévot personnage a des alliances, comme il est bien posé dans le monde et peut rendre des services, tout le public poussera des clameurs d'indignation, tendra le poing au poète misanthrope qui « change en boue tout ce qu'il touche. »

Ni Mercadet, ni Teissier, ni Bourdon, les rois de notre temps n'aiment à être joués devant leurs sujets. A huis-clos encore passe ; le jour où on les traînera, tout blêmes, à la lumière de la rampe, ils se pourvoiront de clefs forées.

Où donc la grande blague aristophanesque ? Le satirique livrait les politiciens et les faux sages, nus sous le soleil, à la risée populaire, et lorsque les comédiens tremblaient, redoutant quelques représailles, il chaussait le brodequin, s'enveloppait du peplum et jetait aux foules ses hardiesses par une bouche de bronze. M. Jules Ferry n'a pas la longanimité de Cléon et Socrate n'applaudit plus *le Monde où l'on s'ennuie*.

Est-ce à dire que, dans nos civilisations décadentes, le théâtre, comme le prétend M. Edmond de Goncourt, soit fatalement condamné ? Après avoir été la forme souveraine au siècle de Louis XIV, céderait-il pour toujours le pas au roman plus souple ? Nul rajeunissement possible ?

Il y a là, je crois, une grosse erreur. Toutes les formes de la pensée humaine peuvent se mouvoir à l'aise dans nos sociétés élargies. Elles répondent toutes à quelque besoin de l'intelligence. Le drame par son étroitesse gagne en vigueur et en soudaineté, il matérialise l'idée, et cette réalisation exerce un attrait tout-puissant sur les intelligences un peu lentes. Dans une démocratie plus qu'ailleurs le drame a sa place marquée. Les esprits naïfs se jettent avidement sur les émotions renaissantes de la scène, et si le théâtre n'a pas à l'heure actuelle toute l'importance qu'il mérite, c'est que la vieille formule se meurt, et que la nouvelle ne vit pas encore.

Rien dans l'art comme dans la nature ne se fait par brusques soubresauts. Depuis plus d'un demi-siècle, l'art dramatique s'avance à pas comptés.

Victor Hugo, dans ses pièces lyriques, a introduit des éléments du théâtre futur : le souci du décor et du costume. Il tient à l'exactitude des milieux comme à la couleur locale du discours. Bien entendu, toutes ces restitutions archéologiques sont très fantaisistes, en proie aux anachronismes ; quand on entend François Ier dissuader une noble dame de quitter Paris pour

> Briller, astre bourgeois, dans un ciel de province ;

on a le droit de se défier des fauteuils, des tentures et des pourpoints si minutieusement décrits par le poète. Néanmoins, les choses qui nous entourent et nous complètent ont acquis leur droit de cité au théâtre. Que le modernisme des nouveaux écrivains chasse le gothique usé, et il profitera de cette conquête.

Voici Ponsard qui embourgeoise le romantisme et se hasarde même dans le contemporain. Pas de pièce plus cocasse que l'*Honneur et l'Argent*. Et ici, je ne parle ni des intentions prêcheuses, ni de la lourdeur satirique, turpitudes dont le temps a fait justice. Ce qu'il faut retenir c'est la torsion des idées modernes dans le réseau des alexandrins. Gaucherie du rimeur, si l'on veut. Vice de la forme plus probablement, car un meilleur poëte que Ponsard, M. Emile Augier, répudiant ses errements de *Gabrielle*, a adopté définitivement la rude prose des *Effrontés* et du *Fils de Giboyer*.

Au temps où les répliques tenaient plus ou moins du morceau oratoire, lorsque le théâtre était le champ clos des esprits raisonneurs, le vers avec son harmonie semblait de rigueur. Et pourtant Molière, qui savait jongler avec les rimes, inclinait à la fin de sa vie vers la liberté de la prose. Aujourd'hui l'instinct moderne d'exactitude rejette l'emploi de l'alexandrin tragique. Si le vers, avec sa puissance rhythmique, est un excellent outil pour rendre nos paysages et traduire la vie de nos rues et de nos usines, sa force descriptive devient à peu près nulle sur la scène. Il enfonce mieux les idées dans l'esprit de l'auditeur ; chaque rime est comme un aiguillon réveilleur, soit. Mais, par combien d'inconvénients sont payés ces quelques avantages ? Quelle allure factice donnée à la conversation ! Quel danger de remplissage ! Et l'impossibilité absolue d'exprimer tel ou tel détail. « Joseph, apportez-moi ma côtelette. » — « Monsieur, une lettre pour vous. » Voyez-vous le versifiant à l'œuvre ? Le dictionnaire de rimes doit souvent suppléer à l'imagination. Plus d'une fois le dramaturge regrette de n'avoir pas sous la main un Thomas Corneille. Ou bien on est forcé de se mettre la cervelle à l'envers pour des effets peu appréciables, — c'est le cas de poèteraux nombreux, — ou bien on est obligé de rester dans le vague, dans les sentiments majestueux. Choisissez ; ou refaire l'*Honneur et l'Argent* et *Gabrielle*, ou hémisticher la phraséologie la moins poétique du monde. Reste une ressource ; élire dans l'histoire une époque bien ténébreuse, bien tragiquement idéale. Les Romains et même les Gaulois ont droit aux périodes ronflantes ; il leur est permis de tympaniser un public qui les applaudira. Dans ce cas les détails ont leur prix : un cistre est *chic* et une amphore est *pchutt*. Du Grand Art.

Mais je sais un refuge pour ces proscrits, le vers et l'agencement savant des scènes, expulsés du théâtre par l'inflexible poussée du naturaliste. Ce refuge, c'est la féerie, non l'ignoble féerie contemporaine, *Rothomago* ou *Pied de mouton*, promenant une prose barbare dans des situations et des décors burlesques, mais la féerie shakspéarienne de *la Tempête* et du *Songe d'une nuit d'été*. Dans des horizons d'or et d'outre-mer, à travers les branchages de la forêt enchantée, apparaîtraient les divins êtres surnaturels, Puck, Titania, Ariel et Caliban. Des hommes plus grands que nature, s'exprimant, non en vulgaire prose, mais en beaux vers lyriques empliraient la scène de leurs poses magnifiques, la feraient retentir de leur voix d'or. Dans le rêve des lointains lumineux, les rimes riches s'entrechoqueraient avec un bruit de cymbales. Et tous les moyens de séduction seraient employés à la fois, le chatoiement des costumes, le charme des belles formes féminines, l'éblouissement du décor, les entraînements mystiques et sensuels de la musique. Le spectateur nagerait dans le bleu, en plein ciel. M. Armand Silvestre devrait tenter une pièce de ce genre : sa poésie vague et berceuse, faite de sonorités, a l'envergure qu'il faut pour planer sur les vastes scènes. Le malheur est que les combinaisons d'un tel théâtre, si variées en apparence, restent en réalité peu nombreuses ; les féeries se ressemblent toutes. Trois ou quatre tentatives différentes, dans la fantaisie shakspéarienne, dans la fantaisie aristophanesque ou dans la fantaisie italienne, Pierrot et Cidalise mêlés dans un rêve de Watteau, auraient épuisé le genre.

Partout ailleurs, le simple langage que nous parlons : la substitution me paraît fatale. Comme sur bien d'autres points, Stendhal avait raison.

Du reste, le travail de déblaiement est commencé. M. Emile Augier a renoncé à l'ancienne forme. M. Dumas fils et M. Sardou ne l'ont guère employée qu'en des œuvres de jeunesse.

M. Emile Augier, de beaucoup le plus vigoureux des trois, gâte toutes ses comédies par l'emploi obstiné du personnage sympathique. Talent robuste, mais très bourgeois, ayant gardé le pli de l'école du bon sens.

M. Alexandre Dumas fils a renouvelé la pièce à thèse de Diderot; son théâtre tient du sermon; c'est lui qui a le plus abusé de Desgenais; dans presque toutes ses comédies, le raisonneur expose l'idée-mère sous la forme d'un apologue ingénieux et spirituel; les pêches gâtées du *Demi-Monde* et les vibrions de l'*Étrangère* sont célèbres. Mais plus que cet esprit acéré, que ces dialogues nets et rapides, qui se croisent comme des épées, je goûte la farouche brusquerie des scènes. Les personnages, purs produits du cerveau, rouages concourant au mécanisme utilitaire, n'ont pas cette souplesse d'articulations qui est un gage de la vie. L'observation manque trop souvent. De plus, dans le vaste monde, M. Dumas n'a vu que la question des rapports entre l'homme et la femme. Il a mis l'adultère à toutes les sauces.

M. Sardou est l'héritier direct de Scribe, l'homme aux petits moyens. Il évolue sur la scène avec une troublante habileté. Rassembleur de petits faits, il donne aux naïfs l'illusion de la vie par la justesse du détail. Il termine ses phrases par des points suspensifs et dissimule son manque absolu de grammaire sous le fallacieux prétexte d'exactitude. M. Sardou comprend l'art dramatique comme Ponson du Terrail ou M. Xavier de Montépin comprennent le roman; la plupart de ses pièces tournent autour d'une subtilité ou d'un expédient; dans *Daniel Rochat* c'est un quiproquo; dans *Fédora* un tiroir mal fermé. Cet habile homme tient beaucoup trop de place, et le xxe siècle lui sera dur.

Ces maîtres encombrants du théâtre contemporain s'acheminent vers l'art naturaliste, M. Augier par sa bonhomie, M. Dumas par sa brutalité,

M. Sardou par le souci du détail réel, tous trois par le choix moderniste des sujets. Mais aucun d'eux n'a assez de génie pour trouver la formule nouvelle.

On ne peut que faire des conjectures.

L'homme nouveau qui balaiera la scène n'est probablement pas encore prêt à surgir. Il faut que le mouvement naturaliste soit d'abord compris et accepté.

II

QUELQUES ESSAIS MODERNISTES

A la *Comédie-Française*, la bataille d'*Henriette Maréchal* est restée célèbre. Les Goncourt ont raconté dans une longue et vive préface de quel prétexte bête, antilittéraire, s'était armée la cabale. On sifflait les amis de la princesse Mathilde, et non les novateurs, les modernistes à outrance.

Aussi bien, de l'aveu même des auteurs, *Henriette Maréchal* n'est pas une tentative naturaliste. Ni par les procédés, ni par le choix du sujet, un adultère couronné par un sacrifice filial, MM. de Goncourt n'ont révolutionné le théâtre. Seul, le premier acte, le fameux acte de l'Opéra, révèle l'originale tendance des deux frères. Il y a là une tentative aristophanesque. Les Goncourt ont voulu donner la royauté scénique à la Blague, à cette Blague parisienne dont ils font le portrait dans *Manette Salomon*.

« Nous rêvions, dit M. Edmond de Goncourt, une

suite de larges et violentes comédies, semblables à des fresques de maîtres, écrites sur le mode aristophanesque, et fouettant toute une société avec de l'esprit descendant de Beaumarchais, et parlant une langue ailée, une *langue littéraire parlée* que je trouve, hélas! manquer aux meilleurs de l'heure présente : des comédies enfin où une myope Thalie ne serait plus cantonnée à regarder dans un petit coin avec une loupe [1]. »

Il faut remonter plus haut qu'*Henriette Maréchal*, jusqu'au *Mercadet* de Balzac, pour trouver un puissant essai naturaliste au théâtre. Mercadet, le financier véreux, est solidement campé, mais autour de lui il y a bien des êtres artificiels, mais on parle dans la plus grande partie du drame un langage de convention. Balzac, trop préoccupé de lutter avec les splendeurs lyriques de Victor Hugo, ne manie pas toujours heureusement le dialogue.

Le *Chandelier* d'Alfred de Musset doit aussi être regardé comme un retour au simple et au vrai. Assurément le poète des *Nuits* ne calque pas la réalité comme on essaie de le faire aujourd'hui, mais il a pétri sa pièce en pleine pâte humaine, et c'est à cause de cette humanité qu'elle vivra. Je ne sais pas de caractère plus fouillé, de physionomie plus nuancée et plus troublante, que le caractère et la physionomie de Jacqueline. C'est la meilleure empreinte que l'on ait donnée depuis Shakspeare de l'éternel féminin. Les deux poètes ont également traduit le charme félin, le caprice, le mensonge et la perfidie qui sont la femme même.

Toujours ce compagnon dont le cœur n'est pas sûr,
La femme, enfant malade et douze fois impur [2].

1. *Théâtre*. Préface.
2. Alfred de Vigny. *La colère de Samson.*

Et les comparses, le notaire et Clavaroche, comme ils ressortent, l'un avec sa bonhomie bête, l'autre avec sa carrure de bel animal, sur le fond banal et sombre! Les sublimes cris d'amour de Musset et ses gentils proverbes éclipsent trop le *Chandelier* qui est une grande comédie.

En dehors de ces deux œuvres isolées et des essais successifs de M. Emile Augier, de M. Dumas fils et de M. Sardou, je vois très peu de tentatives modernistes. Notre théâtre contemporain est pauvre, bien pauvre, et l'attitude de la foule n'encourage pas les écrivains de tempérament original. Tous nos romanciers naturalistes ont été plus ou moins sifflés au théâtre. Je ne parle pas du *Candidat* de Gustave Flaubert qui n'apportait rien de nouveau et qui était l'erreur d'un fort écrivain.

Mais a-t-on mieux accueilli l'*Arlésienne* de M. Alphonse Daudet, cette ravissante pastorale qui se déroule lentement et harmonieusement dans un cadre poétique? Une simple histoire d'amour malheureux et des milieux exacts. Les déchirements du cœur de l'homme mêlés à la curieuse adaptation théâtrale des mœurs du Midi. A l'époque, toute la critique jeta les hauts cris. Concevait-on un pareil théâtre? Pourquoi ce continuel retour des mêmes situations? L'auteur piétinait sur place.

Le massacre de son *Arlésienne* semble avoir guéri M. Daudet des ambitions scéniques. Il ne croit pas plus que M. de Goncourt à l'avenir du théâtre, en France; il se contente, lorsqu'il en trouve l'occasion, de marquer son dédain pour les producteurs actuels en quelques phrases malicieuses.

M. Zola, lui, espère bien emporter un jour le théâtre d'assaut. Des trois pièces qu'il a fait représenter, aucune n'a réussi. Les *Héritiers Rabourdin* et le *Bouton de Rose* sont des farces à la manière anglaise, d'un comique qui tient plus au fond du sujet qu'au cliquetis des mots. Il ne faut chercher une vraie tentative naturaliste que dans *Thérèse Raquin*.

Thérèse Raquin n'a eu que neuf représentations. Le premier soir, on fut surpris. La sombre horreur de ce drame saisissait les spectateurs. M. Sarcey disait à qui voulait l'entendre : Je suis malade ; positivement, ce Zola me rend malade. — Le succès relatif de la première ne se maintint pas, et la fortune de la pièce alla en déclinant comme le pouls d'un malade affaibli.

Le plus grand défaut de *Thérèse Raquin*, c'est de présenter une situation trop exceptionnelle, un cas trop rare ; mais il y a d'autres vices de construction que je vais essayer d'expliquer.

Et d'abord je ne parlerai pas du roman dont la pièce est sortie ; le roman atténue et explique certains défauts du drame, mais une pièce ne doit pas avoir besoin d'explication, elle doit vivre de sa vie propre.

Thérèse, nièce de la mère Raquin, élevée par la bonne femme, a été mariée fort jeune à son cousin avec lequel elle a grandi. C'est un garçon de faible santé, idolâtré par madame Raquin. D'amour entre les jeunes gens, il n'en a jamais été question ; l'habitude a tout fait. Madame Raquin qui vieillit a songé simplement à mettre auprès de son Camille une garde malade capable de la remplacer lorsqu'elle n'existera plus. Le jeune ménage et la vieille mère sont venus s'établir à Paris. Là, on fait la connaissance d'un peintre, Laurent, qui vit dans la bohême. Nul talent, nulle passion élevée, des appétits ; c'est un type bien moderne.

Thérèse appartient à Laurent. Jusqu'ici, rien que d'assez banal. Mais la situation se corse. Laurent ne rêve que de se délivrer de Camille, et, un jour, avec le consentement tacite de la jeune femme, il le noie dans une partie de pêche. Le crime reste ignoré ; on suppose toujours un accident. Laurent, même, se donne le beau rôle. Il s'y prend si adroitement et abuse si bien la vieille madame Raquin que, dix-huit mois après le crime, elle jette elle-même le peintre dans les bras de Thérèse, prétendant que ce mariage la consolera. Le soir des noces arrive; nul obstacle matériel entre les deux coupables; un obstacle moral : obsession du remords. Il faut lire la scène magnifique du troisième acte de *Thérèse Raquin*; c'est d'une splendide horreur et d'une analyse psychologique profonde. Tacitement, les époux se sont entendus pour ne pas évoquer les souvenirs terribles, mais leur pensée s'y reporte toujours et se trahit malgré elle dans les mots. Ils parlent de la pluie et du beau temps, de choses indifférentes.

THÉRÈSE.

Je déteste manger au restaurant.

LAURENT.

On n'y est jamais aussi bien que chez soi.

THÉRÈSE.

A la campagne, je ne dis pas.

LAURENT.

On mange d'excellentes choses, à la campagne... Tu te rappelles, les guinguettes, au bord de l'eau... (Il se lève.)

THÉRÈSE, d'une voix rude.

Tais toi !...

Et plus loin, encore sur les incidents de la journée :

THÉRÈSE.

La bière a passé près de nous. Je l'ai regardée. Une pauvre bière, courte, étroite, toute mesquine ; quelque misérable mort, souffreteux et malingre... (Elle est arrivée près d Laurent et se heurte à son épaule. Ils tressaillent tous les deux. Puis elle reprend d'une voix basse et ardente.) Tu l'as vu à la Morgue, toi, Laurent ?...

Cette fiévreuse tension d'esprit atteint au cauchemar et à l'hallucination. Madame Raquin a laissé en place, suspendu dans un coin de la chambre, le portrait du cher mort. Laurent l'aperçoit et croit voir Camille ; Thérèse, qui n'a plus conscience de rien, partage son effroi et pousse un grand cri. Ils se remettent un peu ; ils retournent le portrait. Mais la vieille Raquin, accourue au bruit, les surprend dans cette opération, hagards et tremblants tous les deux. Des paroles sans suite, ce trouble surtout, éclairent son esprit ; elle devine l'horrible vérité, ne peut que balbutier quelques paroles et tombe, frappée d'une attaque de paralysie. Dès lors, elle passe au rôle d'accusateur muet. Sans mouvement et sans parole, clouée dans son fauteuil, ne vivant que par les yeux, des yeux terribles et toujours fixés sur les coupables, elle est leur terreur continuelle, elle est le témoin de leur haine réciproque, de leurs querelles, de leurs batailles. Leurs souvenirs communs ont désuni à jamais les deux complices ; leur vie est un enfer. Ils n'ont que reproches et menaces à la bouche. Et toujours, dans un coin, les yeux vivants au milieu d'un visage mort. Les amis d'avant l'accident sont revenus, le même petit train-train, les parties de dominos bourgeoises ont recommencé. Au moindre récit, au moindre coup d'œil de l'être le plus indifférent, Thérèse et Laurent pâlissent et détournent la tête. Dans l'ombre deux yeux fixes les retrouvent. Si bien qu'un jour, fous de terreur et de remords, ils partagent le même poison sous le feu des yeux de la vieille femme.

La situation est exceptionnelle ; car on ne trouve heureusement pas de tels crimes impunis à tous les coins de borne ; mais, empruntée à la vie moderne, elle est parfaitement admissible, après tout ; et les acteurs principaux agissent dans *Thérèse Raquin* avec une logique rigoureuse. Nulle fantaisie, nulle invraisemblance, si l'on veut se donner la peine de réfléchir. Je sais bien qu'il est difficile à un paisible spectateur de se mettre dans la peau de ces criminels ; les faits sont si en dehors de ceux qu'il rencontre sur sa route ! Mais des spécialistes vous diront que l'effet du remords n'est nullement exagéré, des juges vous raconteront que très souvent les criminels impunis viennent les trouver et leur dire : Je n'en puis plus, je suis obsédé, j'ai commis tel crime ; cet aveu me soulage ; punissez-moi.

Si l'on veut avoir une idée de la puissance de l'imagination, qu'on se rappelle les terreurs de l'enfance, alors que la folle du logis est toute-puissante et annihile, avec la raison, toutes les facultés. Qui, vers sa dixième année, pris de je ne sais quel effroi soudain, indomptable, énorme, et que les mots ne sauraient exprimer, n'a pris la fuite à toutes jambes à travers la campagne solitaire et silencieuse, envahie par l'obscurité ? Qui n'a senti derrière son dos, entre les murmures du vent agitant les feuilles et le cri bref et grave d'un oiseau nocturne, haleter

. . . . l'haleine
De quelque noir cheval de l'ombre et de la nuit [1].

Qui ne s'est blotti peureusement entre ses couvertures, recroquevillé dans ses draps, attendant avec angoisse le sommeil qui fuit et l'aurore qui ne vient pas ? Or, si une imagination d'enfant, trop ardente, se crée si vite des fantômes, que dire des criminels en qui la brute n'a pas tué l'intelligence ? Seuls, ils sont comme Thérèse et Laurent, ils sentent, à côté d'eux, la victime vivante ; à deux, l'effroi est pire encore. Ils veulent fuir leur crime ; le crime galope à leur suite et les poursuit. Les Erynnies ne sont pas une pure fiction poétique.

Substituer une action extrêmement simple, l'analyse d'un sentiment aigu, — *Thérèse Raquin* n'est guère que la psychologie du remords, — aux intrigues compliquées de l'école Scribe qui essaie de masquer par une animation factice le vide réel de ses œuvres et qui semble avoir résolu au théâtre le problème du mouvement perpétuel, c'est quelque chose. Point de décors brillants, capables d'attirer l'attention aux dépens du drame ; une chambrette nue et simple, le contraste d'un intérieur bourgeois, d'une vie banale et d'un crime immense, le contraste non moins frappant du calme des premières scènes et de l'horreur des dernières, toute cette tragédie se déroulant au milieu du même décor, dans l'immobilité des choses qui assistent, indifférentes, aux belles actions comme aux crimes de l'homme. Enfin, cette conception si haute, — j'ai envie de dire shakspéarienne, — de madame Raquin — la madame Raquin, muette et glacée, vivant seulement par les yeux, du dernier acte. Ce sphinx menaçant do-

---

[1]. V. Hugo. *Légende des Siècles*. (Nouvelle série), *l'Aigle du Casque*.

mine le drame. C'est une création, et la manière dont l'interprétait madame Marie-Laurent enleva le demi-succès du premier soir.

Que manqua-t-il à *Thérèse Raquin* pour être une pièce de premier ordre ? Peu et beaucoup. Beaucoup, parce que, même parfaite dans son genre, la pièce serait bâtie sur un cas trop en dehors de la vie courante. Peu, parce que, pour être accomplie dans l'espèce, il n'y aurait pas beaucoup à retoucher.

Tout le premier acte est rempli par la conception du crime. Le pauvre mari me semble vraiment trop nul et trop bête, d'une bêtise qui ne ressemble point à la médiocrité si vraie de M. Bovary. Camille n'a rien de réel, c'est une machine en carton. Et puis, les deux amants vont trop vite en besogne. Dans la pièce, la part de la femme au crime aurait dû rester peu apparente, comme dans le roman. Thérèse doit seulement laisser faire ; elle se borne à un rôle de non-révélatrice, mais sa complicité n'est pas active. Je cite une page du roman : « La jeune femme regardait, se tenant des deux mains à un banc du canot qui craquait et dansait sur la rivière. Elle ne pouvait fermer les yeux ; une effrayante contraction les tenait grands ouverts, fixés sur le spectacle horrible de la lutte. Elle était rigide, muette. Thérèse ! Thérèse ! appela de nouveau le malheureux qui râlait. A ce dernier appel, Thérèse éclata en sanglots. Ses nerfs se détendirent, la crise qu'elle redoutait la jeta toute frémissante au fond de la barque. Elle y resta pliée, pâmée, morte. »

Attitude excellente : l'accord s'est établi entre les deux amants, plutôt par des coups d'œil ou des serrements de main que par des paroles. La malheureuse consent, non sans effroi, c'est tout ce qu'il faut montrer. Dans le drame, M. Zola a égaré trois ou quatre paroles trop explicites de Laurent à Thérèse. Je sais bien qu'il y a des nécessités scéniques. Mais il nous sied peu de parler des exigences de la scène, à nous qui voulons supprimer tout ce qui n'est pas naturel, à nous qui voulons donner par le dialogue, par l'action très simple, voire même par le décor, une image exacte de la vie qui grouille autour de nous. La rampe ne doit plus exister. Il faut mettre de plain-pied le théâtre et le spectateur. Le moins de conventions possible.

Je ne conçois guère comment l'auteur de *Thérèse Raquin* n'a pas coupé tout le premier acte. Sans Camille, l'effet eût été bien plus grand, la pièce aurait pu commencer après l'accomplissement du crime, resté mystérieux pour le spectateur. Il y a toujours de l'effroi dans le mystère. J'aurais voulu, d'autre part, des comparses moins grotesques que Grivet et Michaud ; ces caricatures, qui donnent des peurs épouvantables à Thérèse et à Laurent, avec leurs histoires, ressemblent aux bonshommes de Barrière, dont les articulations grincent. Des comparses plus vrais, de bonnes gens simples, la vie moyenne encadrant une situation extraordinaire m'auraient plu davantage. Le contraste aurait été plus marqué, tant il est vrai qu'en visant un effet, on atteint souvent un effet absolument opposé. Il n'est pas jusqu'à ce rôle très épisodique de Suzanne, frais papillon qui vient rôtir ses ailes dans cet enfer, que je n'aurais retranché tout entier. M. Zola a voulu une note gaie dans son drame noir. Il a imaginé de mettre dans la bouche de Suzanne une sorte de récit fantastique, de rêve original, qui serait à sa place dans les *Contes à Ninon*, mais qui ne fait pas du tout bonne figure dans *Thérèse Raquin*. L'auteur a été trop romantique dans cet épisode. Un autre accroc à la vérité, c'est le petit discours que madame Raquin, la paralytique, un moment galvanisée, adresse à la fin du drame aux deux coupables prêts à s'empoisonner. Je sais bien que ce discours est une complaisance de M. Zola pour madame Marie Laurent qui trouvait son rôle trop muet. Cette concession est une lâcheté. Elle gâte complètement, selon moi, la fin du drame. La morale vient d'elle-même. J'aurais aimé voir jusqu'au dénouement, entre les cadavres, la vengeresse à moitié morte, aux yeux fixes, morne et implacable.

Récemment, M. Emile Zola a tiré une pièce de *la Curée*. Le rôle principal était destiné à Sarah Bernhardt, très éprise de l'héroïne, Renée. Mais l'écrivain hésite à risquer une bataille avec un drame extrait d'un roman. L'infériorité de la seconde œuvre lui semble inévitable. Il s'est expliqué là-dessus dans la préface de *Thérèse Raquin*.

D'ailleurs, M. Zola, à mon sens, a beaucoup plus les facultés du romancier que les facultés de l'homme de théâtre. Il a besoin plus que tout autre d'un large espace pour évoluer à l'aise. C'est en entassant les détails, en retournant dans tous les sens ses personnages, en inventoriant les milieux avec un soin de commissaire priseur qu'il arrive à la puissance. Les notes accumulées, les états civils et les portraits précis lui sont nécessaires pour s'halluciner, pour croire à la réalité de ses héros. Comme le disait M. Taine de Balzac, il n'entre pas tout de suite et d'un bond dans la peau de ses personnages, il lui faut en faire longtemps le siège; il lui faut s'abandonner à l'immense bercement rhythmique de son récit. Chaque roman de M. Zola est une coulée de cinq ou six cents pages; chaque chapitre est déjà un bloc énorme. C'est un esprit analytique par excellence.

Il avance lentement, sans rien négliger, d'un pas égal et puissant. Une sorte d'éléphant portant une tour de guerre, impassible et tête baissée, broyant tout sur son passage.

L'esprit synthétique, au contraire, a quelque chose de bondissant, de vif, de soudain. Au lieu d'expliquer un homme par le menu, en soixante ou quatre-vingts pages, Shakspeare illumine un intérieur d'âme sous l'éclair d'un mot dramatique. Tout esprit de synthèse semble né pour le théâtre, comme tout esprit d'analyse pour le roman.

Mais de ce que certains hommes de lettres font craquer les formes trop étroites, de ce que Lamartine et Victor Hugo ne savent pas contraindre leur pensée à la gêne puissante du sonnet, on aurait tort de conclure que l'auteur de l'*Assommoir* ne nous donnera pas un jour quelque grande œuvre théâtrale. M. Zola est si perfectible, il a si bien marché depuis dix ans qu'il ne faut pas trop le défier. Et puis, le troisième acte de *Thérèse Raquin* est là comme une promesse [1].

[1]. Au moment où je corrige ces épreuves, on vient de représenter à l'*Ambigu* une pièce tirée de *Pot-Bouille*. Elle est signée de M. William Busnach, seul. Mais l'âpreté du dialogue, le souci du détail et les hardiesses semées à profusion montrent partout la main de M. Emile Zola. Si je ne me suis pas arrêté sur les adaptations de M. Busnach : l'*Assommoir* et *Nana*, ce n'est pas que je méconnaisse le moins du monde l'habilité du dramaturge, mais parce que dans ces deux pièces les difficultés avaient été tournées, et les *Rougon-Macquart* édulcorés et mélodramatisés, à l'usage du boulevard du crime. Aujourd'hui, c'est bien une page du roman que l'on projette dans la violente lumière théâtrale : une banale histoire d'adultère bourgeois, qui, étudiée à la loupe, semble toute neuve et toute jeune. Je n'aime guère le second acte, caricatural et défiguré par la figure grotesque de Trublot, le coureur de bonnes, trop peu expliqué dans la pièce. L'exposition — terrible impasse — laisse deviner des artifices d'auteur ; les entrées et les sorties

M. Jean Richepin vient de montrer qu'on ne se délivre pas quand on le veut de ses tendances et de son tempérament. M. Richepin est un lyrique, un romantique. Cet artiste de grand talent a une spécialité : il chante les loqueteux et les vagabonds. La poésie de la vie errante, de la misère et du hors-la-loi ont séduit, il y a beau jour, ce Callot contemporain, et la note du premier livre revient sans cesse dans les œuvres successivement publiées. Tantôt c'est une bohémienne, Miarka, la fille à l'ourse, tantôt c'est un ménestrel coureur de pardons, Gillioury, le virtuose du *banjo*, qui occupent la scène et accaparent l'attention. Ces physionomies originales, quoique étranges, font mieux ressortir les traits grossis, banaux et convenus des physionomies voisines.

Dans *la Glu*, représentée le 27 janvier 1883, sur le théâtre de *l'Ambigu*, M. Richepin a voulu mettre aux prises la civilisation et la nature, Paris, incarné dans l'héroïne, une fille de marbre, souple et cruelle, et la Bretagne identifiée dans la personne du gas Marie-Pierre, une sorte de brute athlétique, au sang chaud, aux ardeurs mal contenues. Je n'analyserai pas la pièce ; tout

sont parfois un peu tirées de force ; il y a, au cinquième acte, une coïncidence *vieux jeu* et une tirade également *vieux jeu*, quoique assez en situation. Pour ces effets du dernier acte, MM. Zola et Busnach ont grossi la figure primitive, touchante, mais pâle et effacée, de M. Josserand. Le père Josserand se transforme en père Goriot. Enfin, us et abus du monologue et de l'aparté. Je laisse d'autres critiques de détail qui sembleraient des chicanes d'Allemand pour applaudir aux splendides réalités, qui ont fait frissonner d'aise le public pour la première fois. C'est bref, c'est vif, c'est palpitant. Les trois scènes synoptiques du père et de la mère au premier acte, du mari et de la femme au troisième, de la maîtresse et de l'amant au quatrième renferment l'essence de la pièce, une observation profonde et amère. Le visible dédain des enfants pour leur père, résultats de l'éducation, ne font que se transposer. Et l'on le monde a lu le roman, de si merveilleux style ; tout le monde sait comment la Glu, après avoir affolé la côte paisible, tombe assommée d'un coup de merlin par Marie-des-Anges que personnifie à l'*Ambigu* la masculine mademoiselle Agar.

MARIE-DES-ANGES.

Ne bougez pas, monsieur Cézambre, ne bougez pas. Laissez-moi faire. Je n'ai besoin de personne pour défendre mon gâs.

LA GLU, montant toujours.

Ah ! j'irai, j'irai.

MARIE-DES-ANGES.

Harné ! non, tu n'iras pas, putain !

Elle empoigne le merlin et assomme la Glu d'un coup.

Peut-être est-ce le dernier mot, retranché par la vieille prude Censure (à laquelle je souhaite, entre parenthèses, un bon coup de merlin,) qui a fait classer par M. Sarcey *la Glu* au nombre des pièces « naturalistes ». Dans ce cas, je comprends le cri de M. Zola : « Je suis un

aperçoit chez ces êtres qui se laissent vivre et qui ne se fardent pas pour un public, toujours sous-entendu dans l'ancien répertoire, les fatalités du milieu compliquées des fatalités héréditaires. Quelques types de domestiques, moins complets que dans le roman, mais marqués de caractères distincts et personnels, suffisent pour faire entrevoir les dessous malpropres et les compromissions de la vie bourgeoise. Eclairé aussi d'un jour nouveau, le discours sentimental du bellâtre qui n'a que des désirs de chair et des hypocrisies de mâle en rut. Mais je ne puis malheureusement écrire ici l'étude que *Pot-Bouille* mériterait. Le détail exact a été très poussé dans le style comme dans le décor. En voyant surtout dans M. Zola un romancier, j'avais raison de faire mes réserves. Le théâtre est entamé par l'école nouvelle ; l'auteur de *Pot-Bouille* nous doit un *Hernani*.

homme de paix, mais il me prend des besoins farouches d'étrangler les gens qui disent devant moi : Ah ! oui, le naturalisme, les mots crus ! [1] » Peut-être, la physiologie amoureuse du second tableau, les très lascifs attouchements de Marie-Pierre et de la Glu ont-ils motivé à eux seuls l'illusion de l'éminent critique.

Il n'a pas compris combien l'obstination fatale de *la Glu* se conçoit peu après le cynique : « Mais tirez donc ! » du IV° acte ; combien vieillote, mélodramatique, anti-réelle, est la rencontre de Fernande et de Cézambre à ce point précis de côte bretonne ; comme les tirades du docteur sentent leur Bouchardy et comme le rôle cruellement noirci de la courtisane sent son Barrière. Il n'a pas vu que cette Bretagne était en carton pâte et ces Bretons en bois, que la fête des sardinières, mal amenée, traînait des costumes de clinquant dans des décors d'opéra-comique et ne servait qu'à ralentir l'action. Et le style ! Où diable M. Richepin a-t-il entendu une paysanne parler de « l'œil des saints anges qui nous regardent de là-haut par le trou des étoiles ! »

M. Jean Richepin est brutal ; il frappe fort, mais il frappe à faux.

1. *Le Roman expérimental.* Lettre à la jeunesse, p. 91.

III

MM. ERCKMANN-CHATRIAN

C'est à la *Comédie-Française*, le 4 décembre 1876, que le naturalisme a remporté sa première victoire avec l'*Ami Fritz*.

Une atmosphère de bataille.

On avait excité contre la pièce tant de passions étrangères à la littérature! Prétexte : le républicanisme des auteurs et surtout leur *Histoire d'un plébiscite*. A coups de citations tronquées, on attaquait le patriotisme de MM. Erckmann-Chatrian. En accueillant leur comédie, le *Théâtre-Français* commettait un crime de lèse-nation. M. E. Perrin, qui a eu le courage de représenter sur la première scène de France les essais dramatiques de l'école nouvelle, repoussés partout ailleurs, ne s'émut pas de ces invectives, séduit par la profonde saveur de l'idylle alsacienne.

Ils étaient bien connus, quoique un peu dédaignés jusque-là du Paris boulevardier, les auteurs des

Romans Nationaux : toute une génération a appris à lire dans le *Conscrit de 1813* et dans *Madame Thérèse*, ces merveilles de style simple et de vérité superficielle.

Je ne puis parler de MM. Erckmann-Chatrian sans émotion. De ces pages reviennent à moi bien des impressions anciennes. C'est là que j'ai découvert la nature, la grande poésie des horizons calmes et des choses familières. L'air est si vif, si libre, si pur! Il semble qu'on respire l'odeur pénétrante des résines et qu'on repose sa vue sur les flots clairs pailletés par le soleil d'or. Et lorsque l'horizon s'embrume de poudre, c'est un tel pas de charge qu'on est entraîné par l'épopée dans le sifflement des balles et dans le chant de *la Marseillaise*.

Transporter au théâtre la naïve simplicité de l'*Ami Fritz*, quelle singulière tentative! Il est vrai que parler de l'Alsace, en 1876, cinq ans seulement après l'annexion, étaler sur la scène ses mœurs et ses costumes, c'était faire appel au sentiment national, plus vibrant dans les foules que dans les individus, agiter le lambeau tricolore qui remue au fond des âmes un reste de chauvinisme paternel. Beaucoup le savent, qui exploitent ce thème patriotique. Au bout de leurs phrases est plantée une enseigne qui tient lieu d'observation et de style. MM. Erckmann-Chatrian, avec une prudence qu'ils n'ont pas toujours eue, s'étaient gardés soigneusement de ces procédés faciles, extorqueurs d'applaudissements. Il y avait trois années seulement que le drame très local de M. Alphonse Daudet, l'*Arlésienne*, était tombé au *Vaudeville*; sans ce nom d'Alsace, ayant pour le public parisien le même défaut, l'*Ami Fritz* aurait eu le même sort.

Et puis, ce qu'on savait des auteurs éveillait les sympathies. La collaboration de deux jeunes gens qui s'étaient rencontrés au collège de Phalsbourg, l'un maître d'étude, l'autre élève, et qui s'étaient donné la main comme la Lorraine et l'Alsace, leurs patries ; cette pénétration de deux esprits l'un par l'autre, si intime que les plus habiles avaient longtemps cru à un seul écrivain ; l'histoire des débuts particulièrement pénibles ; le succès dû au hasard et à l'intelligente complicité d'un imprimeur ; enfin, les mortelles heures de la guerre ; la transplantation ; les courses ennuyées de M. Erckmann à travers le monde, tandis que M. Chatrian, à son poste du chemin de fer de l'Est, accueillait des proscrits : tous ces détails de la chronique travaillaient au succès de la nouvelle tentative.

C'est dans ces dispositions que le public, étonné, bientôt ravi, écouta l'adorable idylle. La marche douce et lente, le souci du détail apporté au théâtre, firent à peu près le même effet que sur un estomac ruiné par les épices un panier de cerises, croqué au bord d'un champ, dans la fraîcheur du soir.

Les Parisiens voulurent bien admettre que Paris n'est pas la France entière, et qu'un écrivain peut intéresser et émouvoir avec les mœurs de son pays. On nous assassine de romans et de drames parisiens : le bon sens crie contre cette centralisation littéraire.

Le second acte avec son eau vive et sa grâce biblique décida la victoire.

L'*Ami Fritz* se raconte en deux lignes ; c'est l'histoire d'un célibataire épicurien qui se refuse aux soucis de la famille, se moque de l'amour, et finit par être pris au piège. Voilà tout.

Que dirait Bouchardy ?

Mais ni cette simplicité, ni le soin du détail dans le dialogue aussi bien que dans le décor, n'étaient les plus audacieuses innovations. Dans l'*Ami Fritz*, grommelaient quelques critiques en haussant les épaules, on boustifaille sans fin. Et la foule, la foule capricieuse, irritable, moqueuse, souvent inintelligente, souffrait cette énormité. Des héros qui parlent comme nous et qui mangent comme nous; un amoureux qui perd l'appétit ! Où donc les pâles Antony dont la désolation s'aggrave d'une maladie noble, un anévrisme ou une phthisie? Manger sur le théâtre, conserver la préoccupation des choses matérielles ! Fi ! les vilains! Est-ce qu'on doit rappeler dans une œuvre de psychologie que l'homme a un corps? L'idylle des poètes plantureux semblait offensante à la clique des poètes poitrinaires.

L'*Ami Fritz* a pourtant un grave défaut, le défaut de toutes les œuvres de MM. Erckmann-Chatrian. Les personnages parlent avec naturel, leurs mouvements sont justes, mais l'observation reste à fleur de peau, vice qui certainement a contribué au succès de la comédie.

Donc, ce que je retiens seulement, c'est la franchise de la forme et la naïveté des moyens dramatiques. Cette naïveté fait sourire les malins, ceux qui cherchent dans toute pièce les ficelles du boulevard du crime. Mais je l'aime, car elle ressemble à la vie. On obtient très simplement, en calquant la réalité, des effets d'une extrême puissance.

Exemple : Dans un drame patriotique, mélancoliquement intitulé : *Alsace!* et interdit par la censure des théâtres, MM. Erckmann-Chatrian introduisent la défaite dans la personne d'un cuirassier. Eschyle n'a pas de plus beaux rugissements dans *les Perses*. Je cite :

Une foule de gens, hommes, femmes, enfants, portant les uns des torches, d'autres des lanternes allumées, font irruption dans la cour, poussant au milieu d'eux un grand cuirassier, qui les domine de la tête et qui regarde toute cette foule d'un air égaré, comme s'il ne comprenait rien à ce qui se passe autour de lui. Il est couvert de sang ; son casque est défoncé, sa joue droite est toute noire.

LA FOULE, entrant.

Un déserteur !... monsieur le maire... un déserteur !...

GEORGES.

Un déserteur ?... (Il prend une torche, l'élève en face du cuirassier et recule épouvanté.) Ça, un déserteur !... Mais c'est un soldat qui revient d'une bataille ! (Montrant le casque.) Voyez plutôt ! (S'adressant au cuirassier avec douceur.) C'est du sang que vous avez là (Touchant sa cuirasse.) sur la cuirasse ?

LE CUIRASSIER.

Oui, monsieur... celui d'un hussard... Je l'ai tué...

GEORGES, désignant du doigt ce qu'il montre.

Et ce coup que vous avez sur la figure ?

LE CUIRASSIER.

C'est un coup de poignée de sabre... Je l'ai reçu à la fin... d'un officier bavarois... Il m'a comme assommé... Je n'y voyais plus... Mon cheval est parti... il est tombé à l'entrée du village... Il n'avait plus de sang !...

GEORGES.

On s'est donc battu ?

LE CUIRASSIER.

Oui... toute la journée...

GEORGES.

Où ça ?...

LE CUIRASSIER, montrant la montagne.

Là-bas... derrière la montagne... à Reichshoffen...

GEORGES.

Et les cuirassiers ont chargé ?

LE CUIRASSIER.

Oui... pour sauver l'armée... écrasée sous le nombre !... (Consternation générale. — Le cuirassier continuant.) On s'est mêlé plusieurs fois... on ne pouvait plus sabrer... on s'empoignait à la gorge... on s'assommait avec le pommeau... (Après une pause.) Ils étaient trop !

GEORGES.

Et votre régiment, qu'est-il devenu ?

LE CUIRASSIER, le bras étendu vers la montagne

Mon régiment, il est là-bas... avec les autres... dans les houblons, dans la rivière... Il n'y a plus de cuirassiers !

GEORGES.

Plus de cuirassiers !...

LE CUIRASSIER, secouant la tête.

Non !... Ils sont morts !...

Quelle scène épique, et simple, et vraie! On est en droit de se plaindre de creuses déclamations patriotiques, mais ici, sans effort, par la seule arrivée de ce cuirassier, à la brune, au milieu des torches et de la foule muettement anxieuse, par quelques paroles et quelques gestes las, lourds de l'accablement des défaites, les poètes d'Alsace font planer sur la scène l'image de la Patrie.

Plus récemment encore, les auteurs de l'*Ami Fritz* ont prouvé que la bonhomie du faire n'excluait pas, dans le sujet le plus banal, les tragiques remuements d'âmes.

En écrivant les *Rantzau*, MM. Erckmann-Chatrian ont fait mentir le fameux aphorisme de M. Dumas fils : — le théâtre vit d'exceptions, — par le choix de l'histoire la plus commune du monde.

Les paysans ont le culte de leurs intérêts matériels.

Prenons un riche cultivateur, Antoine Rantzau, qui avantagera l'aîné de ses fils au détriment du plus jeune. De là bonne et solide haine. Le favorisé, Jean, a une fille, son frère Jacques, un fils. Georges et Louise sont élevés hostilement. Dès l'école ils ne songent qu'à se nuire. Sans cesse ils pensent l'un à l'autre. Logiquement, ils vont s'aimer. Longtemps, ils lutteront contre eux-mêmes. Un jour, Louise pour ne pas épouser un bellâtre de garde-général, résistera, laissera échapper son secret, tombera malade et contraindra Jean à s'humilier devant ce frère qu'il a combattu mesquinement plus de trente années et à lui demander la main de son fils. Que voulez-vous? on a beau avoir en tête l'orgueil et la haine, on est père et pour sauver son enfant, aucun sacrifice ne semble trop pénible.

Quoique fréquente, une telle situation ne laisse pas d'être essentiellement dramatique; elle remue toutes les cordes profondes.

Comment procéderont les auteurs? Vont-ils bonder leur pièce de scènes pathétiques? Se contenteront-ils de mettre en lumière les choses essentielles?

Il y a deux éléments : la haine des pères; l'amour des enfants. Les auteurs ont mis au second plan cette dernière passion, se contentant d'indiquer la lutte intime de ces deux âmes fières de Rantzau. Sacrifice nécessaire. La haine des vieux est le sujet du drame. L'idylle accessoire ne doit pas faire oublier le thème principal. Et voilà en quoi la pièce de MM. Erckmann-Chatrian diffère profondément de *Roméo et Juliette* dont, à ce propos, on a tant parlé, un peu à tort et à travers.

Mais voyez la tenacité des préjugés. M. Sarcey écrivait dans son feuilleton dramatique : « Il y a, tout au début de la pièce, une vieille qui vient se plaindre au brave maître d'école Florence de ce que les galopins lui ont cassé ses carreaux. Je croyais que cette bonne femme allait servir à quelque chose, et que les jeunes gens devaient plus tard se rencontrer chez elle. Point du tout. » Plus loin le critique du *Temps* réclame à grands cris la scène du balcon. Peut-on concevoir *Roméo et Juliette* sans la scène du balcon? La pièce est mal faite parce que les auteurs ont refusé d'endosser les habits de l'ancien temps, fripés par Scribe.

Pourtant la visite de la mère Nanette au maître d'école n'est pas un hors-d'œuvre; elle éclaire le caractère de Florence, à la fois très bon et très faible, qui prend sur ses maigres économies pour réparer les torts des polissons de son école et qui, en même temps, par crainte de sa femme, recommande à la vieille de garder le silence. Trop bon, ce maître d'école, trop sensible et trop larmoyant, un prêcheur à la Jean-Jacques. L'habileté de M. Coquelin n'a pu dissimuler les défauts de cette conception. Mais est-il juste de toujours juger les hommes comme on les juge entre le café Riche et le Gymnase? Evidemment les critiques si sévères pour le pauvre instituteur de MM. Erckmann-Chatrian ne connaissent pas du tout la campagne; ils ne peuvent surtout remonter à trente années en arrière pour saisir le vieux magister, partout remplacé aujourd'hui. Les maîtres d'école bons et sages comme Florence, un philosophe bien ennuyeux parfois, sans cesse une sentence à la bouche, ne devaient pas abonder dans l'ancien temps, mais on en aurait rencontré certainement quelques-uns.

L'acte Ier, généralement trouvé long par les critiques, me semble fort intéressant. L'exposition est très naturelle, grande qualité dans ces temps où un drame doit être tendu et vibrant comme une machine à haute pression. L'action se déroule lentement et simplement. On aurait préféré des mystères et des péripéties fiévreuses dès le premier acte; on aurait voulu que les Rantzau se rencontrassent à chaque scène. Leur souci de s'éviter est bien plus dans la nature. Ils se détestent tant qu'ils ne pourraient se rencontrer sans s'administrer une volée de coups de bâton. Cette réserve, les fuites de Jacques à l'approche de Jean sont non seulement vraies, mais excellentes pour tenir le spectateur en haleine et préparer l'entrevue de la fin.

Il est bien émouvant, ce second acte, au début duquel Florence chante un Kyrie, et M. Lebel, le garde-général, une romance idiote sur un piano à queue qui fait l'admiration de la contrée. Les auteurs suivent les règles d'Horace, les règles du bon sens lui-même; chaque personnage accentue de plus en plus son caractère. Le campagnard brutal qui se pavane au milieu de son luxe, qui rêve de faire crever de dépit son frère Jacques, en l'accablant sous les procès-verbaux, qui, pour annoncer à son enfant sa résolution, a recours au vieil instituteur, qui enfin, contrarié dans ses volontés, oppose la violence au : non, faible mais résolu de Louise, et qui, sur le point de la frapper comme il vient de frapper le pauvre Florence, s'enfuit en criant : Sauve-toi, Rantzau, sauve-toi, tu la tuerais! ce père brutal est pris dans la réalité. La fille vit, elle aussi, muette, laissant faire, mais tenace dans sa volonté comme le vieux. Ce sont là de vrais hommes et non plus des mannequins agréables ainsi que ceux de l'*Ami Fritz*. A quoi bon du reste m'attarder sur des scènes de cette valeur. Tout le monde leur a rendu justice. M. Sarcey, seul, a dormi.

Le troisième et le quatrième acte me semblent moins

bons que les deux premiers, moins bons, parce qu'il y entre plus de convention. Le rôle de Georges est assez pâle, et l'on dirait que M. Worms fait tout ce qu'il peut pour rompre la belle simplicité de la pièce. Il s'habille étrangement, il a des accents caverneux et fatals, il n'est pas vrai dans une pièce vraie, il n'est pas paysan dans une pièce paysanne. Il a failli me gâter mon plaisir. Qu'il joue les Chatterton et ne nous altère plus notre théâtre contemporain. Je ne comprends pas pourquoi le public lui attribue une part dans le succès des *Rantzau*. Il a, sans le vouloir, travaillé à leur nuire. Ses déclamations sont comme une fausse note dans un opéra, d'autant plus criardes que l'ensemble de l'orchestre est excellent.

On s'est beaucoup extasié sur la mise en scène de M. Perrin. Elle est généralement sobre et de bon goût. Il y a pourtant une ruelle au troisième acte que je voudrais moins pittoresque et moins archaïque. Le drame, et c'est là un de ses mérites, n'est pas spécial à la Lorraine et aux années de la monarchie de juillet. Ce n'est pas, comme l'*Ami Fritz*, de la poésie locale. Il peut se passer aussi bien au centre de la France et en 1882. Le langage, bien français, se parle partout. Un peu plus de simplicité eût donc été de mise dans la décoration de ce troisième tableau. Mais ne chicanons pas sur des vétilles.

Autre reproche, aux auteurs, cette fois. De longues scènes ne se passent point ordinairement dans la rue. Nous ne vivons plus comme les anciens dans le forum; la place publique est désertée. MM. Erckmann-Chatrian auraient dû moins compter sur la complaisance du public. Dans la maison de Jacques nous aurions eu peut-être la scène entre les deux frères, utile ici, et que les auteurs ont escamotée. Je me range du côté des théoriciens de la scène à faire. Eh oui, il y avait là une scène à faire, une scène superbe. Nous n'en avons que les premiers mots : Jean, vieilli et las, sa fille condamnée par les médecins, va frapper chez Jacques. La lumière descend. Jacques paraît sur le seuil, une lampe à la main : Va-t'en ! crie-t-il, va-t'en ! — Jacques, ma fille va mourir — Alors, entre. — Le geste est tragique ; l'émotion profonde. Nous les aurions voulus aux prises, ces impitoyables. Les voyez-vous, l'un, le pied sur la gorge de l'autre, le condamnant à toutes les humiliations, lui faisant subir les conditions les plus dures. Des révoltes coupent les soumissions de Jean, mais il aperçoit la lampe qui brûle au chevet de la malade, il songe à sa fille et consent à tout en frémissant. Cette scène manque, et c'est dommage.

Il est vrai qu'à l'acte suivant nous constatons les résultats de l'entrevue pathétique qu'on nous cache. Jacques, dépouillé de la maison paternelle par le vieil Antoine, son père, a voulu que le contrat, l'acte de restitution et de vengeance, fût signé dans la chambre de sa mère, car cet homme dur qui reproche à son frère ses complaisances coupables, sa bassesse de chien couchant à l'égard du père trompé, idolâtre le souvenir de sa mère, morte trop tôt. L'entrée du fils dans la chambre qu'il n'a point revue depuis une trentaine d'années, est poignante. Il y revient avec des pensées de haine contre Jean, mais il ne peut s'empêcher de ressentir une vive et salutaire émotion. Voilà la poésie des choses. Il est inutile de chercher des phrases, de fouiller l'infini du ciel et de compter les étoiles, pour trouver de grande poésie. L'angelus qui tinte mélancoliquement dans la paix du soir, alors que Jean, assis sur un banc solitaire, se demande si, pour sauver sa fille, il fera amende honorable, s'il abaissera son front hautain devant un frère cadet, mêle aux tempêtes de l'âme la douceur attendrie des campagnes au crépuscule.

Je ne puis que reprocher, et vivement, à MM. Erckmann-Chatrian le dénouement des *Rantzau*. Le roman des *Deux frères* d'où le drame a été tiré finissait plus humainement. Dans le drame il suffit d'une tirade échappée à Georges pour que les deux frères oublient leur vieille haine et se jettent en pleurant dans les bras l'un de l'autre ; dans le roman ils restent ennemis après le mariage de leurs enfants ; ils se sont tendu la main un moment, mais reviennent à leur querelle l'instant d'après, et leurs années dernières se passent à se jalouser, à compter les instants que les enfants de Georges et de Louise passent chez l'un ou chez l'autre. Une guerre de trente années ne peut s'éteindre à jamais en une minute. Le vieil homme retourne à ses habitudes invétérées ; il ne peut aimer subitement celui qu'il a si longtemps haï. Mais il paraît que le public ne peut souffrir les pièces qui finissent mal. Voilà pourquoi les deux auteurs ont modifié leur dénouement primitif. C'est une lâcheté. La vérité ne doit jamais être sacrifiée aux exigences du moment.

La langueur de Louise est rococo : sentimentalité bête et facile, mais par quelques hautes parties le drame de MM. Erckmann-Chatrian commande l'attention.

Le premier soir, la critique, comme le public tout entier, avait été émue, transportée. C'était un concert d'éloges. Quelques jours après, ayant compris que les deux Alsaciens triomphaient en dépit de la Faculté, on a crié sur les toits — ô trouvaille ! — que MM. Erckmann-Chatrian n'avaient pas de style. Grief énorme ! Ce n'est pas du grand art, ce n'est pas un succès littéraire, les auteurs ne se doutent pas de l'art d'écrire. M. Sarcey attribue aux excellents comédiens du *Théâtre-Français* les trois quarts du succès et l'autre quart à M. Perrin. Les auteurs ont l'inexpérience scénique de collégiens qui bâclent une tragédie. Pas de style. En vérité, c'est plaisant. Peu importe que la manière de MM. Erckmann-Chatrian soit bonne ou mauvaise. Il s'agit tout simplement de savoir si les auteurs des *Rantzau* sont dénués d'accent personnel : le style, c'est l'accent personnel ; un écrivain, pour se distinguer du voisin, n'a pas besoin de signer ses œuvres. Or, il n'est pas une seule page de MM. Erckmann-Chatrian qui ne soit reconnue immédiatement par tout le monde. La preuve qu'ils ont un style, c'est qu'on reproche à leur genre, et avec justice, d'être à la fois naïf et vieillot.

Que ceux qui ont vingt ans aujourd'hui et qui rêvent à l'avenir de notre théâtre se le disent bien. En dehors de la vérité du fond et de la simplicité de la forme, simplicité qui rentre elle-même dans la vérité, car je ne sais guère d'hommes embouchant la trompette héroïque pour exprimer les sentiments les plus vulgaires, il n'y a que confusion. Les règles de Scribe et de M. Sardou ne sont faites que pour être violées par un génie libre.

IV

M. HENRY BECQUE

C'est un auteur sifflé dont je veux saluer le nom, un de ceux qui indiquent la voie aux générations jeunes.

Une taille d'athlète ; un large front surmonté par des cheveux longs et relevés, déjà grisonnants ; des yeux très mobiles ; des moustaches quasi-militaires, dans le visage rasé ; de grosses lèvres et un menton rabelaisien ; — une vague ressemblance avec Balzac. L'exubérance des gestes vient en aide à la parole, un peu trop pressée et confuse, coupée parfois d'un bon grand rire.

M. Henry Becque a des chevrons ; il est né à Paris, il y a quarante-six ans, le 19 avril 1837.

Successivement, M. Becque hanta les bureaux du chemin de fer du Nord et la chancellerie de la Légion d'honneur. Il donna des leçons de littérature, puis il devint secrétaire du comte Potocki. Ce fut le hasard qui révéla à M. Becque sa vocation. Il débuta à trente ans seulement. Par pure complaisance il écrivit le libretto de *Sardanapale*, un opéra de Victorien Joncières. Captivé par le théâtre, mais n'y voyant encore qu'une distraction, il fit représenter au *Vaudeville* le 6 novembre 1868, une comédie imbroglio en quatre actes, l'*Enfant prodigue*. Malgré le succès de cette pièce, un drame en cinq actes, *Michel Pauper*, qui, d'abord reçu à l'*Odéon*, occasionna un procès entre M. Becque et la direction du second théâtre français, courait le risque de moisir dans les cartons, lorsque l'auteur prit une initiative hardie; Pendant l'été de 1870, il loua le théâtre de la *Porte-Saint-Martin* et confia à Taillade le rôle principal de son œuvre. *Michel Pauper* eut du succès. Jules Janin et Théophile Gautier écrivirent des feuilletons enthousiastes. Le directeur de la *Porte-Saint-Martin* parlait de reprendre la pièce à son compte et réclamait de M. Becque un autre ouvrage. Malheureusement, survint la guerre; la *Porte-Saint-Martin* fut incendiée et passa en d'autres mains.

Ce *Michel Pauper* est une tentative aussi curieuse que bizarre. Le héros, un pauvre diable d'inventeur, un ouvrier de génie exploité par des coquins, victime des autres et de lui-même, d'un amour malheureux et d'une ivrognerie héroïquement combattue, symbolise le peuple. Tout en devenant le misanthrope de *la Navette*, M. Becque est resté démocrate. Le maniement désintéressé des affaires publiques lui semble encore aujourd'hui le plus digne but de l'ambition humaine.

Michel Pauper a des intentions socialistes. Une scène entre le baron Von-der-Holweck et le comte de Rivailles campe en face l'un de l'autre le gentilhomme rallié à la révolution et l'irréconciliable, l'éternel conspirateur de Coblentz. Le style, péniblement forgé, plein de subtilités prétentieuses et d'obscurités, mais emporté quelquefois par un large souffle, a la pompe du romantisme révolutionnaire de 1848. Par exemple, le baron dira: « Si j'avais suivi ses conseils, je serais encore plus riche que lui, mais je ne regardais sur ma route que les statues de ceux qui l'avaient prise avant moi, et il est noble de vivre entre le triomphe et le martyre. » Ailleurs il se plaindra qu'on « jette l'écume des libelles à la tête des vaincus. » Mais ce serait bien mal faire comprendre l'originalité d'un tel drame que d'accumuler ces faciles critiques, de signaler les efforts de l'auteur pour cristalliser un mot spirituel. A côté du symbolisme constant, de l'idéalisation des principaux personnages, se pose déjà le problème de la vie difficile, la question d'argent, l'exploitation effrontée de l'homme par l'homme.

Les puissants créateurs de notre siècle ont souffert de la lutte pour la vie, ils se sont heurtés à l'improbité des manieurs d'or. De là un nouvel élément d'intérêt dramatique, qui prime dans Balzac, l'élément passionnel ancien. Le véritable héros de la *Comédie Humaine*, c'est Birotteau, et dans Birotteau se cache le romancier lui-même. Balzac a écrit le poème de l'argent, parce qu'il l'a vécu, parce que son existence, comme on peut le voir dans la *Correspondance*, n'a été qu'un effort cyclopéen pour vaincre la dette. Toutes les autres préoccupations se sont effacées devant celle-là: aussi, dans la *Comédie humaine*, tout s'efface devant le chiffre. Le livre ressemble à l'époque. Epoque d'agiotage et de coups de banque dont Mercadet est le roi; époque qui a tué l'antique point d'honneur, les préjugés chevaleresques, et l'amour même offert en holocauste au Veau d'or.

L'idole au ventre d'or, le Moloch affamé
S'étend, la pourpre au dos, sur la terre avilie [1].

1. Leconte de Lisle, *Poèmes barbares*.

Dans la mêlée humaine l'auteur des *Corbeaux* a vérifié les lois de Darwin, constaté que l'immoralité sociale dépasse encore « l'immoralité transcendante [1] » de la nature. L'écrasement du faible par le fort, le rut des loups sur la proie ont mis la sourdine à l'humanitarisme des beaux vingt ans. Le poids d'une vie solitaire, l'espèce de quarantaine à laquelle les puissances du théâtre contemporain ont longtemps contraint les jeunes, leur coupant les vivres et la gloire, bien des infortunes privées qui blanchissent les cheveux et rident le front avant l'heure, n'ont laissé à M. Becque de pitié que pour les déshérités. Lui qui reproche à l'*Assommoir* sa dureté, sans s'apercevoir que cette dureté n'est qu'apparente, se complaît, comme un La Rochefoucauld, à étaler les férocités de l'égoïsme humain. Il distille ses mots cruels, comme l'auteur des *Maximes*. On l'a dit, et je ne sais si c'est avec plus de justesse que d'ingéniosité, la *Navette* est une goutte de misanthropie concentrée [2]. Idéalisme à rebours. Suprême vengeance des premiers rêves. La dernière joie

> Du poète mort jeune à qui l'homme survit [3],

c'est de faire de la société un portrait strict et de le lui jeter à la face en criant : Tiens, reconnais-toi !

M. Becque, peu soucieux de doctrines, s'est vu porté par le courant contemporain. Dédaignant la comédie d'intrigue dont il a donné un amusant modèle, l'*Enfant prodigue*, il a sabré un jour les conventions, traité un sujet simple, avec une antique simplicité de moyens.

L'histoire des *Corbeaux*, représentés à la *Comédie-*

1. Ernest Renan.
2. Mot de M. Louis Ganderax.
3. Sainte-Beuve.

Française, le 1ᵉʳ septembre 1882, ne laisse pas d'être instructive. La comédie de M. Becque, écrite depuis près de six ans, avait été présentée d'abord au *Vaudeville*, trois fois au *Gymnase*, deux fois à l'*Odéon* ; déportée à *Cluny*, elle était tombée au *Théâtre des Nations*, et M. Ballande l'avait oubliée dans l'armoire aux manuscrits ; l'auteur, se décidant à publier, en désespoir de cause, corrigeait les épreuves, lorsque M. Edouard Thierry, le critique obligeant et lettré, qui, connaissant mieux le vieux théâtre que personne, n'a jamais tremblé devant les innovations, l'engagea à porter son œuvre au comité de lecture du *Théâtre-Français*. Dans sa jeunesse, M. Becque avait déjà lu son *Michel* aux sociétaires. Mais le drame, avec le bourgeron du premier acte et les sept tableaux, ne pouvait évidemment convenir à la rue Richelieu. Le sort des *Corbeaux* méritait d'être et fut meilleur.

Un industriel, M. Vigneron est brusquement surpris par la mort, au moment où il va réaliser, grâce à son association avec Teissier, des bénéfices considérables. Tout étant indivis, il faut liquider. Les gens de loi croassent autour du cadavre et s'abattent sur la maison. Pour défendre la succession, une veuve et trois jeunes filles. Le fils, au lieu de prendre résolument la place du père, a trouvé que le meilleur moyen de venir en aide aux siens était de s'engager. Or, « en affaires, rien ne marche sur des roulettes. Ce qui est simple est compliqué, ce qui est compliqué est incompréhensible [1]. » Il faut voir la curée. Au milieu des discussions d'intérêt, madame Vigneron perd la tête. Seule, une de ses filles, Marie, pleine de bon sens et de cœur, essaie de tenir tête à Teissier et au notaire

[1]. Acte II, sc. 1.

Bourdon. Mais les subtilités des chicaneurs ont facilement raison d'elle. Les Corbeaux « ne laissent que ce qu'ils ne peuvent pas emporter [1]. » C'est un navrant spectacle que la misère de ces femmes, toujours en scène, noires et pleurantes. Et cet autre douloureux lieu-commun, l'éternel abandon du fiancé qui tient plus à la dot qu'à la femme, nous attendrit bien davantage que l'infortune des Atrides.

Le terrain était excellemment choisi pour une bataille. Les dramaturges romantiques, qui s'en vont chercher midi à quatorze heures et se perdent dans l'entassement des situations bizarres, ne se doutent guère qu'ils ont à portée de la main des sujets beaucoup plus originaux et beaucoup plus dramatiques. La fantaisie rabâche, la vie est souple et large.

Mais plus encore que le sujet, ce qui m'intéresse dans les *Corbeaux*, c'est la façon nouvelle dont l'auteur l'a posé, son dédain des vieilles lois, son effort pour plier le théâtre aux conditions de la vie. Tâche peu commode. Il n'y a pas à se le dissimuler, le roman et le drame arrivent au même but par des moyens profondément distincts, et si l'on ne peut indiquer de limites précises, les qualités du romancier excluent certainement, neuf fois sur dix, les qualités de l'auteur dramatique. Il y a des esprits de synthèse et des esprits d'analyse. Selon que l'on possède l'un de ces esprits, l'on est plutôt né pour le théâtre ou pour le livre. Le roman a toutes les libertés dans le temps et dans l'espace. Le romancier peut s'attarder en route, comme Dickens ou George Eliot. Au théâtre, il est nécessaire de ramasser sa pensée et de poser chaque personnage en quelques mots. Tandis que Gustave Flaubert em-

[1]. Acte IV, sc. 1.

ploie quarante ou cinquante pages à camper Charles Bovary, M. Becque doit indiquer par un trait le caractère de son Bourdon ; voilà pourquoi, au milieu des banalités de la présentation, il lui met dans la bouche ce mot : « La chambre des notaires... c'est une protection pour nous et non pas pour le public. » Ailleurs, c'est Teissier avec ses manies de vieux et ses jugements d'avare :

MADAME VIGNERON.

Donnez-moi votre chapeau, monsieur Teissier, que je vous en débarrasse.

TEISSIER.

Laissez, madame, je le déposerai moi-même pour être plus certain de le retrouver.

MADAME VIGNERON.

Comme vous voudrez. Asseyez-vous là, dans ce fauteuil.

TEISSIER.

Un peu plus tard. Il fait froid dehors et très chaud chez vous, je me tiendrai debout quelques instants pour m'habituer à la température de votre salon.

MADAME VIGNERON.

Vous n'êtes pas malade ?

TEISSIER.

J'évite autant que possible de le devenir.

MADAME VIGNERON.

Comment trouvez-vous mon mari depuis quelque temps ?

TEISSIER.

Bien. Très bien. Vigneron s'écoute un peu, maintenant que le voilà dans l'aisance. Il a raison. Un homme vaut davantage quand il possède quelque chose [1]...

1. Acte I, sc. IX.

Autres exemples : la familiarité du domestique introduisant Merckens donne tout de suite les allures évaporées du maître de piano ; le babillement heureux de Blanche écrivant le menu et débordant d'exclamations enthousiastes pose d'abord son caractère nerveux et sensible ; les propos de papa Vigneron, le voltairianisme perçant dans une phrase : un abbé qui fait des mariages, ce n'est pas son rôle ; l'intérêt du parvenu à découvert plus loin : Alors à quoi te servent les leçons que je te fais donner, des leçons à dix francs l'heure ; autant d'indications sur le personnage et sur le milieu. Nous sommes chez un bon gros bourgeois. Et la nature complexe de madame de Saint-Genis, inquisitrice, soupçonneuse, coquette, juive, comme elle se révèle dans la scène IV du premier acte ! Il y a là une conversation entre femmes, admirablement sténographiée avec ses minuties, ses curiosités et ses politesses mielleuses.

Nos pensées, nos instincts, nos manières d'être se laissent deviner dans nos moindres paroles ; il suffit d'être assez bon observateur, assez délicat analyste pour voir l'homme derrière le mot. Lorsque Marie questionne anxieusement Vigneron sur sa santé, on apprend par ses seules interrogations qu'elle est une petite personne pratique, sensée, aimante. Au lieu d'être racontés par autrui, les héros d'une pièce doivent se raconter eux-mêmes, le plus vite possible, pour obéir aux exigences du théâtre. La langue d'un auteur dramatique est bonne, lorsque chaque personnage parle comme il doit parler avec son style propre, son accent et ses tics.

Mais, pour arriver à cette exactitude qui est la perfection, à la disparition complète de l'auteur derrière ses créatures, il faut les connaître à fond, s'identifier avec elles, entrer, comme on dit, dans leur peau : une rigoureuse analyse physiologique et psychologique est nécessaire ; seulement, au lieu d'étaler largement son étude, comme le romancier, l'auteur dramatique la condense.

On est émerveillé en lisant *les Corbeaux* du relief des personnages secondaires eux-mêmes : la vieille bonne, le tapissier Dupuis, l'architecte Lefort et jusqu'aux acteurs qu'on ne voit pas ou qu'on voit peu. Georges de Saint-Genis, avec sa faiblesse et ses capitulations morales d'homme-femme, Gaston, avec ses gentils défauts et l'irréflexion de ses intentions les meilleures, sont de vivants spécimens de la jeunesse actuelle, abâtardie et féminisée par une civilisation extrême. Les dessous sont solides ; l'œuvre est établie sur une expérience d'homme fait.

On a chicané sur certains caractères ; le pianiste Merckens semble impossible à M. Sarcey ; quant à Bourdon, c'est, dit le critique du *Temps*, un notaire de province ; à Paris, les officiers ministériels peuvent ne pas valoir cher, mais, au moins, ils mettent des gants, vous dévalisent honnêtement, sont sucrés et souriants. Il faut que M. Sarcey n'ait pas bien étudié le rôle. Bourdon est un corbeau qui a des formes. Voir la scène VII de l'acte II, voir aussi la touchante phrase qui fait sourire Teissier : « Nous sommes en présence d'une veuve et de quatre enfants qui se trouvent appauvris du jour au lendemain, il y a là une situation très intéressante, ne l'oublions pas. » Et plus loin : « C'est moi, c'est votre notaire qui doit parer à vos besoins de tous les jours et vous m'auriez fait plaisir de ne pas attendre que je vous le dise [1]. » Ailleurs encore : « La famille Vigneron, d'un moment à l'autre, va se trouver dans une situa-

[1]. Acte III, sc. IV.

tion très précaire et je puis le dire, sans faire sonner mon dévouement pour elle, si elle sauve une bouchée de pain, c'est à moi qu'elle le devra [1]. » Il est difficile d'entendre un notaire plus sentimental et plus dévoué. A la vérité, Bourdon dira, à la fin de l'acte IV, à propos du mariage de Marie avec le vieux Teissier. « La moitié de sa fortune, sans rétractation et sans contestation possible, vous reviendra après sa mort. Vous n'aurez plus que des vœux à faire pour ne pas l'attendre trop longtemps. »

Sous le masque d'hypocrisie sociale, se laisse entrevoir par échappées toute la laideur du visage. L'homme ne peut constamment poser; il y a des instants où, malgré lui, il lâche un mot de nature. La mesquinerie de l'homme d'argent sans cœur déborde dans les discours de Teissier. Voici comment il parlera devant la veuve : « Les frais généraux liquidés, j'entends par frais généraux les honoraires du notaire, ceux de l'avoué, les dépenses imprévues, voitures, *ports de lettres*, etc. Bref, le compte que vous aurez ouvert sous cette rubrique : « *Liquidation de feu Vigneron, mon mari,* » ce compte-là entièrement clos, il vous restera une cinquantaine de mille francs [2]. » Ou, en présence de la fille du mort : (Il s'agit de la fabrique) : « Sa situation est très prospère. *La mort de son directeur est une occasion excellente*, qui ne se représentera pas, pour nous en défaire, profitons-en [3]. » Teissier n'a pas, évidemment, conscience de son cynisme. Que de gens, même d'esprit, en sont là ! J'ai entendu des mots d'égoïsme féroce qui mettaient du froid dans un salon, comme certaine repartie de

---

1. Acte III, sc. v.
2. Acte II, sc. ii.
3. Acte II, sc. iv.

Louis XIV fit taire un jour les courtisans, sur le bord d'un bassin de Versailles. Dans les *Corbeaux* la caricature prend rarement la place du trait juste. Que Teissier dise à Marie : « Il faudra que vous veniez avec votre mère et vos sœurs, visiter ma maison de campagne. Vous n'êtes plus des enfants, vous n'abîmerez rien. Vous déjeunerez chez vous avant de partir et vous serez rentrées pour l'heure du dîner [1] ; » ou qu'il lance cette interrogation : « Est-ce que vous ne seriez pas bien aise de laisser votre famille dans l'embarras et d'en sortir vous-même ? J'aurais ce sentiment-là à votre place [1] ; » ou qu'il se rende, toujours inconsciemment, une suprême justice : « Vous être entourées de fripons, mon enfant, depuis la mort de votre père [2] »; on ne peut manquer d'étayer ces cruels mots de théâtre avec des mots analogues empruntés à la vie réelle. Dans le rôle de Merckens seulement, non pas faux, mais plus exceptionnel, il y a peut-être quelques touches de trop. En tout cas, cette sobriété fait l'immense supériorité de la pièce de M. Becque sur les comédies de Théodore Barrière. Barrière aussi est âpre, impitoyable. Mais Bassecour et Péponet sont des pantins à ressort, aux gestes prévus, aux reparties étiquetées. Ils s'assoient tout d'une pièce, avec une raideur mécanique ; leurs paroles ont peu de nuances parce que leurs cerveaux ont été bâtis par un habile Vaucanson. Les faux bonshommes sont très marionnettes, par conséquent très faux. Avantage peut-être vis-à-vis du public. Les grotesques ne fâchent personne, parce qu'en eux personne ne se reconnaît ou que le grossissement des traits est un gage d'innocuité. Il en est autrement lorsque les caractères ont le trouble et le nuancé de la vie. Et

1. Acte III, sc. II.
2. Acte III, sc. VIII.

voilà la vraie différence entre le grand art et l'art secondaire. Celui-ci ne vise qu'à amuser; celui-là peint une époque.

La critique normalienne déclare que si l'on veut donner au théâtre l'illusion de la vie, il faut déformer la réalité pour l'optique spéciale des planches. Elle a même donné, grâce à de constantes études, des recettes nombreuses de déformation. Ce sont là les lois du théâtre. Or les *Corbeaux* tiennent admirablement la scène, et nous allons voir quel cas M. Becque fait des formules.

Je ne parle pas du personnage sympathique : M Becque ne le cultive point. Je ne parle pas du vieux Desgenais: M. Becque a égorgé ce centenaire. Car si, par une contradiction qui s'explique difficilement, l'auteur des *Corbeaux* reproche leur impassibilité à nos romanciers naturalistes, il pense qu'au théâtre on doit s'abstenir de toute intervention. Mais il est de règle que les teintes sombres soient mêlées à des teintes claires, les scènes dures à des gazouillis d'amour. Pourquoi dans les *Corbeaux*, pas le moindre roucoulement entre Juliette et Roméo ? De l'amour, rien que les suites cruelles, le navrement des abandons. Inutile d'insister sur le lugubre mariage avec Teissier, le sacrifice final. Il est de règle que les personnages présentés au début ne soient empoisonnés ou massacrés qu'à la fin du dernier acte. Les épisodiques eux-mêmes doivent toujours côtoyer l'action. Laissons de côté l'apoplexie de Vigneron. Pourquoi Georges de Saint-Genis disparaît-il dès le premier acte, sans avoir dit un mot ? Pourquoi Gaston s'engage-t-il au moment où l'on commençait à s'intéresser à lui ? Enfin, il est de règle de faire tourner un peu l'intrigue sur elle-même, de réserver quelque surprise aux spectateurs. Pourquoi ce piétinement sur place ? Cet éternel débat entre la veuve et ses filles, une confusion des langues ? Cette insupportable et continuelle discussion de chiffres entre les corbeaux ? Voilà, certes, une pièce bien mal faite. Pleine de trous, dit M. Sarcey. Pleine de trous, répète M. Chapron.

Ils n'ont pas compris que les subites disparitions, faisant partie de l'existence, ont droit au théâtre ; qu'un départ ou plutôt une désertion a des conséquences logiques, impitoyables ; que les changements de front de la destinée sont souvent produits par des riens dont il faut tenir compte ; que les brisements brusques des cœurs, causés par on ne sait quoi, ont une sorte de poésie farouche ; que dans la vie on passe peu d'heures douces et sentimentales ; qu'enfin l'horreur de certaines situations, c'est qu'on tourne en elles comme un écureuil dans sa cage, c'est qu'on voit toujours se dresser le même point d'interrogation, et qu'on se cogne la tête aux nues dans l'énervement de l'attente, et qu'on finit par crier : Bah ! quoi qu'il adviennne, sortons de là !

Je ne connais rien de plus vrai, de plus poignant, que les délibérations des quatre femmes. Cela revient sans cesse, c'est un flux de paroles sans actes, et les bras tombent accablés, et les jambes se brisent, et la colère vient avec les mots d'aigreur. Puis des attendrissements plus harassants encore. Que de détails vécus !

Marie essaie d'expliquer à sa mère que la vente de la fabrique est forcée :

MADAME VIGNERON.

Regardez-moi, mes enfants. S'il faut vendre les terrains, on les vendra. Ce qui sera perdu, sera perdu. Mais écoutez bien votre mère ; ce qu'elle dit une fois est dit pour toujours. Moi, vivante, on ne touchera pas à la fabrique!

MARIE.

Tu te trompes, maman.

MADAME VIGNERON.

Moi, vivante, on ne touchera pas à la fabrique.

MARIE.

M. Teissier peut la vendre demain. Il y a une loi qui l'autorise à le faire.

MADAME VIGNERON.

Moi vivante...

MARIE.

Il y a une loi.

JUDITH et BLANCHE, en même temps que Marie.

S'il y a une loi.

MADAME VIGNERON.

Tenez, laissez-moi tranquille avec votre loi. Si je devais passer beaucoup de journées comme celle-ci, mes enfants, mes forces n'y résisteraient pas ; vous n'auriez plus ni père ni mère avant peu.

Elle va tomber en pleurant sur le canapé. [1]

L'obstination irréfléchie de l'être faible est si bien peinte par ces quelques paroles et ces gestes brefs que M. Sarcey lui-même évoque Molière devant une telle observation.

Voyez aussi comme les Corbeaux se foudroient de regards haineux dans la scène de l'architecte. C'est bien une bataille entre bêtes de proie sur un champ de mort. Qui n'a remarqué des chiens se disputant un os à moelle avec de sourds grognements et une formidable exhibition de crocs ?

M. Henry Becque n'a garde, comme certains drama-

[1]. Acte II, sc. xi.

turges maladroits, d'oublier le détail qui fait vivre. On trouve peu ce souci du détail dans le théâtre classique où les développements moraux prennent toute la place dans une forme oratoire et périodique. Seul, Molière en offre quelques exemples.

> ... Il est, Monsieur, trois heures et demie,
> Certain devoir pieux me demande là-haut...

C'est par cette remarque impertinente et froide que Tartufe jette bas l'argumentation de Cléante.

Ailleurs il offre, enveloppé dans un alexandrin, du jus de réglisse à Elmire.

> Vous plaît-il un morceau de ce jus de réglisse?

Dans Corneille et dans Racine on ne trouve jamais de pareilles condescendances pour les réalités quotidiennes.

Mais, à mesure que la matière s'est fait une place plus grande dans la littérature, notre train-train de tous les jours a pris possession du théâtre.

Le public ne jouit pas seulement de l'exactitude du milieu et des costumes. Il jubile lorsqu'il entend les acteurs traduire ses minutieuses préoccupations journalières. M. Sardou le sait et use du facile procédé. Il a de bonne heure flairé le goût de l'époque pour les reproductions exactes. Mais il s'est arrêté comme la foule aux choses extérieures, ce qui rapetisse toutes ses habiletés. M. Becque, qui, aux combinaisons scéniques préfère la psychologie, puise, au contraire, une grande force dans le culte du détail imperceptible. La carte de l'agent d'affaires, cherchée partout, et retrouvée à la fin dans la poche de madame Vigneron montre l'affolement des victimes. Les lamentations réitérées sur la mort du mari, ce doux et triste rabâchage sentimental et profondément humain, fait tomber un rayon de lumière sur une âme bourgeoise : « Je sais bien qu'il faut me faire une raison. Il devait mourir un jour. Mais j'avais demandé tant de fois à Dieu de m'en aller la première. N'est-ce pas, madame, que Vigneron est au ciel où vont les honnêtes gens comme lui?[1] » — « Quel malheur, monsieur Teissier, quel épouvantable malheur! Mon pauvre Vigneron! C'est le travail qui l'a tué! Pourquoi travaillait-il autant?[2] » — « Quel malheur, monsieur Lefort, quel épouvantable malheur! Mon pauvre Vigneron! Je ne me consolerai jamais de la perte que j'ai faite[3]. » Voilà l'obsession des pertes cruelles, l'angoisse sans cesse renaissante des séparations éternelles. Et, à côté, la banalité des consolations vulgaires : « Lefort : Allons, madame, ne vous désolez pas comme ça; avec du sang-froid et de la persévérance, nous arriverons à remplacer votre mari[4]. » J'ai indiqué plus haut, en citant l'entrée de Teissier, l'importance des riens. On pourrait faire des remarques semblables sur toutes les scènes des *Corbeaux*. Les « bonjour » et les « bonsoir » ont leur accent.

Il y a pourtant quelques objections sérieuses contre la pièce. Le conseil de famille qui se réunit, d'après la loi, pour gérer la fortune d'enfants mineurs a été escamoté un peu lestement. L'existence de ce conseil ne contrarie pas beaucoup d'ordinaire les manœuvres des Corbeaux. M. Becque aurait pu faire une petite place aux parents. Le rôle de Merckens me semble un

1. Acte II, sc. I.
2. Acte II, sc. II.
3. Acte II, sc. IX.
4. Acte II, sc. IX.

peu fantaisiste. Ce professeur de piano est trop cynique,
trop voyou. Jusque dans le style traînent par ci par là
des phrases peu naturelles. « Chaque jour de retard, dit
Bourdon, est gros de conséquences pour vous. Pendant
que vous délibérez, Catilina est aux portes de Rome.
Catilina, dans l'espèce, ce sont les hypothèques qui vous
dévorent [1]... » Madame Vigneron n'a pas compris :
« Qu'est-ce que c'est que cette phrase que je me rappelle : Catilina est aux portes de Rome ?[2] » Je ne conçois,
à mon tour, ni le mot du notaire, ni l'étonnement de
madame Vigneron. Il y a là une intention comique où
l'on voit la main de l'auteur.

On a reproché à M. Becque la scène du IIIe acte
entre madame de Saint-Genis et Blanche. Il eût été
plus naturel, a-t-on répété, que la rupture définitive
fût annoncée par une lettre. Je crois que l'auteur des
Corbeaux est dans le vrai. Une lettre avec sa brièveté
serait inexplicite, courrait le risque d'exaspérer Blanche. Madame de Saint-Genis, après l'aveu de son fils,
pense qu'il vaut mieux user de diplomatie, enlacer la
fiancée dans de doux refus et de belles paroles, en un
mot, prévenir tout éclat. Elle raisonne juste, et réus-
sirait sans l'emportement de la jeune fille et sa propre
colère. J'aime moins la subite folie, ou pour parler
plus exactement, le subit égarement de Blanche, à la
suite de la fameuse scène. M. Becque a beau avoir insisté dès le début sur la sensibilité et l'exaltation de
son héroïne, la brusquerie du dérangement cérébral
est choquante. C'est un lambeau de la vieille poétique
du théâtre qui s'attache à la poétique nouvelle.

Vieilleries encore, les quelques monologues et les

1. Acte II, sc. vii.
2. Acte II, sc. xi.

quelques apartés du drame. J'admets à la rigueur que Teissier se parle à lui-même, pourvu que la conversation intime ne dure pas trop longtemps. Teissier est un barbon, de plus un solitaire, donc monologuiste. Mais il m'est absolument insupportable d'entendre madame de Saint-Genis délibérer in petto : « J'aime mieux décidément avoir une explication avec cette jeune fille et lui déclarer que son mariage n'est pas remis, mais qu'il est rompu. Il est préférable pour elle... etc... etc. [1] » Pourquoi pas tout de suite le monologue d'Emilie :

> Impatients désirs d'une illustre vengeance
> Dont la mort de mon père a formé la naissance...

ou le monologue de Charles-Quint :

> Charlemagne, pardon ! — Ces voûtes solitaires
> Ne devraient répéter que paroles austères ;
> Tu t'indignes sans doute à ce bourdonnement
> Que nos ambitions font sur ton monument...

Procédés de l'ancien théâtre où triomphait la rhétorique, indignes du théâtre futur qui calquera la vie. Il est mille moyens d'expliquer les choses naturellement sans recourir à ces naïvetés. Nul personnage ne doit faire ses confidences au public ; au delà de la rampe, on doit vivre comme si le reste de la salle n'existait pas. Est-il rien de plus ridicule, de plus anti-réel que d'entendre tel acteur lancer très haut des réflexions, conventionnellement inécoutées par des gens qui sont tout près de lui?

Mais les conventions, c'est l'arche sainte. Qu'on en casse deux ou trois, et vous allez admirer le beau tapage.

Nous sommes à la *Comédie-Française*. Un vent de

[1]. Acte III, sc. x.

bataille secoue le lustre, descend des loges aux fauteuils d'orchestre. La toile se lève en plein silence avec des clapotements de drapeau. Au lieu d'un monde de rêve, le gaz éclaire un coin de la vie réelle. Et le public, surpris, écoute, charmé par la grâce simple des premières scènes. Mais voici les Corbeaux, et avec eux, dans la salle, des chuchotements hostiles; voici la mort, brusque et terrifiante comme dans la réalité, et avec elle une angoisse, un grand froid. A voir les pauvres femmes se débattre dans la toile des araignées, le public souffre. Il s'en prend à vous, auteur; il vous en veut de ne pas les délivrer. Et puis, que diable! tout ce noir endeuille le cœur, met un poids sur l'estomac. Demain, un critique résumera l'impression générale; aux mots de vérité, d'innovation scénique, il répondra : J'ai mal digéré. Et quand la digestion ne se fait pas, l'humeur s'aigrit. Une étincelle, et l'amoncellement des inimitiés latentes éclatera sur les acteurs. Pourtant, l'art désintéressé contraint au respect; le talent force l'estime. Au milieu des partis-pris maussades, des bravos indépendants ont salué les deux premiers actes. Tout dépend du troisième. Aussi bien qu'une chute, *les Corbeaux* peuvent être un succès. Mais l'étincelle vient de madame de Saint-Genis. Blanche se suspend au cordon de sonnette. Dans les sifflets, elle a peine à se faire entendre...

Du foyer où il a cherché refuge le poète a dans l'oreille le fracas de sa pièce qui tombe. Mais si quelques échos lui parviennent, il doit applaudir, le Balzac de marbre qui dresse au bas de l'escalier monumental son front de géant. Et cet applaudissement vaut mieux que le bravo des foules.

J'aime tous les créateurs puissants dont la gloire

glorifie mon temps, mais je m'intéresse particulièrement aux novateurs qui ne réussissent pas.

Je voudrais jouir de l'autorité nécessaire pour engager les esprits impartiaux à lire au moins la comédie de M. Becque, puisqu'on ne la joue plus.

L'auteur des *Corbeaux* a su trouver un drame dans de lugubres choses d'argent, — ce qui est d'un artiste original.

En refusant de faire la moindre concession au goût public, il a sacrifié à des principes d'art un succès longtemps attendu, — ce qui est d'un artiste honnête.

FIN

TABLE

Préface. . . . .

LIVRE I.
GUSTAVE FLAUBERT

I. La formule du roman naturaliste.	19
II. Flaubert lyrique	44
III. Sens comique de Flaubert	62

LIVRE II.
LES GONCOURT.

I. Les deux frères.	67
II. De l'impressionnisme.	77
III. De l'exception	97
IV. Les romans de M. Edmond de Goncourt	111

LIVRE III.
M. ALPHONSE DAUDET.

I. Les débuts	120
II. Le sensitif	139
III. Le méridional	168

LIVRE IV.

M. EMILE ZOLA.

I. Les débuts 177
II. Théories matérialistes 192
III. Le logicien 226
IV. Le polémiste 235

LIVRE V.

LES POÈTES.

I. Le Parnasse 263
II. Baudelaire et les Baudelairiens 271
III. M. Sully Prudhomme et M. François Coppée . . . 293

LIVRE VI.

LE THÉATRE.

I. Les Conventions et le Public 311
II. Quelques essais modernistes 326
III. MM. Erckmann-Chatrian 340
IV. M. Henry Becque 353